U0930774

中国网络安全法治研究丛书 趋势卷

总主编 黄道丽

网络安全法治研究 2020

黄道丽◎主编

Cyber
Data
Information
Security
Rule of Law

中国·武汉

图书在版编目（CIP）数据

网络安全法治研究. 2020 / 黄道丽主编. -- 武汉：华中科技大学出版社，2020.10

ISBN 978-7-5680-6738-6

Ⅰ. ①网… Ⅱ. ①黄… Ⅲ. ①计算机网络—科学技术管理法规—研究—中国—2020 Ⅳ. ①D922.17

中国版本图书馆CIP数据核字（2020）第205197号

网络安全法治研究2020 黄道丽 主编

Wangluo Anquan Fazhi Yanjiu 2020

策划编辑：郭善珊
责任编辑：李 静
封面设计：李 宁
责任校对：王晓东
责任监印：朱 玢
出版发行：华中科技大学出版社（中国·武汉） 电话：（027）81321913
武汉市东湖新技术开发区华工科技园 邮编：430223
录 排：北京欣怡文化有限公司
印 刷：北京富泰印刷有限责任公司
开 本：710mm × 1000mm 1/16
印 张：20.25
字 数：333千字
版 次：2020年10月第1版第1次印刷
定 价：98.00元

本书若有印装质量问题，请向出版社营销中心调换
全国免费服务热线：400-6679-118，竭诚为您服务

華中出版

序言

自1978年政府工作报告提出大力发展新兴科学技术，特别是加速发展集成电路和电子计算机研究并加强推广应用以来，我国互联网产业已发展40余年。40年间，我国网信事业取得了举世瞩目的成就。

40年的网络产业发展史，同样也是我国网络安全法治建设史，尤其是党的十八大以来，我国网络安全法治建设高速发展，以《网络安全法》为核心的网络安全法律体系构建已初步完成。作为最初一批的网络安全法学学者，我亲历了我国网络安全法律体系从无到有、由弱到强、变被动为主动的发展历程，深切地体会到其过程的不易与坎坷，也由衷地为我国如今取得的成就倍感欣慰。

但在网络安全法治高速发展的当下，诸多研究急于思考未来发展之路，而缺乏对过去网络安全法治脉络的总体把握以至于研究犹如无本之木，乃至对我国网络安全立法存在理解误区，对发展进路出现误判。

2017年，本丛书的主编，也是我的学生黄道丽研究员向我表示计划出版系列丛书，对我国网络安全法治做个系统回顾，同时也把我们团队在网络安全领域深耕30余年的一点感悟、未来预判以及合规遵从意见传达给同仁们，以供交流。对此，我深表赞同但也深知此事的不易。据我所知，在丛书撰写过程中，撰写团队遇到了很多困难。黄道丽研究员也多次向我咨询意见。期间，他们专门组织研讨会请来了直接参与相关立法的同志讲述法律条文背后的故事，包括公安部网络安全保卫局原高级工程师、我国首部信息安全法规主要起草人景乾元，原国务院信息办副司长、公安部网络安全保卫局原副巡视员郑静清，全国人大常委会法工委经济法室原副巡视员宋燕妮，公安部网络安全保卫局原巡视员顾坚等。这种求真务实的态度也让我对丛书的问世充满信心和期待。这也是从书得以问世的背后故事。

初见成稿，意识到我国已经在网络安全这一新兴法学领域探索耕耘了40年，自我1988年开始研究网络安全立法也已有30余年，我除感慨时光荏苒外，同样牵动思绪。1978年，我国进入改革开放和社会主义现代化建设新时期，这与互联网的全球商用普及几乎是同步的。1978年政府工作报告对发展集成电路和电子计算机技术的重视，奠定了此后我国信息技术产业发展的基础，也使我国迅速意识到这种新技术应用可能产生的安全威胁。早在1981年，我国公安部门就发现计算机设备有通过信息复现产生数据泄露的风险。中央对此高度重视，并要求建章立法，确保我国计算机信息系统安全保障工作有法可依。1982年我国就开始围绕计算机信息系统安全保护进行立法调研，逐步开始探索网络安全法治之路。直至1994年147号令作为我国首部网络安全立法颁布实施，这一颇具里程碑意义的立法例开启了我国网络安全法治建设的新时代。

不可否认的是，在相当长的一段历史时期内，我国网络安全法治建设的重点始终未能突破“机房思维”的限制，立法关注点集中于计算机信息系统安全，与我们今天理解的网络安全仍然相去甚远。当然，这与当时的技术发展水平是相适应的，也是由法律自身的“稳定性”与“滞后性”所决定的。2000年之后，我国的信息化建设开始进入高速发展期，信息技术的社会化利用逐步泛化。当时国家层面对信息安全的重视程度也日益提升。2003年7月，国务院信息办委托我研究信息安全法律、法规和执法情况，为列入国务院2003年立法工作计划的《网络信息安全条例》提供理论研究支撑。2004年4月，国务院信息办组织的信息安全立法研讨会在西安交通大学召开，参加人员包括重点行业、国务院部委代表、重要企业代表等，会议的主题即探讨我国当时信息安全领域的重大问题及立法应对思路，也是对我完成课题的成果验收和集体论证。

在后续的若干年中，信息技术开始融入社会肌理而与社会本身几乎无法区分。在数字经济成为新的“发展原动力”之后，信息技术推动现代社会进步的贡献率愈发明显，但是这种贡献依旧是有代价的——我们比以往任何时候都更加依赖技术和技术利用活动的安全性——“依赖性”是客观的，在法学领域，这促使构建于信息技术之上的社会关系成为一种独立的调整对象，并使网络安全问题上升为指涉国家、产业和个人的综合性议题。

回到这一列系列丛书，有不少亮点和突破值得肯定。现有研究普遍习惯于将147号令作为我国网络安全法治的开端，但对147号令之前的立法动议及其时代背景几乎未能着墨。丛书将我国改革开放的发展节点同网络安全的法治建设结合起来确实是一个极富现实意义的突破，这极大地扩展了网络安全法学溯本逐源的视野，也使网络安全法治研究更贴近于技术进路的发展事实。

当前国际局势风云激荡，在“技术脱钩”“逆全球化”环境下，我国正在部署供给侧结构性改革，在稳定传统产业的同时，积极发展战略性产业、避免核心技术步入“长期战略依赖”窘境，提高科技水平，打造核心竞争力，参与并引领全球产业链重构。《网络安全法》实施三年多来推动我国网信工作取得了新突破、实现了新发展、开创了新局面，从根本上推进我国从“网络大国”向“网络强国”的迈进，并为依法治网提供了重要的法律依据，促使我国网络安全综合治理能力水平不断提升。面向未来，网络安全法律体系还有诸多需要进一步完善。

希望作者和学界同仁，能在网络安全法律研究上贡献更多的智慧。

是为序。

西安交通大学教授

西交苏州信息安全法学研究所所长

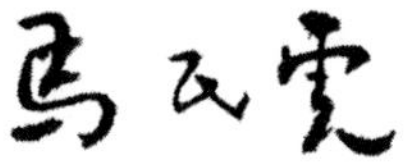

2020年9月

前言

以大数据、云计算、无人驾驶、AI、5G等为标志的第四次工业革命正席卷全球。数字化、智能化革命不仅影响了微观层面的个人生存状态和生活方式，更撼动了宏观层面的生产组织方式、国家秩序、国际形势乃至世界格局。网络世界和物理世界加速融合，也不断催生并放大了社会数字技术依赖的网络安全风险效应。2014年2月27日，习近平总书记在中央网络安全和信息化领导小组第一次会议明确指出，“没有网络安全就没有国家安全，没有信息化就没有现代化”。我国正式开启网络强国建设的一系列顶层设计和部署。国家发展大格局之下，构筑全方位的网络安全法治体系成为网络安全保障工作的重中之重。

回顾过去。新中国改革开放40年发展历史意义独特而非凡。从1978年十一届三中全会做出“加强社会主义法制”的历史性决策，到十九大进一步把坚持“全面依法治国”上升为新时代坚持和发展中国特色社会主义的基本方略，中国特色社会主义法治体系波澜壮阔的40年，也是中国网络安全法治创新变革的40年。中国把握信息化发展给国家和人民带来的历史机遇，围绕安全与发展主题，实现了网络安全法治从无到有、从碎片化到体系化、从应对化到预防化的不断完善，走出了一条既与国际接轨，又不乏中国特色的网络安全法治之路。当前我国网络共建共治共享综合治理格局基本形成，取得了令人瞩目的成绩，经受住了历史的检验。

网络安全法治研究是信息化发展带来的重大时代性课题。网络安全法治研究具有极大的挑战性，呈现显著的跨学科特征，需进行战略性、整体性和前瞻性创新思考，并最终考验的是法律人把握社会和适应社会变迁的能力。作为改革开放后出生并与其同成长的一代，我2003年9月进入西安交通大学经济法学专业研究生学习，师从马民虎教授，聆听教诲，时至今日。马民虎教授是信息安全法学研究的奠基人之一，创建了国内首个专门从事信息安全法律研究的学术机构西安交通大学信息安全法律研究中心。求学生涯中，我参与了原国务院信息办《网络信息安全条例》的立法委托研究课题，部分研究成果进入马民虎教授2004年出版的我国第一部系统研究信息安全法基础理论专著《信息安全法研究》。得益于导师和前辈们的研究基础与提携，我可以在一个较高的起点上开展相关课题研究和学术探索。2007年6月我进入公安部第三研究所工作，成为一名从事网络安全保卫工作的人民警察。作为公安科技战线上的一名法律人，网络安全法治研究是落实全面依法治国实践和新时代公安工作要求的客观需要，更是一份源自师恩教诲的专业和个人情怀。

改革开放40年多来，我国与世界其他国家一样，面临着日益复杂多变的网络安全问题。无论是《第三次浪潮》还是《数字化生存》，抑或是《网络社会的崛起》中所描述的社会形态变革正在变为一种现实，我国网络安全法律范式变革正式在这一过程中不断展开。已正式施行的《网络安全法》《密码法》《国家安全法》《反恐怖主义法》和正处于制定阶段的《数据安全法》《出口管制法》《个人信息保护法》等基础性法律共同构建起一个横向内部体系更加协调、外部辐射范畴更为广泛，纵向制度、原则、规则更为立体化的中国网络安全法律保障体系。近20年的学术研究历程，我的大量学术研究成果也是和这些立法息息相关，并在导师和公安部第三研究所的支持下，实现了科研成果直接应用于网络安全相关立法的价值目标，得到全国人大法工委、国家密码管理局、公安部网络安全保卫局、公安部法制局、贵州省大数据安全领导小组办公室等国家和地方机构的充分认可。现下，我和公安部第三研究所网络安全法律中心的团队正服务于网络安全中心工作需要，充分整合高等院校、科研机构、网络安全协会、互联网企业等社会力量，广泛开展学术交流，共同探索我国网络空间安全治理的未来方向。我们在《网络安全等级保护条例》《关键信息基础设施保护条例》等《网络安全法》下位配套行政法规研究、起草和修订，网络安全行政执法规范指引制定等工作上不懈努力，也不敢懈怠。

此次出版的系列丛书——《中国网络安全法治研究回顾卷：中国网络安全

法治40年》《中国网络安全法治研究趋势卷：网络安全法治研究2020》《中国网络安全法治研究合规卷：网络安全法律解析2020》从不同维度勾勒了我国网络安全法治图景。回顾卷从法治现实角度，呈现了我国网络安全法治40年建设的发展历程。趋势卷从学术研究角度，集结了近年来我对数据治理、安全漏洞法律规制、个人信息保护、关键信息基础设施安全保护、电子数据取证与鉴定等网络安全法律问题的一些研究成果。合规卷则是从实务角度，展示了原浩作为专业律师对网络安全合规遵从的理解以及更高层面的法律规则反思。

《中国网络安全法治研究回顾卷：中国网络安全法治40年》以网络工具安全治理、网络社会安全治理和网络国家安全治理对我国网络安全的法治化进程进行阶段划分，通过对不同时期的网络安全政策法律及其发展动态进行梳理，较好地反映了依托于技术应用场景的法治演进过程，这为后续我国网络安全法治建设的持续完善研究提供了珍贵的基础资料，具有非常重要的现实价值。40多年的网络安全法治史，要完成这么宏大的课题不仅需要对我国40年网络产业有深度的了解，还需要对我国网络安全法治发展脉络、深义有准确的把握。这对我带领的编写团队来说着实不易，极幸运的是，此项工作得到了马民虎教授和中国信息安全法律大会专家委员会诸多前辈们毫无保留的倾心指导。作为网络安全法治40年真正的亲历者和见证者，他们是公安部网络安全保卫局原高级工程师、我国首部信息安全法规主要起草人景乾元，原国务院信息办副司长、公安部网络安全保卫局原副巡视员郑静清，全国人大常委会法工委经济法室原副巡视员宋燕妮，公安部网络安全保卫局原巡视员顾坚，公安部第三研究所所长助理金波，公安部网络安全保卫局法制指导处处长李菁菁，广东省公安厅网警总队副总队长林雁飞等，不一而足。这里，由衷地说一声：谢谢了！

展望未来。中国对外开放正打开新局面，也为世界各国带来新机遇。面对当今世界百年未有之大变局，中国要加速构建全面依法治国的法治模式，要在着眼世界的视野和本国实践的根基中确定网络安全治理中国方案，要把中国法治体系建设的成效转化为实实在在的治理效能，最大化国家、社会和个人的数字化福祉，实现国家治理能力现代化，这是所有网络安全法律人的责任和梦想。实现这一梦想依然需要各界同仁的苦苦求索和艰苦奋斗，也是我和我的团队坚持不懈的根本所在。

凡是过往，皆为序章。

2020 年注定是一个极不平凡的年份。感谢华中科技大学出版社的郭善珊和编辑同仁，我们一起走过疫情，迈向未来！感谢和我一起奋斗的原浩、何治乐、胡文华、梁思雨、马宁、赵丽莉等编者，我们凝心聚力再启航！

本丛书编者才学有限，不敢妄言丛书之价值，但希望本丛书的出版能对未来的中国网络安全法治研究有所裨益。

公安部第三研究所研究员
中国信息安全法律大会专家委员会秘书长
黄道丽

目　录

上：网络安全立法思路

国际篇

1. 全球网络安全立法态势与趋势展望[①]

数字经济时代，移动互联网、云计算、大数据、物联网、人工智能等新技术得到更深层次的运用，成为推动全球经济发展和社会变革的重要力量。然而，信息化带来的网络安全威胁范围和内容也不断扩大和演化，全球网络安全形势日益严峻。网络恐怖主义成为全球公害，APT 攻击持续危害网络安全，网络舆情危机、政治黑客和虚假新闻泛滥，网络空间对抗强度持续升级，围绕网络军备竞赛、关键信息基础设施保护、国家安全审查、网络意识形态渗透、数据传输与利用等方面的国际斗争日趋激烈。在网络空间安全风险进一步突显，网络空间安全矛盾不断加剧的当下，如何主动防御管控风险，如何区别保护确保重点，实现信息化发展与网络安全并重，是各国网络空间治理面临的共同挑战，也是各国网络安全立法重点不断调整的根本动因。

一、2017 年全球网络安全立法回顾

2017 年是全球网络安全立法（含战略、政策）日新月异的一年，也是我国

① 作者：黄道丽。发表于《信息安全与通信保密》，2018 年 3 月。

网络安全立法厚积薄发的一年。回顾 2017 年，各国对外争夺网络空间国际规则制定话语权，对内力图构建全方位、更立体、更具弹性与前瞻性的网络安全立法体系，提升国家网络安全和抵御网络攻击的能力。美国、俄罗斯、英国、德国、新加坡、澳大利亚、马来西亚、荷兰、瑞士等国都结合本国治理现状，推动网络安全战略、基础性网络安全综合立法、个人信息保护、关键信息基础设施保护、反恐与情报、内容与平台治理、网络监控与执法、密码管理、犯罪和刑罚等网络空间“行动域”的立法体系得以完善和实施，在人工智能、数字货币、物联网安全、无人驾驶等“行动域”则属于初始阶段。

2017 年我国基本摆脱“战略不设防”“立法不完善”阶段。《中华人民共和国网络安全法》正式实施，网络安全基础立法取得重大突破，相继发布的国家战略和各类规划不断强化立法提出的原则和政策，不断出台的配套措施重在衔接立法构筑的制度和规则，立法全面落地实施的有效性正待实践的进一步检验。与此同时，2017 年《中华人民共和国国家情报法》、《中华人民共和国密码法（草案征求意见稿）》、《中华人民共和国出口管制法（草案征求意见稿）》、《中华人民共和国治安管理处罚法》（修订公开征求意见稿）、《中华人民共和国反间谍法实施细则》、《中华人民共和国关键信息基础设施安全保护条例》（征求意见稿）等法律法规立足网络空间主权、国家安全与社会公共安全，在网络安全相关领域各有侧重，亮点频现，相得益彰。

二、2017 年全球网络安全立法态势

通过对网络安全国际态势和各国网络安全立法现状的综合分析，本文认为，2017 年全球网络安全立法总体呈现两大基本态势。

（一）宏观把控，战略博弈加剧

网络空间安全治理世界规则的制定仍处于滞后的状态，国际网络空间话语权争夺更加激烈，美国、欧盟、俄罗斯以及包括我国在内的新兴国家都各自在网络空间治理方面有自己的主张，各方之间的角逐在短期内进一步加剧。战略

是网络空间安全治理世界规则的要素之一，战略博弈已经成为各国政治和经济发展的新常态。联合国国际电信联盟（ITU）《2017 年网络安全指数》报告显示，目前有 70 多个国家发布了网络安全方面的国家战略，20 多个国家正在制定过程中。2017 年网络空间话语权仍是各国角逐的对象，各国纷纷出台网络战略。英国出台《2017 英国数字化战略》，澳大利亚发布《网络安全领域竞争力计划》和首次年度修订版《国家网络安全战略》，美国发布总统特朗普任内首份《国家安全战略》，均旨在从战略侧面提升网络安全保护能力，保持国家数字经济竞争力。我国亦重视网络安全的顶层设计，陆续发布《网络空间国际合作战略》《大数据产业发展规划（2016—2020 年）》《云计算发展三年行动计划（2017—2019 年）》《新一代人工智能发展规划》《推进互联网协议第六版（IPv6）规模部署行动计划》、《关于深化“互联网 + 先进制造业”发展工业互联网的指导意见》等战略、政策和规划，对国际合作、大数据、云计算、人工智能、IPv6、工业互联网等重点领域进行专门指导。

从战略与立法的关系来看，各国网络安全战略均旨在从发现、控制和响应等环节构筑国家网络安全保障体系，内容涉及技术、管理和立法等诸多方面，几者之间相互补充、互为基础，缺一不可。立法体系的构建必须立足于国家网络安全战略，立法的实施则是国家战略实现的必要手段和步骤。2017 年各国对网络安全战略和政策的制定、调整及升级体现出三大特点：

第一，侧重建立更强的防御能力。美国、欧盟等多次提出“主动防御”“先发制人”等网络威慑战略，大力发展和提升网络威慑手段，积极抢占网络空间制网权，强调通过发展和丰富演练、协同等机制大力加强网络态势感知和网络安全应急与恢复能力。“主动防御”战略已经开始对立法产生直接影响，2017 年 10 月进入美国立法程序的《主动网络防御确定法案》即描述了美国立法层面主动防御构想的多重场景。

第二，倡导安全与发展并重的基本理念。英国、澳大利亚等在战略中提出任务，维护网络空间安全的同时，大力鼓励并促进科技创新，充分释放数据资源在经济发展中的重要作用，强调通过繁荣经济提升本国在国际社会中的地位和话语权。

第三，博弈竞争与合作协助并存。2017 年各国一方面加强数字经济领域的竞争与博弈，抢占网络空间国际规则制定的主导权，另一方面，“信息技术无国界”和“网络空间有主权”的国际认识日渐达成，各国进一步加强在情报共享、反恐及网络犯罪、信息分享、联合演习、标准制定等方面的合作与协助。

（二）领域细分，提升综合能力

数字经济时代勒索软件、恐怖主义、网络黑客、泄密和虚假信息等“公害”泛滥，加强网络空间安全法律治理已经取得国际共识。2017 年各国着眼于国家“能力”与“责任”建设，提升国家网络安全监管和网络安全保护能力，从立法形式看，不仅注重构建综合性网络安全立法，而且加快不同“行动域”的立法工作。综合性网络安全立法对下位法的制定、国家安全保护基线的确立以及旧有法律制度的修订整合起总体指导作用。2017 年《中华人民共和国网络安全法》正式实施，美国通过 2018 财年《国防授权法案》，英国发布《关于网络和信息系统安全指令的咨询》，新加坡发布《网络安全法案 2017》（草案），通过这些综合性网络安全立法对信息系统、网络数据和网络内容进行全面治理。综合性立法之外，各国更强调划分专项“行动域”，区分重点，进行保护。2017 年各国进一步推动在关键信息基础设施保护、个人信息保护、网络内容与平台治理、网络安全审查、反恐与情报、网络监控和执法、物联网安全、密码管理、犯罪和刑罚等“行动域”的立法进程。本文重点分析以下三个“行动域”：

第一，在关键信息基础设施保护“行动域”，各国将关键信息基础设施安全视为网络安全的最核心组成部分，着重提升关键信息基础设施和政府信息系统等重点领域的安全防范能力。2017 年相关立法成果包括以下内容：美国发布《增强联邦政府网络与关键性基础设施网络安全总统行政令》、《2017NIST 网络安全框架、评估和审查法案》和 NIST《关键基础设施网络安全框架》V1.1 草稿，俄罗斯发布《联邦关键信息基础设施安全法》，澳大利亚发布《关键基础设施安全法草案 2017》，新加坡发布《网络安全法案 2017》（草案），我国发布《关键信息基础设施安全保护条例》（征求意见稿）。虽然立法背景、立法体例和立法内容各有不同，但各国均旨在动用国家力量、国家资源、强力手段加强对关键信息基础设施的安全保护、安全监管和安全保障，法律制度的设计重在以“风险（管控）”、“预判（感知）”和“攻击（假想）”为基础，积极构建网络监测预警、网络安全威胁情报信息共享、网络安全评估检测、供应链安全管控、网络安全事件应急恢复等全方位的国家网络安全保障体系。值得一提的是，俄罗斯2017年《联邦关键信息基础设施安全法》第一次明确了在关键信息基础设施中实施等级保护的思路和机制，明确通过制定关键信息基础设施分级标准、标准指标以及分级的制度来确保俄罗斯关键信息基础设施的安全，所有的关键信息基础设施必须按照俄罗斯联邦政府规定的制度进行分级保护，为我国构建并妥善处理关键信息基础设施保护制度和网络安全等级保护制度的关系提供了有益的国际参考。

第二，在个人信息保护“行动域”，各国进一步强化对个人信息的保护与数据跨境监管，并重在推动原有立法的落地。2017年个人信息保护相关立法成果包括以下内容：2017年是欧盟GDPR正式生效前的关键准备时期，欧盟第29条工作组发布《根据第2016/679号条例关于个人数据泄露通知的指南》草案及《基于第2016/679号条例目的的自动化个人决策与特征分析指南》草案；英国发布旨在转化GDPR的《数据保护草案》；此外，新加坡发布旨在指引《2012年个人数据保护法》实施的《数据保护管理程序指南》和《数据保护影响评估指南》；美国提出《数据经纪人问责制和透明度法案》；澳大利亚提出《通知数据泄露计划》（草案）；个人信息保护亦是《中华人民共和国网络安全法》的核心亮点之一，提出了我国个人信息保护的基本原则和要求，2017年个人信息保护制度配套的国家标准GB/T 35273-2017《信息安全技术 个人信息安全规范》获批发布，旨在解决从立法到实施的“最后一公里”落地问题。

数据是数字经济时代的基本要素，2017年各国数据跨境监管的规则制定与实施争议仍在继续。在欧美“隐私盾”生效的一年后，欧盟第29条工作组发布了针对欧美“隐私盾”的首份2017年度审查报告，马来西亚发布《个人数据保护（关于传输个人数据至马来西亚境外）命令2017》；《中华人民共和国网络安全法》明确提出了关键信息基础设施领域数据本地化和跨境的安全评估制度，2017年数据本地化和跨境评估制度配套的《个人信息和重要数据出境安全评估办法（征求意见稿）》和国家标准《信息安全技术数据出境安全评估指南（草案）》相继发布，对个人信息和重要数据出境的原则、评估内容、禁止出境的情况以及工作要求、方法流程、评估内容和结果判定等内容进行了细化。

第三，在网络监控和执法“行动域”，各国整体加大网络监管力度，赋予情报部门和执法机构更多监管职责，电信运营商、网络运营者等被赋予越来越多的协助执法义务，同时加强对信息内容和平台的管控，针对危害网络安全的行为实施严厉的刑事惩罚。从 2017 年度来看，延长数据留存期限，扩大国家安全机关、情报及公安机关等执法机构权限渐成主流趋势。如英国 2017 年正式施行的史上最严协助执法法《调查权力法案》，强化执法机构在通信及通信数据拦截、获取、留存及设备干扰等方面的权力，要求通信服务提供者要有能力对自己实施的加密进行解密，留存通信数据不超过 12 个月。此外，2017 年德国发布针对社交媒体平台的监管法案《网络执行法》，规定虚假新闻、仇恨言论等违法内容处理不力、不当的社交网络平台，将被处以最高 5000 万欧元的罚金。2017 年新加坡《计算机滥用和网络安全法》修正案则对严重的数据保护和网络安全漏洞规定了严厉的刑事制裁措施。

三、未来立法展望

本文认为，随着网络空间安全面临的安全与发展、数据安全与数据分享、监管与被监管、言论自由与政治安全等基本矛盾的进一步加剧，基于 2017 年度既往全球网络安全立法的情势，未来国际立法可能在以下七个方向和方面有所体现。

（一）继续推动建立网络空间共同规则的制定

网络空间的国际属性决定了建立全球范围内统一认可的共同规制是网络空间治理的根本。构建好的网络空间共同规则体系需要各国从国内立法、重要双边或多边条约以及全球网络空间基本原则等多层面共同努力。就我国而言，国内网络安全立法的制定、完善与实施可为国际社会网络空间治理提供中国方案。为促进国际社会合作共赢，我国也一直主张各国应该加强沟通，增加国家间信任，共同致力于打击网络犯罪行为、抑制网络恐怖主义势力发展等双边多边条约和全球共同规则的制定。

（二）网络安全战略调整加速，深刻影响网络安全立法

在网络安全领域，尽管战略指导立法和立法包容战略的界限已经趋于模糊。但战略所体现的行业直至国民经济整体的宏观发展与立法关切的直接对接，将网络安全立法的位阶提升到了前所未有的高度。同时，网络安全战略、政策对传统法律部门的渗透将不断加强，各国战略之间的竞争、碰撞直至交锋无疑将继续成为未来深刻影响立法的重要因素。

（三）配套制度建设全面铺开，落地实施进一步强化

从当前各国网络安全立法现状看，尽管名称和所关注的“行动域”有所差别，但多数主要国家已经制定了网络安全的基本法，未来这一基本立法模式可能继续在其他国家复制。同时，各国亦认识到，无论基于何种体例，网络安全立法的任何一个领域都需逐层展开，构筑法律、监管框架、部门制度、指引标准的配套系统。一方面是立法技术本身的要求，另一方面则是技术立法的显著特点。此外，立法和配套制定后的有效实施问题在各国普遍存在，强化落地实施的评估方式、执法检查等也将成为下一步的重点。

（四）关键（信息）基础设施领域的实践将深化对领域划分和保护的认识

2017 年网络安全攻击方式、手段的多样性和严重性再次刷新了各国对网络安全态势的认识，威胁和攻击的“进化”将倒逼 CII 保护进行全面梳理和反思。以往认为 CII 的定义与范围已经初步成型的观念可能在面对全新威胁态势时不再经得起推敲，对 CII 的定义和范围的划定可能将不是保护体系构筑完成的标志，而是非常初期的开始。目前立法表现出的“全部门”保护和核心功能持续，以及不断挖掘 CII 新领域、新行业的趋势呈现了未来立法走向的两端。就我国而言，《关键信息基础设施安全保护条例（征求意见稿）》的立法进程、关键信息基础设施保护与网络安全等级保护制度关系的妥善处理与科学设计无疑是 2018 年网络安全立法制定与实施的重中之重。

（五）以漏洞管控为核心，主动防御和网络态势感知的治理路径渐趋明朗

网络安全漏洞的资源性和武器化趋势已成为国际和国家层面的普遍共识，漏洞管控与国家层面的威胁态势感知和执法保障能力直接相关，国际上有关安全漏洞管控的最佳实践和立法机制日渐丰富。2017 年《美国政府漏洞衡平政策和程序》和 NIST《关键基础设施网络安全框架》V1.1 草稿对漏洞管理要素的增加充分彰显制定漏洞管理政策与程序，实现贯穿漏洞生命周期标准化管控的必要性。未来以漏洞为核心的主动防御和网络态势感知治理路径渐趋明朗。就我国而言，《中华人民共和国网络安全法》第五十一条国家网络安全监测预警和信息通报制度的构建以及第二十六条“发布系统漏洞”衔接的“国家有关规定”值得关注。

（六）信息共享立法关注渐成主流，围绕数据传输的争议持续，信息内容监管趋严

网络安全信息共享作为应对网络安全威胁态势的重要举措，各国都在持续构筑这一体系、机制和落实措施。美国多部法案都试图在政企之间形成有效、持续的共享通道，2018 年这些法案将继续在美国国会各个层面尝试突破。《中华人民共和国网络安全法》信息共享相关条款下的配套制度建设在未来可能加快步调。同时，鉴于欧盟第 29 条工作组对“隐私盾”协议年度审查报告的负面评判，很难想象短时间内各国对数据的跨境传输能够达成共识。可以预见，未来相当长时间内围绕数据跨境传输的角力仍将持续，可能从联合国到 WTO 再到双边或其他多边协议的各个层面展开。此外，尽管各国对非法有害信息的界定有所区别，但对虚假新闻、政治广告、淫秽色情等仇恨暴力以及恐怖主义等非法内容的主动预防，发现和消除监管要求基本一致，未来将赋予平台更多的责任和义务。就我国而言，2014 年发布的《互联网信息服务管理办法（修订草案征求意见稿）》的立法进程值得关注。

（七）围绕人工智能、数字货币等领域的立法构造和精细工作方兴未艾

目前人工智能、数字货币等专门领域的立法挑战不仅涉及技术层面，还涉及与法理、伦理、主权、人文、经济贸易的基础关系，不仅是“软法”层面急需解决，更急需包括法律理论在内的基础社会科学提供底层支持，未来这些领域的专门性立法将逐步展开。

2017 年各国在网络安全政策立法方面，基于各国自身信息技术水平和社会治理现状，均在制定和完善相关立法。治理领域方面，在“重者恒重”的基础上，不断延伸至新兴技术，对于人工智能、数字货币等问题的重视使得各国立法更具现实意义和应用价值。未来，网络空间安全与发展之间的平衡，国际社会的竞争与博弈，传统保护领域和新兴技术行业面临的日趋复杂的风险，使得各国需要在现有政策立法落地实践的过程中，积极寻求普遍经验，与他国交流合作，构建网络空间命运共同体。

2. 建立网络空间共同规则　促进国际社会合作共赢

随着移动互联网、物联网、云计算、大数据等新技术的应用，国家政治、经济、贸易、科技、军事等领域对网络空间的依赖程度逐步提高。与此同时，网络犯罪、网络恐怖主义、情报机构等借用DNS劫持、木马病毒攻击、钓鱼网站等手段对网络的攻击，给网络空间利益共同体带来巨大损失，解决网络空间威胁需要各国多维度积极参与以寻求有效治理之道。管理、技术和法律等要素结合是网络空间治理的有效手段，良好的网络运行与治理规制是网络空间治理的重要组成部分，正所谓没有规矩不成方圆。网络空间的国际属性决定了建立全球范围内统一认可的共同规制是网络空间治理的根本，但是由于各种原因，共同规制的制定必将困难重重。

一、网络空间规则体系建设基本态势

规则是由法律、公共政策、条约、公约等所确立的运行和治理方式，尽管具有一定的滞后性，但是并不应该长期处于缺失的状态，网络空间规则体系的建立是实现各国网络空间安全的基础，是构建网络空间命运共同体的前提。构建好网络空间规则体系需要各国从国内立法、重要双边或多边条约以及全球网络空间基本原则等多层面共同努力。

我国网络空间安全立法近年来取得巨大进步，特别是2015年6月《中华人民共和国网络安全法（草案）》以下简称《网络安全（草案）》向社会公开征求意见，标志着我国首部网络安全管理方面的基础性法律即将颁布。国内网络安全立法是网络空间规则体系的基础性单元，是每个国家主权范围内对网络空间的综合治理。虽然网络空间是全球的，但是脱离主权国家治理而完全依靠世界规则是不现实的。网络安全法的发布将为我国网络主权的维护提供依据。《网络安全法（草案）》坚持从国情出发、坚持问题导向、坚持安全与发展并重的原则，在坚持从国情出发原则中特别强调主要制度和国外通行做法是一致的，并对内外资企业实行同等无差别待遇。这使得我国网络空间治理基础性法律能够更好地纳入国际网络空间规则体系，也为该体系建设做出了贡献。

国际合作是维护网络空间安全的必由之路，特别是重要的双边和多边关系能够更好地保障网络空间安全。中国在网络空间安全领域坚持走国际合作、建构双边或多边关系的道路以实现合作共赢。“2015 年习奥会”中美达成多项网络空间合作协议，例如，双方共同打击网络犯罪，双方承诺用在商业领域加强信息通信技术网络安全的一般适用措施应符合世贸组织协定等。中美网络空间优势互补，中美在网络空间安全领域的协议将是双边或多边治理网络空间，甚至制定世界规则的范本，也是网络空间安全国际合作治理的典范，同时也为网络空间治理的合作共赢模式的确立以及各国在网络空间安全方面达成互信提供了可能。

目前，网络空间安全治理世界规则的制定仍处于滞后的状态，国际网络空间话语权的争夺更加激烈，美国、德法为主的欧盟以及包括中国在内的新兴国家都在网络空间治理方面有各自的主张，各方之间的角逐在短期内将会进一步加剧，很难就网络空间治理的世界规则达成基本的共识，但是争议是达成共识的前置程序，各国需要积极通过磋商来解决。

二、网络空间规则体系建设战略规划

网络空间规则体系建设需要战略规划作为指引，各国就网络空间规则体系的总体目标、短期目标与长远行动规划达成共识。

网络空间规则体系建设的总体目标是网络空间治理的基础和根本，只有设置恰当的总体目标，网络空间规则体系建设才有可能。目前，各国都认识到了网络空间安全并不是各国自己的事情，而是全球性问题。在互联互通的网络空间，各国在网络空间中是一个“命运共同体”，很难有国家能够在网络空间威胁中独善其身，那么建立一个安全稳定的网络空间必将是各国不懈的追求。在对各国网络安全战略总体目标梳理总结的基础上，我们发现各国战略总体目标都是要建设值得信赖的网络环境，并借此促进经济和社会的发展。网络空间规则体系建设的总体目标设置也不外于此，我们认为总体目标就是建设安全稳定的网络空间，在此基础上，让网络空间造福于人类，促进经济和社会的发展。

对网络空间规则体系建设的总体目标的设置各国争议不大，但是就如何实现此目标，各国对话语权争夺日趋激烈。美国属于事实上的网络强国，不管从管理、技术还是规则制定上都领先于其他国家，对现在网络空间运行规则起着主导作用，具有依靠技术控制全球网络空间的能力；以德法为主导的欧盟逐步认识到现有的网络空间运行规则对于欧洲的弊端，已积极去寻求解决措施；以中国为代表的互联网新兴大国则努力倡导要实现稳定安全的网络空间需要在联合国框架内建立新的运行规则。目前，网络空间处于事实上以美国为主导的运行规则下，存在弊端，各国都提出自己的规则运行主张，但是还没有达成共识。各国应该积极开展谈判，本着全球网络空间安全保障的总体目标，搁置争议，达成建立全球网络空间共同规制的共识。

三、网络空间规则体系建设三个重要层面

网络空间规则体系建设是网络空间治理的核心内容，如何具体执行是共同规制制定的关键组成部分，是构建全球网络空间治理体系过程中的主要环节，我们应该从国内、双边和多边关系以及全球网络空间规制架构三个层面推进。

第一，各国应该制定符合自身国情的网络空间安全治理政策与法律，建立以网络安全法为基础的法律体系。我国网络安全法律法规分散而庞杂，且多为原则性的约束规则，但是近年来，我国网络安全立法体系已逐步完善，现已经构建成基本的网络安全法律框架。但应该继续完善我国在网络违法犯罪、网络

内容安全、保守国家秘密、商用密码、技术进出口管制、电子证据认定以及个人信息保护等方面的法律法规。美国、英国、德国、日本的网络安全立法水平较高，网络安全治理能力较强；广大发展中国家的网络安全立法滞后，相应的治理能力也较差，是全球网络空间治理的薄弱环节，很容易遭受攻击。各国应该加快立法进程，积极推进网络空间治理。

第二，双边和多边关系建设对于网络空间规制体系建设是十分重要的。对我国来说，网络空间安全治理领域的中美关系至关重要，美国是互联网技术最先进的国家，对网络空间的安全治理也领先于其他国家，我国是全球最大的互联网市场，中美联合治理网络空间具有较强的互补性，中美双方应该积极开展合作，在网络空间治理方面释疑增信，构建新型网络空间治理的大国关系。我国需要在继续保持和强化中美在网络空间安全治理方面的关系建设的同时，在网络空间安全治理方面注重发展上合组织、中欧等重要关系。同时，其他国家也应该积极开展网络空间治理合作，在一定范围内将网络空间治理连成片，签署多边条约形成网络所属范围内的共同规则。

第三，网络空间具有全球性的基本属性决定了网络空间治理最终需要制定全球范围内的治理规制体系，各国之间应该加强沟通，消除网络安全治理碎片化现状，反对将网络空间切割，影响互联网正常功能的治理方式。建立共同规则对网络空间安全治理具有重要意义，建立共同规则是网络空间安全治理的前提，能够实现国际社会的合作共赢。建立网络空间共同规则能够增加国家间的信任，共同致力于打击网络犯罪行为，抑制网络恐怖主义势力的发展。建立网络空间共同规则也能使网络空间安全保障的执行力增强，具有现实意义，最终实现国际社会在网络空间共同利益上的合作共赢。国家意志操控是网络空间安全的重大威胁，且具有高隐蔽性和强危害性的特点，是造成网络空间之间缺乏相互信任的现状之一。各国之间应该加强沟通，形成共识，逐步建立一个安全稳定的网络空间，推动经济发展和社会进步。

网络空间共同规则的制定是网络空间全球化的应有之义，各国利益之争严重了阻碍共同规则的制定，各国应该共同遵循创建一个安全稳定的网络空间的总体目标，完善国内立法，积极开展双边和多边合作，最终建立网络空间治理的共同规制，促进国际社会的合作与共赢，真正释放网络空间所带来的生产力，助力全球经济和社会的发展。

3. 后 GDPR 时代的美国数据隐私保护走向①

2018 年欧盟《通用数据保护条例》（General Data Protection Regulation，简称为“GDPR”）正式实施，全球范围内掀起了数据保护改革浪潮。欧盟境内成员国纷纷更新个人数据保护法，境外巴西、印度、越南、马来西亚等国家也开始数据保护立法。除全球性的立法改革运动外，剑桥分析事件的爆发也进一步促使数据保护与利用问题成为全球关注的焦点。在此背景下，美国作为同样引领全球隐私保护的典型国家也深受影响，立法者、学界、行业等开始深刻反思美国现行的隐私立法体系，纷纷采取举措推动相关立法进程，试图在后 GDPR 时代建立起美国隐私保护新范式。

在数据全球化深入发展的当下，一方面美国数据隐私保护立法不仅影响着全球数据经济的发展，而且是研究未来全球隐私保护立法走向的重要标本。另一方面，在国内将《个人信息保护法》纳入十三届全国人大常委会立法规划、国际 GDPR 全球立法效应持续发酵之际，如何在后 GDPR 时代建立起一套既符合国际最佳立法实践，又符合本国国情，既能为个人权益、数据经济、国家安全等系列利益保驾护航，又能为我国在国际数据规则制定中占据话语权、主动权的《个人信息保护法》是我国当下亟需解决的现实问题。后 GDPR 时代美国隐私保护将走向何方，有哪些具体考量对我国具有重大的研究和参考价值？本文将介绍美国自 GDPR 实施以来数据隐私保护最新动向并分析其关注重点及主要趋势。

① 作者：黄道丽，胡文华。发表于《中国网络空间安全发展报告（2018）》，社会科学文献出版社，2019 年 12 月出版。

一、美国数据隐私保护现状

长期以来，与欧盟从人权保障视角出发为隐私或个人数据提供全面的、高水平的保护不同，美国更多的基于经济发展的考量，反对对隐私或数据进行全面监管。此外，作为典型的判例法国家，美国一直以来缺乏联邦层面的统一的互联网隐私保护法，而主要依据联邦贸易委员会的执法。相关立法规范也主要体现在隐私保护立法中，例如 1970 年的《公平信用报告法》（FCRA），1974 年的《隐私法》，1986 年的《电子通信隐私法》（ECPA），1996 年《健康保险流通与责任法案》（HIPAA），1998 年的《儿童在线隐私保护法》（COPPA），1999 年的《金融服务现代化法》（GLBA）等，仅针对征信、金融、医疗、教育等特殊领域，或儿童、学生等特殊群体的个人数据收集使用等问题做出了规定。21 世纪初，随着网络的飞速发展，美国国会、白宫曾先后多次提出了旨在加强互联网隐私保护的法案，例如 2000 年引入国会的《消费者互联网隐私增强法案》、2011 年的《商业隐私权利法案》，2012 年提出的《消费者隐私权利法案》等，但最终因国会并不主张对隐私加以全面监管而未能顺利推进。

（一）美国数据隐私保护的现行立法框架

1. 1970 年《公平信用报告法》（15 USC § 1681 Fair Credit Reporting Act）。该法最初颁布于 1970 年，这一法案旨在提高消费报告机构所收集的信息的准确性与公平性，并推进相关隐私保护。这些信息被用于信用与保险报告、雇员背景调查与租户筛查方面。这一法案赋予了个人访问与修正个人数据的权利，从而保护了消费者的权利。它要求那些提供消费者报告的公司确保信息的准确与完整；它限制这些信息的使用；它要求这些机构在依据报告进行不利于当事人的措施（例如拒绝贷款）时需尽到告知的义务。之后，美国又通过《公平和准确信用交易法》（Pub.Lo.No.108-159）对该法做出了修订。

2. 1974 年的《隐私法》（Privacy Act）。该法专门规定了联邦政府机构收集公民个人数据时应当遵守的基本规则。对“行政机关”对个人数据的采集、使用、公开和保密问题作出详细规定，以此规范联邦政府处理个人数据的行为，平衡公共利益与个人隐私权之间的矛盾。该法中的“行政机关”包括联邦政府的行政各部门、军事部门、政府公司、政府控制的公司，以及行政部门的其他机构，包括总统执行机构在内。该法也适用于不受总统控制的独立行政机关，但国会、隶属于国会的机关和法院、州和地方政府的行政机关不适用该法。该法中的“记录”，是指包含在某一记录系统中的个人记录。个人记录是指“行政机关根据公民的姓名或其他标识而记载的一项或一组信息”。其中，“其他标识”包括别名、相片、指纹、声纹、社会保障号码、护照号码、汽车执照号码，以及其他一切能够用于识别某一特定个人的标识。个人记录涉及教育、经济活动、医疗史、工作履历以及其他一切关于个人情况的记载。《隐私权法》规定了行政机关“记录”的收集、登记、公开、保存等方面应遵守的准则。

3. 1986 年《电子通信隐私法》(18 USC § 2510)。《电子通信隐私法》涵盖了声音通信、文本和数字化形象的传输等所有形式的数字化通信，它不仅禁止政府部门未经授权的窃听行为，而且禁止所有个人和企业对通信内容的窃听行为，同时还禁止对存贮于电脑系统中的通信信息未经授权的访问及对传输中的信息未经授权的拦截。

4. 1996《健康保险流通与责任法案》(简称“HIPAA”)。该法案建立了电子传输健康信息的标准和要求，以此促进健康信息系统的发展。保障个人的健康隐私信息的完整性和机密性；防止任何来可预见的威胁、未经授权的使用和泄露；确保官员及其职员遵守这些安全措施。2001 年的《医治保险携带和责任法》修正案，目标之一就是保护病人的电子健康记录，并提出保护的具体标准。该法详细规定了行政保障措施、物理保障措施、技术保障措施及安全责任的分配问题，对于违反安全标准的实体，规定了最高可达 25 万美元罚款和最长 10 年监禁的严厉惩罚措施。

5. 1998 年美国通过了《儿童在线隐私保护法》。该法适用于美国管辖之下的自然人或单位对 13 岁以下儿童在线个人信息的收集。该法还详细规定了网站经营者必须披露其隐私保护政策，寻求监护人同意的时间及方式。规定经营者违反儿童隐私保护应承担的责任，禁止营销 13 岁以下儿童的个人信息。但是如果经过父母同意，13 岁以下儿童可以合法提供其个人信息。为了顺应大数据的时代潮流，更好的保护儿童的隐私数据，美国联邦贸易委员会修订了该法，自2013 年 7 月 1 日起生效。新出台的规则把个人信息范畴扩展到地理位置标记、IP 地址、个人照片或音频、网站 cookies。同时，新规则对一些使用插件或者广告获取信息的公司也同样有效。此外，考虑到 2000 年以来在线技术的发展变化，规则修订了运营商、个人信息、针对儿童的网站或网上服务等术语的定义，并增加了征得父母的同意、对相关主体的通知、保密性和安全性以及安全港条款等要求，并引入了数据留存、删除等新术语。这些新的技术变革主要体现在手机、平板电脑、社交网络和数以百万计的其他应用上面。

6. 1999 年《金融服务现代化法》(15 USC § §6801-6827 Gramm-Leach-Bliley Act)。该法对金融信息的收集、使用、披露规定进行了规定，适用于金融机构，如银行、证券公司和保险公司以及其他提供金融服务或产品的机构。《金融服务现代化法》对非公开个人信息的披露行为做出了限制，并规定了金融机构应当针对其数据处理行为通知数据主体的情形，要求金融机构为数据主体提供数据不公开的选择机制。

（二）美国数据隐私保护行业自律

美国还倾向于采取行业自律政策对网络隐私权提供保护。由于网络技术发展迅速，采用自律政策作为立法之外的补充受到行业联盟、国会和政府部门的一致鼓励和支持。总体而言，美国目前的行业自律形式有三类：建议性的行业指引、网络隐私认证和技术保护模式。

许多从事网上业务的行业联盟都发布了本行业网上隐私保护准则，如“在线隐私联盟”“银行家圆桌会议”“直销协会”“互动服务协会”，等等。其中，“在线隐私联盟”最为著名，由超过 80 家的国际公司和协会组成，致力于为商业行为创造互信的良好环境和推动对个人网络隐私权的保护。它于 1998 年 6 月发布了以联邦商业委员会的建议为原则的在线隐私指引，旨在指导网络和其他电子行业的隐私保护。不同于适用于同一行业内部的建议性行业指引，网络隐私认证适用于跨行业的联盟。他们授权那些符合其提出的隐私规则的网站张贴其隐私认证标志，以便于用户识别。美国著名的网络隐私认证组织有 TRUSTe、BBBOnline、WebTrust 等。

技术保护模式为更好地鼓励甚至是强制推行隐私权保护提供了基本的技术支撑。最常见的一种模式是由互联网协会推出的个人隐私选择平台（简称P3P）。P3P 能让网站指明对个人数据使用和公布的状况，让用户选择个人数据是否被公布，以及哪些数据能被公布，并能让软件代理商代表双方达成有关数据交换的协议。在这种模式下，个人能够利用充足的信息做出明智的决定，同意或是拒绝提供本人的数据，并且能够委托软件代理商将决定付诸实践。

二、后 GDPR 时代美国数据隐私保护立法动向

国际上，欧盟 GDPR 的实施以及全球数据保护改革兴起，美国国内 Equifax、Uber、“剑桥分析”等数据泄露和滥用事件频发，数据保护问题再次进入美国民众、立法者等的视野。当前美国各州数据隐私保护立法正在如火如荼地进行；联邦层面的隐私法也在酝酿中；立法者之外，科技巨头、行业协会等多利益导向的其他力量也在不断推进立法进程。

（一）走在前沿的州际数据保护立法

为响应消费者对数据收集、数据安全、数据隐私保护的日益关注，美国诸州已起草或颁布了相关数据保护法。在 LegiScan 网站上通过“personal data”“privacy”关键词搜索可发现，自 2018 下半年至 2019 年 3 月，美国州层面的个人数据相关立法呈现出明显的增长趋势，至少百余项隐私保护提案进入了州议会审议程序。各州之间的立法提案各具特色又普遍存在交叉影响的现象，从各州数据保护提案的激增情况不难发现，美国境内正在开展一场数据保护革命。

以加利福尼亚州为例，作为美国隐私保护最为先进的州之一，2018 年 6 月，加利福尼亚州率先颁布了《加州消费者隐私保护法》（CCPA）。该法在诸多方面效仿 GDPR，对隐私保护做出了诸多开创性的规定。例如该法赋予了数据主体访问权、删除权、可携权以及禁止个人信息出售的权利，并对数据处理的透明度做出了诸多要求。作为自下而上的隐私保护运动妥协的产物，与 GDPR 相比，CCPA 在数据保护力度方面相对弱化，但 CCPA 的出台拉开了美国数据保护革

命的序幕，对其他州以及联邦立法均产生了巨大的推动作用。

加州之外，华盛顿州、纽约州、新泽西州、伊利诺伊州等州也相继提出了提案。2019 年华盛顿州议员提出了《华盛顿隐私法案》（SB5376），成为继 CCPA 的第二部综合性的数据隐私保护立法。该法案深受 GDPR 与 CCPA 的影响，CCPA 规定的数据主体权利基本被引入，此外该法还进一步引进了 GDPR 的反对自动化分析决策权。与 CCPA 建立的“选择 - 退出机制”不同，《华盛顿隐私法案》在规定数据控制者进行风险评估的基础上，建立了数据收集和出售的“选择 - 进入”机制。新泽西州先后提出了三项提案，针对 GPS 数据、数据泄露通知等做出了规定。伊利诺伊州 HB2871 号提案对数据经纪人登记制度做出了规定。本文梳理了 GDPR 实施后美国各州主要的隐私法法案，见下表：

表 1　　GDPR 实施后美国各州主要隐私法案

州	时间	法案名称（或编号）
加利福尼亚州	2018.6.28 通过，2020.1.1 实施	加州消费者隐私保护法
	2019.3.19	AB 288
	2019.2.20	AB 1035
	2019.2.21	AB 1202
	2019.2.22	AB 1281
	2019.2.22	AB 1395
	2019.2.22	AB 561
新泽西州	2019.1.17	No. 4902
	2019.2.14	No. 4974
	2019.2.25	AB 3245
伊利诺伊州	2019.3.29	HB2871
华盛顿州	2019.1.18	SB5376
夏威夷州	2019.1.24	SB418
马里兰州	2019.2.11	SB0613
马萨诸塞州	2019.1.22	SD341
纽约州	2019	S1203
佛蒙特州	2019.3.26	S0110
	已通过，2019 年全面实施	NO 171

注：由于多数法案尚处审议阶段，表格中的“时间”一栏除明确“已通过”外，均指法案的提出时间。

（二）争议中的联邦数据隐私法

随着加州 CCPA 的通过以及各州隐私法案的提出，是否应当建立一个联邦层面的全面的数据隐私法、具体规则该如何设计等问题也成为联邦立法的关注重点。

在 GDPR 实施前夕，美国参议院发布了一项决议，鼓励企业将 GDPR 标准同样适用于美国用户。但相较于各州隐私保护发展迅速，美国联邦层面对于隐私保护立法反应相对迟缓。在各州立法的推动以及科技巨头、民间组织的呼吁下，美国联邦层面也开始采取行动。参议院先后提出了《数据保障法案 2018》《美国数据传播法案 2019》《社交媒体隐私和消费者权利法案 2019》《数字问责制和透明度以提升隐私保护法案》。众议院也提出了《加密法案》《信息透明度和个人数据控制法案》《应用程序隐私、保护和安全法案》《数据经纪人问责制和透明度法案》《数据问责和信任法案》等多项提案。总体来看，目前美国参众议院已有 10 余项隐私保护法案正在审议中。

综观各项提案，不难发现 GDPR 对其的影响，但各项提案在借鉴 GDPR 的规定方面存在诸多差异，这也直接反映出了联邦国会对于美国隐私保护力度、方式等仍存在较大分歧。为寻求共识，众议院和参议院司法委员会曾多次组织听证会就美国联邦隐私法进行讨论，但针对联邦政府是否需要制定统一立法、应当赋予数据主体何种权利、如何设计救济机制等问题仍存在诸多争议。

表 2　　GDPR 实施后美国联邦主要数据隐私提案

机构	时间	法案名称	核心内容
参议院	2018.12.12	《数据保障法案 2018》（Data Care Act of 2018）	规定在线服务提供商安全保障、忠实义务
参议院	2019.1.16	《美国数据传播法案 2019》（American Data Dissemination Act of 2019）	要求 FTC 提交隐私立法建议，建议应包含访问权、更正权、数据披露记录义务
	2019.1.17	《社交媒体隐私和消费者权利法案 2019》（Social Media Privacy and Consumer Rights Act 2019）	规定知情同意规则、隐私安全计划义务、数据泄露通知义务、访问权、撤回同意
	2019.2.27	《数字问责制和透明度以提升隐私保护法案》Digital Accountability and Transparency to Advance Privacy Act	最小化原则、透明度、撤回同意、访问权、删除权、数据可携权、设置隐私保护人员

续表

机构	时间	法案名称	核心内容
参议院	2019.3.14	《商业面部识别隐私法案 2019》（Commercial Facial Recognition Privacy Act of 2019）	知情同意
两院	参：2017.7 众：2018.7	《数据经纪人问责制和透明度法案》（Data Broker Accountability and Transparency Act of 2018）	审查权、更正权、拒绝信息出售或共享权、数据访问或传输审计
众议院	2018.7.27	《应用程序隐私、保护和安全法案》（Application Privacy, Protection, and Security Act of 2018）	知情同意、同意的撤回、数据安全保障
	2018.7.30	《加密法案 2018》（ENCRYPT Act of 2018）	对协助解密义务的限制
	2018.9.24	《信息透明度和个人数据控制法案》（Information Transparency & Personal Data Control Act）	要求 FTC 颁布处理敏感个人信息和行为数据的规定：透明度、非敏感个人数据的同意撤回、隐私审计
	2019.2.14	《数据问责和信任法案》（Data Accountability and Trust Act）	要求 FTC 制定隐私规则：个人信息安全官、风险评估、访问权、更正权、删除权、数据经纪人的信息安全审计机制

注：由于多数法案尚处审议阶段，表格中的“时间”一栏均指法案的提出时间。

（三）多利益导向的其他推进力量

立法者之外，其他利益团体推动隐私立法改革的作用也不可忽视。政府方面，2018 年 9 月，特朗普政府正式宣布建立美国消费者隐私标准计划。根据该计划，美国国家标准与技术研究院（NIST）和国家电信和信息管理局（NTIA）正与公共和私营部门合作，制定自愿隐私框架。美国联邦贸易委员会（FTC）2018-2019 年的工作重点也主要放在数据安全、隐私保护方面。2019 年 2 月美国政府问责局（GAO）发布报告建议制定全面的联邦隐私法。

行业方面，自各州隐私保护运动以来，各州立法规范的不同为企业的合规带来了诸多难题。尤其是在加州 CCPA 严格的个人数据保护条款即将生效、各州数据保护普遍增强的情形下，各科技巨头迫切希望通过推进联邦立法建立一套统一的、综合的隐私保护规则减轻未来的合规成本，同时为自身在美国这场隐私保护发展占主导。此外，行业协会也在积极地推进隐私监管的现代化。

2018 年 9 月，美国互联网协会发布了一套隐私原则，该原则在诸多方面吸收了 GDPR 的规定，对透明度、数据主体控制权、访问权、更正权、删除权、可携权等做出了规定。无独有偶，美国商会、商业软件联盟（BSA）也先后发布了相关原则。

三、后 GDPR 时代的美国数据隐私保护趋势及特点

欧盟 GDPR 的实施推动了美国境内一场全民性的隐私保护变革，使得美国的隐私保护在后 GDPR 时代具有明显的阶段性特征。整体来看，后 GDPR 时代美国数据保护呈现以下趋势及特点：

（一）隐私保护力度整体提升，数据保护权利尚存争议

综观 GDPR 颁布实施后各州及联邦立法提案，不难发现与现行法相比，各提案在很大程度上提升了美国的数据保护力度。例如赋予了数据主体访问权、更正权、删除权、选择退出权等诸多新权利，也对互联网服务提供商提出了更高的义务要求，包括但不限于更强的安全保障义务、风险评估义务等。

与此同时也应注意到，虽然 GDPR 在很大程度上给美国隐私保护带来了巨大冲击，但与欧盟数据保护立足于用户隐私保护最大化不同，美国主流观点仍认为美国隐私立法的关键任务并非促进用户隐私的最大化，而是促进用户福利的最大化。这决定了美国立法者不会全盘接受 GDPR 的规定，体现在各州和各版本的联邦隐私法提案方面则表现为在何种程度上借鉴 GDPR 规定的差异化。

对数据主体的权利争议主要集中于反对自动化决策权、删除权（被遗忘权）、访问权、数据可携权等。例如，在是否赋予数据主体反对自动化决策权方面，目前仅有华盛顿州的隐私法提案规定了数据主体享有反对自动化分析权，其他各州及联邦立法提案均未规定该项权利。在删除权方面，诸多州的提案均对删除权做出了规定，但仍有诸多反对的声音，认为删除权的行使会增加企业负担，同时对人工智能等新技术新应用的发展带来阻碍。当前美国联邦层面的《美国数据传播法案 2019》《社交媒体隐私和消费者权利法案 2019》《数据经纪人问

责制和透明度法案》等多数提案中并未对删除权做出规定。在访问权方面，有观点认为访问权的不当设置会增加企业的负担，因此各法案在访问权是否设置以及如何规范方面也存在诸多不同。在数据可携权方面，目前仅有加州 CCPA、华盛顿州的 SB 5376 号法案，联邦的《数字问责制和透明度以提升隐私保护法案》借鉴了欧盟 GDPR 的规定，明确在技术可行的情况下，应允许消费者无障碍地将信息传输至其他实体。此外，与 GDPR 不同，为平衡隐私保护与企业利益，在数据收集最小化、隐私设计、隐私人员的设置方面，当前美国鲜少有法案对此做出要求。

（二）数据共享、出售成规范重点，多种监管方案提出

综观各州及联邦各项提案可以发现，此次美国数据保护改革尤其关注数据共享和出售问题，联邦层面《数据保障法案 2018》《信息透明度和个人数据控制法案》《应用程序隐私、保护和安全法案》等法案均对数据出售和共享做出了规定。《数据经纪人问责制和透明度法案》更是专门针对数据经纪人制度做出规定。州层面，加州 CCPA 以及佛蒙特州第 171 号法的一个重大变革就是对于数据出售和共享的规制，此外，夏威夷州、伊利诺伊州等新法案均对该问题做出了明确规定。综合来看，当前美国各法案对数据共享或出售行为的规制措施主要集中于以下几个方面：

1. 强调透明度。2013 年美国政府问责局专门发布《消费者隐私需要反映技术和市场变化》报告，报告指出美国隐私保护的一个重要问题在于，数据主体不知道谁掌握其数据、谁在出售其数据。为解决该问题，美国近年来尤其强调数据出售和共享的透明度，要求收集个人信息的企业应当向数据主体告知共享信息的目的、类型、第三方等信息。2018 年参众议院提出的《数据经纪人问责制和透明度法案》专门针对数据经纪人的透明度、义务等做出了明确规定。值得注意的是，已有法案专门对数据价格的透明度做出了要求。加州 AB 950 法案规定，企业应向用户披露其数据的平均商业价值（monetary value）。销售数据的，应当披露平均销售价格，并应用户要求向用户披露其数据销售的实际价格。法案还要求成立消费者数据隐私保护委员会，该委员会由学者、行业及社会团体代表组成，主要职责在于为立法机构提供确定消费者数据价值的适当指标和

方法。

2. 设置数据经纪人登记制度。“数据经纪人”是指基于出售或向第三方提供访问的目的，收集、集合、维护其用户或雇员之外人的个人数据的商业实体。为规范数据经纪人的数据出售行为，2018 年 5 月，佛蒙特州第 171 号法全面生效，该法为数据经纪人制定了特殊规则，要求购买和销售用户数据的数据经纪人应当进行注册，并建立全面的数据安全计划。随后，加州及伊利诺伊州等州也提出了类似法案。

3. 强化数据出售或共享的安全保障义务。数据经纪人隐私审计制度是强化数据出售或共享的安全保障义务的重要措施。隐私审计是指通过中立的第三方对数据经纪人的隐私保护措施加以审查。《数字问责制和透明度以提升隐私保护法案》就规定了收集、使用、共享、出售敏感个人数据的运营商应当请第三方进行隐私审计，但也规定了 500 人以下的企业以及收集非敏感个人信息的豁免。《数据问责和信任法案》《数据经纪人问责制和透明度法案》等也对数据经纪人的隐私审计义务做出了要求。除隐私审计外，《数据保障法案 2018》还规定了在线服务提供商的保障义务（duty of care）和忠实义务（duty of loyalty），明确在线服务提供商不得向第三方披露、出售、共享个人数据，除非对方履行保障和忠实义务，且应采取合理的措施保障第三方履行了上述义务。

加强数据主体对信息出售控制权。数据主体对信息出售的控制力对于隐私保护具有重要意义。诸多法案中规定了拒绝出售的权利，例如加州 CCPA、AB 288，新泽西州的 AB 3245、No. 4974、No. 4902，夏威夷州的 SB 418，马里兰州的 SB0613 等均规定收集个人信息的网站应当为用户提供一个退出销售其个人信息的机制（选择 - 退出机制）。值得注意的是，目前已有部分法案针对特殊类型的个人数据的出售做出了特殊的规定。例如纽约州 S8547 提案规定未经数据主体的书面同意，不得收集、购买、交易生物识别信息。加州 CCPA 规定 16 周岁以下儿童的个人信息原则上不得出售或共享，除非获得数据主体的同意（选择 - 进入机制）。联邦参议院提出的《商业面部识别隐私法案 2019》也规定未经用户明确同意不得与第三方共享面部识别信息。

（三）隐私监管模式选择成重要争议

为提升数据保护水平，加强数据主体的控制权，欧盟 GDPR 承继并进一步加强了 95 指令建立的知情同意规则。这一做法也影响到美国此次隐私保护改革监管模式的选择。在美国，个人数据长期以来被视为一般商品，除了针对儿童、金融、医疗等集中特殊类型的数据需要获取数据主体的同意外，一般数据的收集处理均无需遵守该规则，可自由获取、交易。随着 GDPR 的实施，有诸多隐私保护者主张效仿欧盟，建立以用户为中心的监管模式，赋予用户控制权，其中一个重要措施就是建立知情同意规则。这一点也在部分法案中有所体现，参议院提出的《社交媒体隐私和消费者权利法案 2019》。但这一做法也引来了诸多反对。更多的法案倾向于在 GDPR 的基础上做出相对弱化的规定，例如区分敏感数据和非敏感数据，有限适用选择同意而更多采用选择退出机制等。此外，随着对美国新隐私监管的热情攀升，另一种隐私监管方法逐渐普及，即将尽职、忠诚和保密等信托义务适用于收集数据的实体。建立“以用户为中心”还是“以数据控制者为中心”的隐私保护模式已成为美国此次隐私保护改革的关注重点。

4. 美国密码政策立法的历史回顾与影响分析①

作为密码技术研发和应用最为先进和成熟的国家，美国在密码政策法律方面一直具有积极的示范效应，甚至在相当长的历史时期内深切影响着国际社会对密码技术社会化利用的整体态度。纵观美国密码政策立法的发展过程，其中既包含具有创新性的实践，又存在极富警示性的弯路，经历了由“严控”到“放松”，再到“宽严相济”的演变过程。2019 年是中国密码法治元年，《中华人民共和国密码法》的顺利通过并颁布填补了我国密码管理领域长期以来的基础立法空白，全面提升了密码工作科学化、规范化、法治化水平，标志着我国密码事业进入新的发展阶段，密码各项法律制度的顶层设计和整体规划必然紧随其后。在这一重要的历史节点，客观分析美国密码出口管制和国内管理政策立法的演变轨迹，“取其精华、去其糟粕”，无疑将对我国网络空间密码法治发展进程有所裨益。

一、美国密码出口管制政策立法的演变轨迹

美国密码出口活动需受到两套法律规范体系的调整，一是根据《国际武器贸易条例》（ITAR）及其配套的“军用物品管控清单”（USML）实施军品管控；二是根据《出口管理条例》（EAR）及其配套的“商业管控清单”（CCL）实施商品管控。早期，密码被美国视为纯粹的军用品，对密码的出口控制极为严格，

① 作者：黄道丽、马宁。

除需要满足技术审查、出口许可和售后报告的具体要求外，密码技术及其产品范围同样受限极为广泛，甚至通过互联网实施的在线出口、再出口和密码知识的传播活动也成为出口控制的对象。在当时，这种近乎严苛的密码出口控制政策主要出于国家安全的考虑，旨在防止先进密码技术外流并被敌对势力利用。

但这种无限泛化的密码限制政策严重阻碍了密码技术的科研和应用，并引发了针对该密码政策“违宪问题”的广泛争议。在 Bernstein v. US Department of Justice 一案中，伊利诺伊州立大学伯恩斯坦（Bernstein）副教授开发的 Snuffle 软件试图通过纸质期刊和网络发布，但政府要求其按照 ITAR 的规定注册为“军火商”并取得出口许可证。伯恩斯坦(Bernstein)认为政府禁令违反了《美国宪法》第一修正案。但被告司法部认为，如果伯恩斯坦（Bernstein）的软件通过计算机语言（源代码）表达，则不受《美国宪法》第一修正案的保护。1996 年 4 月 15 日，法官帕特尔（Patel）驳回了司法部的观点，明确计算机源代码属于受《美国宪法》第一修正案保护的言论表达，并援引了 1971 年五角大楼文件案，认为 ITAR 的规定属于预先设定的言论限制，因为该法案要求伯恩斯坦（Bernstein）在发表其言论之前申请并获得许可证属于事先审查机制。1997 年 8 月 25 日，法官帕特尔（Patel）再次重申该案中政府基于 EAR 做出的规定同样违宪。法院判决的直接结果是伯恩斯坦（Bernstein）可以用通常的方式自由教授密码课程，在网络上上传和讨论课程材料。尽管法院支持了伯恩斯坦（Bernstein）的观点，但该案持续长达 4 年之久，期间很多的密码技术发展均受到影响。

在 Bernstein v. US Department of Justice 一案之后，美国学界和产业界关于“密码自由”的呼声不断高涨。在同一时期，信息技术的快速发展产生了密码“民用化”的客观需求，且对于经济增长的贡献率逐年增长，加之以《瓦森纳协定》为基础的全球密码出口规则体系逐渐形成，自由贸易成为不可忽视的发展趋势。当时支持密码自由化的主流观点认为，密码不应当为政府所垄断，公民和组织同样有权利使用密码技术保护信息和隐私安全。与此同时，美国当时过于严厉的密码出口控制政策确实对本国的密码产业发展构成了障碍。例如，无论是限制强加密技术的出口，还是强制要求使用密钥托管机制，都意味着美国的密码产品和服务与那些不设置出口限制的国家相比缺乏足够的竞争力。

为此，为了适应全球自由贸易的整体趋势，美国开始对密码出口政策进行调整，逐步放宽控制力度。1996 年，美国将作为两用物项的密码管理权从国务院转移到商务部，极大便利了密码出口活动，缩短了密码出口证的签发时限。

此外，美国还对 EAR 进行了多次修订，以适应放松密码出口控制的要求。2000 年，美国对 EAR 做出修订，规定任意密钥长度的密码技术在审查后可出口至上述所谓恐怖国家外的非政府终端用户，政府用户则需根据许可协议执行；任何密钥长度的零售密码技术在审查后可出口至非恐怖主义国家的任何接收者；任何密码未经审查可出口至美国企业的外国子公司；向非美国实体出口特定的上述 64 位密码产品要求售后报告。至此，美国政府事实上已经取消了对密码产品强度和类别的限制，具备了密码自由出口的基础，其主要通过技术审查、许可协议和售后报告等制度设计实现对密码出口的控制。2002 年，美国再次对 EAR 进行修订，放宽了大宗贸易密码产品、公开源代码和美国公司内部使用的密码产品的出口审查要求。

2010 年，美国进一步通过商务部临时规定简化了密码出口审查要求，对于那些对国家安全威胁较小的密码产品和技术取消技术审查等待 30 天的要求，可以直接授权出口，再出口时仅向 BIS 提交电子注册即可；同时，大宗贸易密码产品也参照执行上述规定，只有少数类别的许可例外和大宗贸易密码产品还需要 30 天的审查期限，但涉及国家安全、反恐以及禁运和制裁的除外。

在区域密码政策方面，2018 年 11 月，美国、墨西哥、加拿大三国正式签订《美国 - 墨西哥 - 加拿大协议》（USMCA）。该协议以 1994 年 1 月 1 日生效的《北美自由贸易协议》（North American Free Trade Agreement，NAFTA）为基础，涵盖范围广泛。USMCA 在区域内采取比较宽松的密码进出口政策，要求缔约方不得对“面向公众使用或销售，并且不是专门为政府用途而设计或改造的密码产品”进出口设置限制，除非另有规定。而在这三国之外，USMCA 通过第 32 章第 10 条（“毒丸条款”）对缔约国与“非市场经济国家”谈判自由贸易协议事宜规定了通知、审查乃至终止协议、替换条款等要求和限制。

二、美国密码国内管理政策立法的演变轨迹

自菲尔·齐默尔曼（Phil Zimmermann）在互联网上成功分发加密软件 PGP 开始，美国政府开始清醒地意识到密码“民用化”的必然趋势，并担忧这可能导致密码技术成为恐怖分子和其他犯罪分子的工具，阻碍执法活动。但早期政府垄断密码使用的格局已然打破，单纯禁止或限制密码国内使用的策略已经不可行。为此，美国政府于 1993 年开始尝试引入密钥托管制度来解决密码民用与执法便利之间的冲突问题。

美国政府的密钥托管政策以 Clipper 芯片的推广为基础，其核心理念是在所有通信设备中安装 Clipper 芯片，每一个芯片被指定一个加密密钥，该加密密钥被分成两份，分别托管给相互独立的托管机构，执法机构可以在获得法庭令状的条件下获取该托管密钥，访问通信数据。由此可见，密钥托管政策事实上向以执法机构为代表的政府部门提供了通信数据访问的后门机制，这样似乎建立了一种更为弹性的密码政策框架来应对密码民用产生的执法障碍：一方面，政府可以放松对密码技术的研发、生产、销售、使用和出口等方面的限制，允许使用密码技术保护通信安全，满足产业发展和用户隐私保护的要求；另一方面，密钥托管也能在特定情况下满足执法需求。在美国国内实施密钥托管政策的同时，美国政府也在全球范围内积极尝试推广该政策，一方面强迫瓦森纳和 OECD 在 1996 年将密钥托管作为强制的国际标准，另一方面游说各国政府采用密钥托管制度。

但美国政府在发布密钥托管政策之初，便遭受到各界的强烈质疑。产业界普遍认为，一旦托管的密钥披露给执法机构，所有被这些密钥加密的通信都将可能受到影响，其安全性将会受到极大削弱。但犯罪分子可以使用非托管的加密产品规避这一规定，密钥托管能够起到的实际效果非常有限。而更为广泛的公众则认为密钥托管本身就是不能够被接受的，因为这将对个人隐私构成巨大威胁。此后，尽管美国政府依旧尝试了多种密钥托管的可行方案——例如美国政府在 1996 年 5 月发布的《全球信息基础设施：加强隐私、商务、安全和公共安全》草案中建立的以密钥托管机制为基础的密钥管理基础设施（KMI）——

但最终均未能得以实施。

1999 年 8 月，美国颁布《网络电子安全法》(CESA)，规定执法部门可以访问托管于可信第三方的密钥，但是不再强制要求通信服务提供商使用采取了密钥恢复机制或密钥托管机制的密码技术。同时为了保障个人的合法权益，当事人的密钥依据法律程序为执法部门使用时，执法部门应通知当事人，并在使用该密钥后，对密钥相关信息加以销毁。这也标志着美国政府的密钥托管政策彻底失败。同样的，美国政府在全球范围内推行密钥托管制度的努力也未能如愿，1996 年 6 月，OECD 讨论了各国政府采取密钥托管倡议的可能性，仅有少数国家表示支持。1997 年 3 月，OECD 发布了密码指南，该指南没有包含强制性的密钥托管要求，而是选择尊重用户的自主选择。

在密钥托管制度失败后，美国政府转而开始寻求“密码使用限制”之外的政策解决方案，通过扩大执法机构的权限，来达到绕过密码技术访问通信数据的目的。例如，2001 年“9・11”事件发生的 45 天后，当时布什总统即签署了《美国爱国者法案》，旨在加强调查机构的权力，预防类似的攻击。《美国爱国者法案》对很多现行的立法进行了修订，以授权政府访问存储的电子邮件和其他电子通信数据，这使得监听活动变得更为有效。此外，2018 年美国颁布的《云法案》更将执法机构的数据获取能力扩展到美国境外。

但密钥托管制度的失败也起了积极的作用，美国政府充分认识到密码技术对于信息安全不可替代的保障作用，及其对产业发展的助推效果，开始尊重并承认密码合法使用的基本政策思路。例如在 1999 年《金融服务现代化法案》中，规定各金融机构对于用户的非公开个人信息可以在静态或传输过程中通过各种加密解决方案加以保护。2002 年的《萨班斯法案》规定了旨在保护密码安全的密钥管理要求，以确保密钥不被更改和未经授权的披露。2018 年 USMCA 明确要求，通过适用包括密码技术在内的适当安全技术措施，保护在公共电信网络和服务中的最终用户隐私和个人数据。

此外，美国更加注重在政府层面的密码技术的使用和推广工作，增加了强制使用密码技术的规定和加解密能力。以 2015 年《网络安全信息共享法案》(CISA) 为代表，要求政府的重要数据应当通过加密（或等同措施）予以保护。

2017 年 10 月，美国国土安全部发布了新的《约束性操作指令 18-01》，强制要求各联邦机构实施增强电子邮件加密功能的 STARTTLS 项目，以抵抗中间人攻击；要求各联邦机构实施发送方策略框架（SPF）和域密钥识别邮件（DKIM），使联邦机构更便利地防范未经授权的电子邮件；要求各联邦机构使用“基于域的消息认证、报告和一致性”协议（DMARC），在邮件服务器端防范未经授权的电子邮件，并帮助联邦机构寻找未经授权的电子邮件来源。此外，美国还通过由国防部主导的“密码现代化计划”逐步提升了密码设备的可靠性。根据该计划，美国将在 10~15 年之内升级国防部的密码库存，升级 130 万美国现用的加密设备，其中 73% 的加密设备将被更换。所有依赖密码技术提供保密性、完整性和认证服务的指挥控制、通信、计算机、情报、监视、侦察、信息技术和武器系统都将纳入 CC 之中，这导致美国国家安全局、军事部门、国防机构、联合参谋部、联邦政府机构和产业界将在 CC 框架之下形成更为紧密的联合实体。

三、影响美国密码政策立法演变的因素

在国际方面，美国密码出口管制政策立法的演变与 OECD 的密码方针有关。1997 年 3 月 27 日，OECD 发布了关于密码政策的建议性方针（Recommendation of the Council Concerning Guidelines on Cryptography Policy）。该方针认为，国家密码政策应当尊重包括通信秘密和个人数据保护的隐私权。OECD 号召其成员国解除对密码技术的控制，发展基于市场和用户驱动的密码产品和服务。该方针承认，成员国应当考虑其国内和国际密码政策的基本问题，并提出了关于密码政策的八项原则。根据这些原则，密码产品的发展应当以市场为导向（原则 3）；密码政策应当尊重个人隐私权（原则 5）；密码政策应当明确提供密码产品或服务者的责任（原则 7）；应当加强各国之间在发展密码政策方面的国际合作（原则 8）。按照该方针的要求，OECD 成员国都纷纷对其密码政策做出适当调整，因此国际密码政策的发展出现了松动局面。截至目前，每五年一度的对该方针

的评审认为，这些原则仍持续有效。

同时，与其他西方国家一样，美国依照国际《瓦森纳协定》将密码技术置于严格的出口控制之下。这些控制被认为有利于保护国家安全和外交通信的秘密。按照《瓦森纳协定》，三十三国集团对军民两用物资适用统一的出口控制政策。这些军民两用物资包括设备、材料、软件和技术。密码自然属于这种军民两用的、受严格出口控制的产品。尽管《瓦森纳协定》并非强制性的国际协定，但它对其成员国的密码政策产生了非常巨大的影响。

在国内方面，美国密码国内管理政策立法的调整首先是美国推行国家利益全球化的结果。密码技术作为网络空间安全的核心技术和基础支撑，通过加密保护和安全认证等方式，能在不安全的环境下对通信和存储的数据进行保护，以防止未经授权的访问、篡改、伪造、抵赖等行为。近年来，随着信息通信技术应用场景的不断丰富，以国家、社会和个人利益为侵害对象的诸多信息安全威胁体现出明显的“非对称性”，密码技术不可替代的安全保障功能开始获得各方的普遍认可和重视。在此背景下，加密应当成为一种准则，而非例外。

美国自然注意到了密码功能的这种转化，为了取得国际社会信息霸主的地位，美国必须调整它的密码政策，放松密码出口和国内使用的控制力度，以使信息产业获得更强劲的发展动力。这种密码输出的政策转变，也将进一步便利美国的全球计划。此外，美国密码政策立法的调整，也是美国公民隐私保护权益争取的结果。通信自由和保护个人隐私权是美国宪法所确立的一项基本内容，而这一结果在密码技术领域仍未完全固定。例如，在 2018 年之后仍有持续的立法提案要求明确公民的普遍加密权。前述案例正反映了多重利益冲突并调整的过程，但更应当意识到，美国政府在密码政策方面所作的松动调整背后，有着坚实的密码技术支持。如果美国政府没有掌握破译可出口密码技术的能力，绝对不会放松对此类密码产品的出口控制。

四、小结

就美国而言，从 20 世纪 90 年代的“密码战争”开始，受多种因素影响，围绕国家安全、执法便利、产业发展和隐私保护的冲突，其密码政策立法经历了由“严控”向“放松”过渡的变迁，并不失弹性，其调整过程中坚持内外有别、不同国家和地区有别、政府和非政府使用有别、“可控”和“不可控”有别的方针，辅以强大的密码技术为支撑，最终确保国家整体利益。特别应当引起重视的是，尽管密码本身定性为防御性的安全保障技术，但通过破坏他国的密码保护实现本国的“绝对”安全，通过加密实施主动防御乃至网络攻击问题，已经随着其密码技术能力的提升不断放大。

新一轮科技革命和产业革命背景下，密码科技应用的深度和广度不断延展。密码正以前所未有的广泛影响力，深度融入大国安全博弈。各国均力图在密码核心技术领域取得竞争优势和优先地位，密码政策立法的保障作用愈加明显。总的来说，密码政策立法所面临的国家安全、执法便利、产业发展和隐私保护这四大价值取向不会发生根本性改变，这也决定了在未来相当长的一段时期内，一国密码政策立法的制定、调整和落地将继续围绕这四点不断寻求平衡。同时，一国密码政策立法又深受他国决策和整体国际环境的影响和制约。在对内密码战争、对外密码对抗的国际影响下，如何实现法律对技术的求解，将成为各国立法者持续面临的难题。

国内篇

1. 我国网络立法的目标、理念和架构[①]

网络空间已经成为关系国家安全、社会稳定和民族复兴的战略新高地，构筑全方位的国家网络空间治理体系，加速推进网络立法成为当务之急。中国共产党十八届四中全会以“依法治国”为主题，强调立法先行，成为我国加快网络立法的重大契机。坚持以国家治理体系和治理能力现代化为法制目标，以总体国家安全观为立法理念，加快综合性立法，以“防御和控制”性的法律规范替代传统单纯“惩治”性的刑事法律规范，从多方主体参与综合治理的层面，构建“防御、控制与惩治”三位一体的网络空间法治体系。其目的不仅是提升执行力，全面落实四中全会精神，更在于塑造网络空间的根本大法，为“依法治网”提供基本依据。

四中全会审议通过了《中共中央关于全面推进依法治国若干重大问题的决定》。提出，法律是治国之重器，良法是善治之前提。全会强调了建设中国特色社会主义法治体系，必须坚持立法先行，发挥立法的引领和推动作用，抓住提高立法质量这个关键。全会还强调全面推进依法治国，就要在中国共产党领导下，坚持中国特色社会主义制度，贯彻中国特色社会主义法治理论，形成完备的法律规范体系、高效的法治实施体系、严密的法治监督体系、有力的法治保障体系，形成完善的党内法规体系，坚持依法治国、依法执政、依法行政共同

① 作者：黄道丽。发表于人民网理论频道，2014 年第 10 期。

推进，坚持法治国家、法治政府、法治社会一体建设，实现科学立法、严格执法、公正司法、全民守法，促进国家治理体系和治理能力现代化。这为网络立法提出了明确的要求和清晰的目标，成为依法治网，构建“防御、控制与惩治”三位一体的国家网络治理法律体系的重大契机。

一、法制目标：实现国家网络治理体系和治理能力现代化

网络空间作为人类社会“第二类”生存空间和“第五大”作战领域，已经成为维护国家主权、安全和发展利益的战略高地。美国等网络强国已经在紧锣密鼓地抢占网络空间规则制定的制高点。无论是其牢牢把控的各种网络技术标准，还是持续推动的《网络犯罪公约》，包括已经推出，企图作为网络战争法典的《塔林手册》，都凸显了其战略企图和精心准备。在这场体现国家治理体系和治理能力，进而获得网络空间国际话语权的战略博弈中，我们已经处于相对落后的位置。为此，要加紧结合网络空间自身特点和发展规律，综合考虑国内国际两个大局，兼顾网络空间蕴含的新质生产力、文化力和国防力，坚持党的领导、人民当家作主、依法治国有机统一，在网络空间这个全新领域，坚定不移走中国特色社会主义法治道路，坚决维护宪法法律权威，依法维护人民网络权益、维护网络社会公平正义，维护网络空间国家主权、安全和发展利益，为实现“两个一百年”奋斗目标、实现中华民族伟大复兴的中国梦插上网络的翅膀。

二、立法理念：实现总体国家安全

我国台湾地区法学家史尚宽先生认为，“法律制定及运用之最高原理，谓之法律之理念；法律之理念，为法律的目的及手段之指导原则。”立法理念是对法律的本质及其发展规律的一种宏观的、整体的理性认知和把握。理念比观念、概念和法律意识等的层次更高，可对法律制定和实施进行科学的预测和指导。现代法的立法理念包括了正义、民主、平等、法治、权利、安全、效益和可持

续发展等。安全理念作为人类普遍的基本需求，在信息化社会中的价值和作用不断凸现。

随着网络信息技术的不断发展，我国国家关键基础设施越来越依赖复杂的网络空间，习近平总书记在国家安全委员会第一次会议上即指出，“当前我国国家安全内涵和外延比历史上任何时候都要丰富，时空领域比历史上任何时候都要宽广，内外因素比历史上任何时候都要复杂。”[①] 网络空间对国家安全和社会稳定所产生的巨大影响日益凸显。习近平总书记审时度势，提出了“坚持总体国家安全观，走中国特色国家安全道路”的新观点，强调国家的安全发展要同时兼顾内外安全、国土与国民、传统与非传统、发展安全、自身与共同安全。“总体国家安全观”强调了更深、更高、更全面的综合安全，创造性地提出了富有中国特色的国家安全价值观念、工作思路与机制路径，是比“安全理念”或“综合安全理念”更宏观、整体的理性认知。

“总体国家安全观”为我国网络立法的制定和实施工作提供了科学的指导，符合“总体国家安全观”要求的网络安全是国内外复杂开放环境下的网络安全，不是碎片化、局域化、区域化的网络安全。我们应确立“总体国家安全观”的法律理念，以此为指导，协同考虑安全与发展关系，制定落实“总体国家安全观”的综合性立法。

网络空间的安全与发展是世界各国信息化建设共同面临的挑战。《欧盟理事会 2007 年 3 月 22 日关于建立欧洲信息社会战略的决议》从发展的角度，提出“在发展中解决安全问题”的思想，鼓励政府机构和企业创造更先进更安全的产品和服务。保障“生存权”是美国网络安全法的基本价值取向。2003 年美国《网络空间安全国家战略》明确号召美国全民参与对其拥有、使用、控制和交流的网络空间的安全保护。习近平总书记强调，“做好网络安全和信息化工作，要处理好安全和发展的关系，做到协调一致、齐头并进，以安全保发展、以发展促安全，努力建久安之势、成长治之业。”这为我国网络空间战略确立了“安全与发展并重”的基本方向。我国应当采取“保安全、促发展”的战略，在发展中解决安全问题，将网络安全作为网络强国建设能力的重要保障。立法落实国家

---

① http://paper. people.com.cn/rmrbhwb/html/2014-04/16/content_1415585.htm

战略，必然需要正确处理“安全”与“发展”的关系，这也决定了我国网络立法兼顾“安全、发展”的二元价值特性。

三、立法重点：制定综合性立法

目前，我国网络安全相关法律基本上是“补丁”式立法，散见于《中华人民共和国刑法》(以下简称《刑法》)、《中华人民共和国治安管理处罚法》(以下简称《治安管理处罚法》)、《中华人民共和国保守国家秘密法》(以下简称《保守国家秘密法》)等法律中。人大颁布的《全国人民代表大会常务委员会关于维护互联网安全的决定》及《全国人民代表大会常务委员会关于加强网络信息保护的决定》属原则性的规定。最近国家启动国家网络安全审查、关键基础设施保护和互联网信息服务等方面的专项立法。当前，从国家形势出发，落实“总体国家安全观”，实现国家网络空间治理体系和治理能力现代化，必须制定综合性的立法。

首先，迫切需要一部综合性的统领信息化发展的立法。习近平总书记在中央网络安全和信息化领导小组第一次会议上强调，“网络安全和信息化是事关国家安全和国家发展、事关广大人民群众工作生活的重大战略问题，要从国际国内大势出发，总体布局，统筹各方，创新发展，努力把我国建设成为网络强国。”这样的顶层部署不能仅仅转化为一部民族产业振兴法、互联网信息内容管理法或刑事责任法。只有进行综合性的立法，明确国家对网络安全的基本原则，统一部署规划，建立国家网络安全的舆情监测、应急响应、技术人才、组织保障等综合法律体系，才能贯彻“总体国家安全观”的理念，体现中央关于网络安全与信息化发展的战略要求，实现国家安全、社会稳定、产业发展和个人隐私保护的总体安全宗旨。

其次，制定综合性立法符合国际惯例。信息化发达的国家早已认识到网络安全是威胁国家安全的重要问题之一，纷纷制定综合性立法予以规制。美国先后制定了 2001 年《美国爱国者法案》、2002 年《联邦信息安全管理法案》、2002 年《美国国土安全法》等法律，规定了网络监控、政府信息保护、国家安全等内容。尽管从2009年开始美国网络安全法案的出台连遭挫折，但其在网络安全方面已基本形成纵横交错的法律体系。《2006年关于欧盟理事会制定识别、指定欧洲关键基础设施，并评估提高保护的必要性的指令的建议》也属于综合性立法。印度2000年颁布综合性立法《信息技术法》，规定了数字签名、电子政务、行政管理、刑事诉讼等内容，该法在2008和2011年两次被修订，不断得以完善。

再次，制定综合性立法符合我国现实的立法需求。网络安全立法涉及广泛，且与云计算、物联网、移动互联网、智能终端等新技术新应用的迅速结合普及密切相关。我国相关法律法规涉及法律、行政法规、部门规章、地方法规及规范性文件等多个层次，覆盖内容上纵向包括网络系统安全、信息内容安全、信息安全系统与产品、保密及密码管理、计算机病毒防治等特定领域，横向包括政府信息安全维护、企业权益保障和个人信息权利保护等。但总体上来看，现行法律法规无法有效应对日渐严峻的网络安全威胁。“棱镜门”事件暴露出维护国家网络主权、振兴民族产业的法律保障不足；电信、电力、运输、银行证券等国家关键基础设施建设、管理法制不健全，网络安全技术研究和产品开发政策法律保障乏力，在发生重大、突发事件和紧急状态情况下，应急响应缺乏法律保障，应急预案、违法犯罪信息和安全测试等可以用于社会安全防范的信息难以共享，严重影响快速反应能力、安全保障能力、统一调配能力。针对这一形势和现状，仅对原有法律的解释、修订或增补，难以把握好安全与发展之间的关系，不利于国家总体安全战略目标的实现。我国应制定综合性的立法，明确规定网络安全的基线，为部门及地方的立法和政策的制定、调整和完善提供法律依据。

四、治理体系：防御、控制与惩治的“三位一体”架构

治理是指在以网络技术支持下，政府、非政府组织、企业、公民个人等社会多元要素参与合作、相互协调，针对潜在的和当前的危机，在危机发展的不同阶段采取一系列的控制行动，以期有效地预防、处理和消弭危机，最终达到

最大限度地维护和增进公共利益之目的。习近平总书记提出要“依法治理网络空间”，构建体现中国国情和国家利益的网络治理法律体系。我们应确立防御、控制与惩治“三位一体”的治理法律体系，以“防御和控制”性的法律规范替代传统单纯“惩治”性的刑事法律规范，从多方主体参与综合治理的层面，明确各方主体在预警与监测、网络安全事件的应急与响应、控制与恢复等环节中的过程控制要求，防御、控制、合理分配安全风险，惩治网络空间违法犯罪和恐怖活动。

“防御”意指“积极防御”。《国家信息化领导小组关于加强信息安全保障工作的意见》《2006—2020 年国家信息化发展战略》均明确积极防御是国家信息安全战略方针。网络安全威胁的全局性特点决定了风险存在于信息流程的整个过程，实施积极防御有利于强化网络安全风险的控制。立法中的积极防御原则是指国家在网络安全保护过程中采取各种技术防范措施，完善各项管理制度，规范网络安全教育，关注网络空间活动中技术、管理、社会、经济和法律之间的关系，以法的强制性防范国家网络安全和信息化建设过程中出现的各种安全风险，同时对已确定的攻击源实施战略威慑和有效压制。以积极防御为原则的网络立法，将采取积极主动的措施，从发现威胁、降低风险、控制风险的一切环节构建法律治理能力，如在内容安全管制方面，注重封堵的同时，更重视通过管理和引导促进网络的发展；在技术与产业发展促进方面，充分强调发挥政府的主导作用，由从事前拨款支持改为事后采购扶持，通过采购政策保护巨大的国内市场，扶持民族产业；在处理应急机制构建方面，注重事前的预警、风险防范和紧急情况下的社会动员。

“控制”在法律规范表现形式上更多的是一种程序性法律规范，用以明确如何落实责任，如何行使权利和履行义务，如何打击犯罪分子和恐怖主义。现行法律中往往强调实体法律规范，导致实体权利和义务规范难以贯彻落实。建立网络安全程序性法律规范是维护网络安全的必然选择，例如，经济合作组织关于网络安全文化指南以及联合国的有关决议对网络安全的过程控制提出了对策性建议。

“惩治”是一种强制性、注重结果认定的事后补救法律规范，多以实体刑法为主要调整手段。现阶段我国网络犯罪和网络恐怖主义活动呈现新的上升趋势、发生途径和形态。惩治不力意味着放纵违法犯罪，防御和控制的效果难以落到实处。惩治是治理法律体系中不可替代的一环，兼具惩罚与震慑的双重功效，一方面惩罚违法犯罪行为，另一方面对潜在的不法行为起到震慑作用。加强网络犯罪打击是国际社会共同的认识，欧盟 2001 年《网络犯罪公约》构建了一套打击惩治网络犯罪的最低国际标准。2013 年欧盟发布《关于攻击信息系统的 2013/40/EU 号指令》，对抗网络攻击的措施应显示出严厉的刑事处罚性。

因此，建立和完善“防御、控制与惩治”三位一体架构的网络治理法律体系可包括以下“八项”内容：其一，明确管理决策机制。明确中央网络安全和信息化领导小组办公室的工作机制；明确监管机构及其职责。设立独立的网络安全监管机构，细化和明确公安、保密、国安、工信、通信、商密管理等机构的职责范围，或按照职能扩展，在原有职权范围内实施监督管理。其二，明确关键网络基础设施保护制度。确立关键网络基础设施保护的立法原则，明确相关组织机构体系及其工作机制，构建监测通报与预警机制、应急处置与响应恢复机制、安全监管制度和责任追究制度。其三，明确通信安全制度。明确通信安全要求，建立通信安全保障机制，规范即时通信、VOIP、电子邮件等现代通信技术的利用，确保通信自由与国家安全。构建攻击、入侵、恶意程序等网络技术滥用的防治法律体系，保障通信等网络系统与数据安全，防止未经授权的访问、使用、中断与披露计算机信息资源。其四，完善网络信息服务管理制度。修改 2000 年《互联网信息服务管理办法》，其内容可包括 ISP、ICP 的安全保护义务，特别是用户数据收集与利用方面的安全保障义务，明确互联网恐怖等非法有害信息的认定标准，明确通信数据存留期限等。其五，明确国家网络安全审查制度。明确网络安全审查的范围和标准，对网络信息基础设施、产品内容和服务实施全方位审查，对关键部门和重要领域采购和部署的网络安全产品和服务进行安全审查，对关键业务领域的网络安全保障措施进行定期审查，对进口国外网络安全产品和服务的可信度和可控性进行审查。其六，明确网络监控制度。规定执法部门在办理刑事案件中依法采取通信拦截技术侦查措施的条件和程序，明确企业、其他组织和公民的协助执法义务。其七，明确数据跨境流动的司法合作机制，对打击跨国重大犯罪与恐怖活动情报收集等活动的跨国合作机制进行规定。其八，明确军队网络安全立法的规定等。

2.《网络安全法》这样“立”起来①

如何应对网络安全威胁已是全球性问题，国际网络安全的法治环境正发生变革，美欧等网络强国纷纷建立全方位、更立体、更具弹性与前瞻性的网络安全立法体系，网络安全立法演变为全球范围内的利益协调与国家主权斗争，有法可依成为谈判与对抗的必要条件。2015 年《中华人民共和国国家安全法》（以下简称《国家安全法》）和《中华人民共和国反恐怖主义法》（以下简称《反恐怖主义法》）相继通过；2015 年 7 月，作为网络安全基本法的《中华人民共和国网络安全法（草案）》第一次向社会公开征求意见；2016 年 7 月，《中华人民共和国网络安全法（草案二次审议稿）》公布；2016 年 11 月 7 日，全国人大常委会表决通过了《中华人民共和国网络安全法》（以下简称《网络安全法》），并于 2017 年 6 月 1 日正式施行。立法的迅速推进源自我国面临国内外网络安全形势的客观实际和紧迫需要，标志着我国网络空间法制化进程的实质性展开。

为促进我国网络社会的安全稳定发展，推进全球和平、安全、开放、合作的网络空间建立，应在颁布《网络安全法》后按照重要性与紧急性的优先序列抓紧研究和制定相应的配套措施，并在实践中不断完善。国际网络安全立法变革决定了《网络安全法》“保障法”的定位，我国应搭建兼具防御、控制与惩治功能的立法架构，并以此为基础展开系统性的具体制度设计。

① 作者：黄道丽。中国网信网首发，《网络传播》，2016 年第 12 期，全国人大网转载。

一、立法定位：网络安全管理的基础性“保障法”

科学的立法定位是搭建立法框架与设计立法制度的前提条件。立法定位对于法的结构确定起着引导作用，为法的具体制度设计提供法理上的判断依据。

全国人大常委会发布的《关于<中华人民共和国网络安全法（草案）>的说明》中确立了“坚持从国情出发、坚持问题导向和坚持安全与发展并重”的立法三原则。在坚持问题导向原则中，特别强调，“本法是网络安全管理方面的基础性法律，主要针对实践中存在的突出问题，将近年来一些成熟的好做法作为制度确定下来，为网络安全工作提供切实法律保障。对一些确有必要，但尚缺乏实践经验的制度安排做出原则性规定，同时注重与已有的相关法律法规相衔接，并为需要制定的配套法规预留接口。”可以看出，《网络安全法》定位于网络安全管理的基础性“保障法”。

第一，该法是网络安全管理的法律。《网络安全法》与《国家安全法》、《反恐怖主义法》、《刑法》、《保守国家秘密法》、《治安管理处罚法》、《全国人大常委会关于加强网络信息保护的决定》、《全国人民代表大会常务委员会关于维护互联网安全的决定》、《计算机信息系统安全保护条例》、《互联网信息服务管理办法》等法律法规共同组成我国网络安全管理的法律体系。因此，需做好网络安全法与不同法律之间的衔接，在网络安全管理之外的领域也应尽量减少立法交叉与重复。

第二，该法是基础性法律。基础性法律的功能更多注重的不是解决问题，而是为问题的解决提供具体指导思路。问题的解决要依靠相配套的法律法规，这样的定位决定了不可避免会出现法律表述上的原则性，相关主体只能判断出网络安全管理对相关问题的解决思路，具体的解决办法有待进一步观察。

第三，该法是安全保障法。各国 2010 年之后陆续出台的第二代网络安全政策立法明显体现出安全保障法的特征，即以发现、消除网络安全威胁和风险，提升恢复能力为轴心。其中，“发现”包括网络安全漏洞的掌控，网络安全威胁和风险的实时全面共享、侦查、监测预警和供应链安全等；“消除”包括及时动态地研判处置网络攻击，实施精准打击的同时允许有条件的攻击反制；“恢复”侧重网络安全态势感知和网络攻击之后的应对恢复，保护有关各方的合法权益，提升各方对国家安全和社会稳定的信心。

二、立法架构:“防御、控制与惩治”三位一体

面对网络空间安全的综合复杂性，特别是国家关键信息基础设施面临日益严重的传统安全与非传统安全的“极端”威胁，网络空间安全风险“不可逆”的特征进一步凸显。在开放、交互和跨界的网络环境中，实时性能力和态势感知能力成为新的网络安全核心内容。在这样的背景下，传统上将风险预防寄托于惩治的立法理念面临挑战。

为实现基础性法律的“保障”功能，网络安全法需确立“防御、控制与惩治”三位一体的立法架构，以“防御和控制”性的法律规范替代传统单纯“惩治”性的刑事法律规范，从多方主体参与综合治理的层面，明确各方主体在预警与监测、网络安全事件的应急与响应、控制与恢复等环节中责任，防御、控制、合理分配安全风险，惩治网络空间违法犯罪和恐怖活动。

《网络安全法》较为全面和系统地确立了各个主体包括国家有关主管部门、网络运营者、网络使用者在网络安全保护方面的义务和责任；明确了关键信息基础设施安全保护、产品和服务安全等网络安全的关键过程控制要求，确立了国家建立网络安全监测预警和信息通报制度，同时明确规定“国家采取措施，监测、防御、处置来源于中华人民共和国境内外的网络安全风险和威胁，保护关键信息基础设施免受攻击、侵入、干扰和破坏，依法惩治网络违法犯罪活动，维护网络空间安全和秩序”(第五条)。从现有的规定来看,《网络安全法》已开始摆脱传统上将风险预防寄托于事后惩治的立法理念，开始构建兼具防御、控制与惩治功能的立法架构，其下位法和配套制度规定等进一步的配合和支持将更有助于这一立法架构的丰富与完善。

三、制度设计：网络安全的关键控制节点

美国大法官霍姆斯（Holmes）说过：“法律的生命不在于逻辑，而在于经验。”无论从霍姆斯时代出发，还是从网络社会领域来探索，在“坚持问题导向”的立法原则下，经验之于网络安全法的作用比逻辑更加根本，更加精髓，更加有推动力。全国人大常委会发布的《关于〈中华人民共和国网络安全法（草案）〉的说明》明确表示，该法“将近年来一些成熟的好做法作为制度确定下来”。

《网络安全法》关注的安全类型是网络运行安全和网络信息安全，网络运行安全分别从系统安全、产品和服务安全、数据安全以及网络安全监测评估等方面设立制度。网络信息安全规定了个人信息保护制度和违法有害信息的发现处置制度。《网络安全法》制度设计基本能够涵盖网络安全中的关键控制节点，体系较为完备。除了网络安全等级保护、个人信息保护、违法有害信息处置等成熟的制度规定外，产品和服务强制检测认证制度、关键信息基础设施采购国家安全审查制度和数据本地化制度等都具有相当的前瞻性，成为《网络安全法》的亮点。从制度具体内容来看，部分规范性内容较为细化，打破了传统“原则性思路”的束缚，具有较强的可操作性。

《网络安全法》规定了网络安全等级保护、关键信息基础设施安全保护、网络安全监测预警和信息通报、用户信息保护、网络信息安全投诉举报等制度，以及网络关键设备和网络安全专用产品认证、关键信息基础设施运营者网络产品和服务采购的安全审查、关键信息基础设施运营者信息/数据境内存储、关键信息基础设施运营者信息/数据境外提供安全评估、关键信息基础设施运营者年度风险检测评估、网络可信身份管理、建设运营网络或服务的网络安全保障、网络安全事件应急预案/处置、漏洞等网络安全信息发布、网络信息内容管理、网络安全人员背景审查和从业禁止、网络安全教育和培训、数据留存和协助执法等制度。可以看出，一部切合网络安全战略，关注技术、管理与规范的网络安全保障基本法，由十多套（部）配套制度共筑框架的法律体系已悄然成型。

四、重中之重：关键信息基础设施安全保护办法

关键信息基础设施保护制度是网络安全法若干制度设计的核心之一，关键信息基础设施安全保护办法则是网络安全法的重中之重。近年来，世界各主要国家和地区都陆续出台了国家层面的关键信息基础设施保护战略、立法和具体的保护方案。以美国为主的很多西方国家都将关键信息基础设施的保护视为网络安全的最核心部分。2015 年中美达成和平时期不率先使用网络攻击关键基础设施的共识，进一步表明了这个制度的必要性。

《网络安全法》在“网络运行安全”一般规定的基础上设专节规定了关键信息基础设施保护制度，首次从网络安全保障基本法的高度提出关键信息基础设施的概念，并提出了关键信息基础设施保护的具体要求。

第一，《网络安全法》中明确界定了关键信息基础设施概念的本质，即“一旦遭到破坏、丧失功能或者数据泄露，可能严重危害国家安全、国计民生、公共利益”，并规定关键信息基础设施的具体范围由国务院另行制定。这表明，作为网络安全领域的基本法，应当尽可能确保网络安全法的稳定性。而关键信息基础设施的范围将基于国家安全和社会运行的风险评估进行不断调整，即其认定范围遵循动态调整机制。

第二，关键信息基础设施安全保护办法是《网络安全法》中预留接口的下位法，也是法律中唯一明确规定“由国务院制定”的行政法规。我国关键信息基础设施法律制度在法律调整的社会关系及调整对象上更具复杂性。政治、法律传统等国情的差异导致我国关键信息基础设施保护制度的构建不能简单照搬外国的经验，应坚持国内经验总结和国外经验借鉴的方法，建立符合我国国情且具有较强可操作性的关键信息基础设施保护制度，同时也科学合理地推动网络安全等级保护制度的演进与变革，有效融合等级保护评测和关键信息基础设施的风险评估等，实现制度间的互补和融合，降低关键信息基础设施运营者的守法成本和行政执法成本。

第三，为了鼓励网络运营者自愿参与国家关键信息基础设施保护体系，促进网络运营者、专业机构和政府有关部门之间的网络安全信息共享，并加强对

这些信息的保护,《网络安全法》规定,“国家鼓励关键信息基础设施以外的网络运营者自愿参与关键信息基础设施保护体系”,“国家网信部门和有关部门在履行网络安全保护职责中获取的信息,只能用于维护网络安全的需要,不得用于其他用途”。这在一定程度上鼓励了网络运营者,尤其是承担重要社会职能的网络运营者能够利用其自有的技术能力和资源优势更加积极地投入关键信息基础设施保护的工作中,促进政府和企业双方共同保障关键信息基础设施安全运行。

第四,《网络安全法》第三十七条确立了关键信息基础设施领域数据境内存储为原则,安全评估为例外的数据本地化规则。“数据本地化”立法对于加强数据安全与隐私保护、减少外国监听的威胁、提高执法便利、促进本国经济发展有重要意义,如何在关键信息基础设施领域实施跨境数据安全评估亟需智慧性和独创性的科学解决方案。

五、结语

网络安全法对维护网络空间主权,规范网络安全实践,指导下位法的制定完善等具有重大的意义,影响深远。为持续推动我国网络空间的法制化发展进程,落实顶层设计,一方面亟需有效梳理基础性法律与现行法律法规之间的关系,开始部门与地方立法和政策的制定、调整和完善工作;另一方面也亟需出台系列配套规定,不仅包括《关键信息基础设施安全保护办法》,而且包括更为详细的制度规定、具体行业的网络安全规划和网络安全标准体系等,实现与基础性法律的有效衔接。

3.《网络安全法》实施：实现网络安全的法治保障①

源于我国面临国内外网络安全形势的客观实际和紧迫需要，2016 年 11 月 7 日，网络空间保障基本法《网络安全法》（以下简称“网安法”）正式发布。网安法为我国有效应对网络安全威胁和风险、全方位保障网络安全提供了上位法依据。法律的生命力在于实施。在网安法 2017 年 6 月 1 日即将生效之际，WannaCry 勒索软件攻击事件再次给我国网络安全法律治理敲响了警钟，进一步彰显了法律实施的紧迫性和必要性。

为持续推动我国网络空间的法制化发展进程，落实顶层设计，也为了让网安法成为一部管用、能直接解决或引导解决实际问题的法律，确保法律落地实施取得实效，在网安法发布到正式实施所预留的半年多时间里，我国《国家网络空间安全战略》和《网络空间国际合作战略》相继发布，公安部部署了为期 6 个月的 2017 年公安机关网络安全执法检查工作，各行业各领域纷纷开展网安法的宣传培训工作，相关部门紧锣密鼓制定或已出台配套行政法规、规章、规范性文件和标准等，对网安法进行细化补充，使之更具有操作性，旨在形成以网安法为龙头的网络安全法律体系，为保障网络安全提供更有力的法律支撑。

一、战略发布：不断强化网安法提出的原则和政策

2016 年 12 月 27 日，国家互联网信息办公室发布《国家网络空间安全战

① 作者：黄道丽。中国网信网首发，http://www.cacgov.cn/2017-06/02/c_11210732420htm, 2017-06-02。

略》，这是我国首次发布关于网络空间安全的战略。战略与网安法第四条规定和第七条提出的构建网络空间的“和平、安全、开放、合作”原则相衔接，从国家战略层面诠释了网安法主张的网络空间主权原则，将“坚定捍卫网络空间主权”作为九大战略任务之首，强调“根据宪法和法律法规管理我国主权范围内的网络活动，保护我国信息设施和信息资源安全，采取包括经济、行政、科技、法律、外交、军事等一切措施，坚定不移地维护我国网络空间主权。坚决反对通过网络颠覆我国国家政权、破坏我国国家主权的一切行为”；战略将“保护关键信息基础设施”作为九大战略任务之三，相较网安法第三十一条进一步拓展了关键信息基础设施的外延，将重要互联网应用系统纳入其中，强调着眼识别、防护、检测、预警、响应、处置等环节，建立实施关键信息基础设施保护制度；同时，战略再次强调要建立实施网络安全审查制度，加强供应链安全管理。缘于国际漏洞和入侵软件武器化的 WannaCry 勒索软件攻击事件，再一次将如何落实捍卫网络空间主权，如何构建针对网络攻击的国家法律责任制度等问题提上日程。

2017 年 3 月 1 日，外交部和国家互联网信息办公室共同发布《网络空间国际合作战略》，全面宣示了我国在世界网络空间治理问题上的基本原则和行动要点，奠定了我国在国际社会竞争中的话语权和软实力。该战略站在各国共同维护网络空间安全的角度，重申了网安法的和平、主权原则。该战略所主张的“促进企业提高数据安全保护意识，支持企业加强行业自律，就网络空间个人信息保护最佳实践展开讨论。推动政府和企业加强合作，共同保护网络空间个人隐私”的行动倡议与网安法第四章“网络信息安全”的个人信息保护规定紧密契合。

这两个战略开启了我国网络空间治理的全新范式，巩固和强化了网安法构建的由内而外、自上到下的原则和政策，为我国网络安全相关政策制定指明了方向，有助于继续深入推进网络主权保障、关键信息基础设施保护、个人信息保护、国家安全审查等方面的法制构建。

二、法规出台：有效衔接网安法构筑的制度和规则

网安法从运行安全、信息安全和事件应对三个维度立体化、全方位促进网络安全保护工作。相关部门正制定或出台相应的下位法与之配套，切实保障网安法的可操作性，避免其流于表面化。

在网络运行安全方面，网络安全审查和关键信息基础设施保护制度是下位法制定的重点。网安法第三十五条规定应该对可能影响国家安全的关键信息基础设施网络产品和服务进行国家安全审查，与《国家安全法》第五十九条相衔接，该条已在国家互联网信息办公室 2017 年 5 月 2 日发布的《网络产品和服务安全审查办法（试行）》中进行了具体规定。《网络产品和服务安全审查办法（试行）》是首个正式生效的网安法重要配套规定，于 2017 年 6 月 1 日与网安法同步施行。该办法旨在提高网络产品和服务安全可控水平，防范供应链安全风险。根据该办法，关系国家安全和公共利益的信息系统使用的重要网络产品和服务以及关键信息基础设施运营者采购的网络产品和服务，可能影响国家安全的，都要经过网络安全审查。网络安全审查重点在于网络产品和服务的安全性、可控性。从职能设定上，该办法规定，国家互联网信息办公室会同有关部门成立网络安全审查委员会统一组织网络安全审查工作，网络安全审查办公室具体组织实施网络安全审查，重点行业主管部门组织开展本行业、本领域网络产品和服务安全审查工作。

网安法第二十一条提出国家实行网络安全等级保护制度，第三十一条进一步要求在关键信息基础设施方面要落实国家安全等级保护制度，突出保护重点。信息安全等级保护制度是我国在国民经济和社会信息化的发展过程中，提高信息安全保障能力和水平，维护国家安全、社会稳定和公共利益，保障和促进信息化建设健康发展的一项基本制度，是国家对基础信息网络和重要信息系统实施重点保护的关键措施。我国开展信息安全等级保护工作 20 余年，初步实现了等级保护工作的标准化、规范化。但受制于国家信息安全管理体制机制和技术水平，随着信息化建设的飞速发展，我国的信息安全等级保护制度呈现体系不完善、重点不突出、保护效果不佳、保护对象不完整等问题。网安法第二十一条确立国家网络安全等级保护制度，是深化信息安全等级保护制度、保护国家

关键信息基础设施和大数据安全的迫切需要。为落实网安法第二十一条和第三十一条的规定，必须科学合理地推动网络安全等级保护制度的演进与变革，构建和完善等级保护 2.0 制度体系。

网安法第三十一条规定建立关键信息基础设施保护制度，授权国务院制定关键信息基础设施的具体范围和安全保护办法。关键信息基础设施安全保护办法是法律中唯一明确规定"由国务院制定"的行政法规，也是网络安全法律体系的重中之重。主管部门已开展了相关条例的具体调研、安全检查、起草编写、部门论证和企业座谈等工作。在与关键信息基础设施保护配套的强制性标准方面，全国信息安全标准化技术委员会 2017 年工作重点之一即为落实网安法要求，加快推动重点标准研制，网络安全产品与服务、关键信息基础设施保护等强制性国家标准的研究。由此可见，与网安法第三十一条配套的法规、国家标准等正在经历着缜密的夯实历程。

网安法第三十七条首次在法律中确立了对个人信息及重要数据出境的安全评估制度，并授权国家网信部门会同其他监管部门制定详细的安全评估实施办法。数据本地化属于境内外实体的重大关切，与网安法配套的《个人信息和重要数据出境安全评估办法（征求意见稿）》已于 2017 年 5 月 11 日结束公开征求意见。评估办法以《国家安全法》和《网络安全法》等为上位法依据，扩大了数据本地化及安全评估义务适用对象的范围，解释了重要数据的概念，以及数据评估的重点内容，不得出境的条件等，正式制度出台和具体实施有待在实践中进一步观察。

在网络信息安全方面，以《网络安全法》《互联网信息服务管理办法》、《国务院关于授权国家互联网信息办公室负责互联网信息内容管理工作的通知》为上位法依据的《互联网新闻信息服务管理规定》于 2017 年 6 月 1 日与网安法同步施行，《互联网新闻信息服务管理规定》第十三条第一款和十六条第二款分别衔接了网安法第二十四条用户身份管理制度的要求和第四十七条处置违法信息的义务要求，互联网新闻信息服务提供者违反这两款的适用网安法的行政处罚。

《最高人民法院、最高人民检察院关于办理侵犯公民个人信息刑事案件适用法律若干问题的解释》（以下简称《解释》）于 2017 年 5 月 8 日正式发布，《解释》

旨在降低入罪门槛，严惩侵犯公民个人信息犯罪。在个人信息保护基本立法暂时缺位的情况下，《解释》及时弥补了个人信息刑事责任追责的短板，并实质性地构成了网安法行刑衔接的进一步配套和细化制度，为基本立法提供了案例素材，有利于立法的精准、充分。

三、国际立法变革：网安法后续制度落地的参考方向

在我国网络安全法律体系如火如荼构建完善之际，国际网络安全相关战略和立法也在迅速进行改革，美欧纷纷建立全方位、更立体、更具弹性与前瞻性的网络安全立法体系。如，美国接连通过多部网络安全战略及立法，以加强美国网络安全和抵御网络攻击的能力，如 2016 年通过《信息自由法案促进法》、7 月 26 日总统"应对重大网络攻击最新政策指令"、国防部"安全漏洞披露政策"、《波特曼 - 墨菲反宣传法案》，2017 年通过《国家网络事件响应计划（NCIRP）》、《2017NIST 网络安全框架、评估和审查法案》（NIST Cybersecurity Framework, Assessment, and Auditing Act of 2017）（H.R.1224）。《2017NIST 网络安全框架、评估和审查法案》强调消除网络安全威胁需要从信息系统生命周期之初通盘考虑，需要从一开始就建立更加可信和安全的组件和系统。NIST 将为联邦机构提供实施该框架的指南，同时对网络安全的评估和审计作出了规定。值得一提的是，2017 年 5 月 11 日，美国才出台的第一份网络安全行政令——《关于加强联邦网络和关键基础设施网络安全的总统行政令》，要求美国采取一系列措施来增强联邦政府、关键基础设施和国家这三个领域的网络安全，明确要求联邦机构必须遵守上述 NIST 的网络安全框架。欧盟 2016 年 7 月通过第一部网络安全法案《网络与信息系统安全指令》，致力于在欧盟范围内实现统一的、高水平的网络与信息系统安全，欧盟成员国必须在 21 个月内将其转化为国内法。2016 年 11 月，第 29 条工作组发布了三个有关欧盟《通用数据保护条例》内容的指南，为落实《通用数据保护条例》提供更详尽的指引。英国 2016 年底颁布史上最严协助执法法《调查权法案》，旨在进一步理清执法机构在通信及通信数据

拦截、获取、留存及设备干扰等方面的权力，帮助执法机构调查犯罪和防控恐怖主义。

从制度设计层面来看，网安法规定了近20项制度，如网络安全等级保护、关键信息基础设施安全保护、网络安全监测预警和信息通报、个人信息保护、网络信息安全投诉举报、网络关键设备和网络安全专用产品认证、网络产品和服务提供者的安全保护、关键信息基础设施运营者网络产品和服务采购的安全审查、关键信息基础设施运营者数据境内存储和境外提供安全评估、关键信息基础设施运营者年度风险检测评估、网络可信身份管理、建设运营网络或服务的网络安全保障、网络安全事件应急预案/处置、漏洞等网络安全信息发布、网络信息内容管理、网络安全人员背景审查和从业禁止、网络安全教育和培训、数据留存和协助执法、境外网络攻击制裁等制度。

在以上制度中，网络安全等级保护制度、网络信息内容管理、网络安全教育和培训、个人信息保护等制度较为成熟，网络关键设备和网络安全专用产品认证、漏洞等网络安全信息发布、关键信息基础设施保护、数据留存和协助执法、境外网络攻击制裁等更多的制度亟需完善设计和后续落地，在制度的贯彻实施过程中必然存在各种挑战和问题。

本文认为，国际立法变革的相关内容可以为我国网安法后续制度落地提供参考方向。如美国2016年应对重大网络攻击最新政策指令公布了对网络攻击严重程度进行定性的标准，从0级到5级共分6个层次，分别是基准、低、中、高、严重和紧急，其中3级及以上被视为“重大网络事件”，将触发政策指令中的威胁应对、资产应对和情报支持活动等反应机制，可以为我国网络安全事件应急处置和境外攻击制裁制度落地提供参考；美国国防部“安全漏洞披露政策”可以为漏洞等网络安全信息发布和漏洞的合法挖掘、合理披露制度构建提供参考；美国《2017NIST网络安全框架、评估和审查法案》则可为关键信息基础设施保护办法、关键信息技术保护安全要求方面的国家强制性标准制定提供参考；英国《调查权法案》涉及面广，规定细致，可以为数据存留和协助执法制度的完善提供参考等。必须强调的是，相关制度借鉴应考虑其制定和实施的特殊场景，不能照搬国外经验，需根据国情实施本土化改造。

四、结语

作为我国第一部网络安全管理的基础性保障法，《网络安全法》的全面落地实施是网络空间法治建设的重要里程碑事件。网安法以发现、消除网络安全威胁和风险，提升恢复能力为轴心，构建了“防御、控制与惩治”三位一体的立法架构，其配套制度的制定与出台正不断夯实丰满这一立法架构。为降低网安法全面落地实施的难度，网安法配套制度的制定与出台仍需经过严谨、审慎的论证。

4.《网络安全法》行政执法的若干问题分析①

作为我国网络空间安全保障基本法的《网络安全法》(以下简称网安法)于2017年6月1日正式实施以来，与其相关的执法行为逐渐走向常态。全国各地相继出现违反网安法的行政执法“第一案”，引起社会各界的广泛关注。这些案例中执法机关依据网安法具体条款对违法行为予以行政处罚，意味着网安法已经由法律条文设计进入实际操作层面，对于强化网络安全监督管理职责、落实网安法主体责任意义重大，推动了我国依法治理网络空间的法制进程。本文梳理了截至目前公开的大部分执法案例，并就执法机构职责、行刑衔接、责任竞合等可能导致执法风险的若干问题进行简单分析。

一、网安法执法案例汇总

下表是本文梳理的2017年6月1日至8月底各地落实《网络安全法》相关规定的执法案例：

① 作者：黄道丽，原浩。发表于《中国信息安全》，2017年第9期“网络空间战略论坛”。

表 1　相关执法案例

事件	处罚对象	所属责任主体类型及行业	执法机构	处罚行为	处罚依据	处罚措施
微信、新浪微博、百度贴吧涉嫌违反网安法被立案调查	微信、新浪微博、百度贴吧	网络运营者/互联网	北京、广东省网信办	未加强对用户发布的信息的管理，网站中存在法律、行政法规禁止发布或者传输的信息	网安法第四十七、六十八条	调查中
BOSS 直聘违反网安法被查处	BOSS 直聘	网络运营者/互联网	北京、天津市网信办	为未提供真实身份信息的用户提供信息发布服务；未采取有效措施防止违法违规信息扩散	网安法第二十四、六十一、四十七、六十八条	责令改正
汕头某公司违反网安法被查处	汕头某信息科技有限公司	网络运营者/互联网	广东汕头网警支队	未按规定履行网络安全等级测评义务	网安法第二十一、五十九条、《计算机信息系统安全保护条例》第九条和《信息安全等级保护管理办法》第十四条第一款	警告并责令限期改正
重庆一网络公司违反网安法被查处	重庆首页科技发展有限公司	网络运营者/互联网	重庆公安局网安总队	未依法留存用户登录相关网络日志	网安法第二十一、五十九条	警告并责令改正
四川一教育网站违反网安法被查处	宜宾市“教师发展平台”网站	网络运营者/教育部门	四川宜宾网安部门	未落实网络安全等级保护制度，未履行网络安全保护义务	网安法第二十一、五十九条	对直接负责的主管人员罚款 5 千元，机构罚款 1 万
江苏宿迁查处接入违规网站案	华睿科技有限公司	网络运营者/互联网	江苏宿城公安分局	提供互联网接入服务的服务器内存在涉及法律、行政法规禁止传输的信息	网安法第四十七、六十八条	警告并责令其改正
山西某网站违反网安法被查处	忻州市某省直事业单位	网络运营者/事业单位	山西忻州市、县两级公安机关网安部门	未按照网络安全等级保护制度的要求采取防范计算机病毒和网络攻击、网络侵入等危害网络安全行为的技术措施	网安法第二十一、五十九条	警告并责令其改正

续表

事件	处罚对象	所属责任主体类型及行业	执法机构	处罚行为	处罚依据	处罚措施
淘宝网、同花顺金融网、蘑菇街互动网等5家网站被责令限期整改	淘宝网、同花顺金融网、蘑菇街互动网、虾米音乐网、配音秀网	网络运营者/互联网	浙江省网信办	淘宝网部分店铺存在售卖破坏计算机信息系统工具、售卖违禁管制物品、贩卖非法VPN工具、贩卖网络账号；同花顺金融网、配音秀网存在导向不正、低俗恶搞等有害信息；蘑菇街互动网、虾米音乐网存在违法违规账号注册等问题	对淘宝网的处罚依据为网安法第四十七、六十八条；对同花顺金融网、配音秀网的处罚依据为网安法第四十七、六十八条及《互联网信息服务管理办法》第十六条；对蘑菇街互动网、虾米音乐网的处罚依据为《互联网用户账号名称管理规定》第四至八条，网安法第二十四、六十一条	对淘宝网：警告并责令其改正；对同花顺金融网：责令开展专项检查，暂停相关业务，追究有关人员责任；对蘑菇街互动网、虾米音乐网：责令暂停新用户注册7天
安徽网警依法查处一起违反网络安全等级保护制度案件	蚌埠怀远县教师进修学校	网络运营者/教育部门	安徽省公安厅网络安全保卫总队、蚌埠市局网安支队	学校网站自上线运行以来，始终未进行网络安全等级保护的定级备案、等级测评等工作，未落实网络安全等级保护制度，未履行网络安全保护义务	网安法第二十一、五十六、五十九条	机构处以1.5万元的罚款，负有直接责任人员处以5千元的罚款

从截至目前的执法案例可以看出以下特点：执法机构为网信部门和各级公安部门；查处依据不仅包括网安法，还包括了《计算机信息系统安全保护条例》、《互联网信息服务管理办法》等行政法规和《信息安全等级保护管理办法》《互联网用户账号名称管理规定》等规范性文件；处罚对象以互联网和教育行业为主，全部集中于网络运营者这一核心责任主体；处罚行为主要包括网络运营者不履行网安法第二十一条所规定的网络安全等级保护义务，第二十四条所规定的用户真实身份管理义务，第四十七条所规定的平台违法违规信息管理义务；

行政处罚措施包括了警告、罚款、暂停相关业务等类型。

二、网安法法律责任分析

网安法第六章详细规定了违反网安法的法律责任，以惩戒危害网络空间安全的行为。简单分析网安法的法律责任，有助于进一步理解网安法的执法案例和规制范围。

从责任主体看，网安法的法律责任涉及一般网络运营者、关键信息基础设施的网络运营者、直接负责的主管人员和其他直接责任人员、网络产品或服务提供者等责任主体。网络运营者是网络空间中连接国家和用户的关键节点，是承担法律责任的核心主体，包括网络的所有者、管理者和网络服务的提供者。网安法将网络运营者的网络安全义务和责任法定化，在第三章网络运行安全和第四章网络信息安全中明确了网络运营者建立网络安全等级保护制度、事件应急处置、个人信息保护、违法信息处置、投诉处理、配合监督检查、协助执法等具体的法律义务，并在法律责任中规定了不履行相应义务的行政处罚责任。

从处罚方式看，网安法主要涉及行政处罚，既包括警告、罚款、责令暂停相关业务、停业整顿、关闭网站、关闭通讯群组、吊销相关业务许可证或者吊销营业执照、没收违法所得、拘留等传统处罚类型，又包括一些新型的准行政处罚类型，例如限制从业资格（职业禁入）、失信公示、约谈等，此外，还包含了针对特定运营者的处分措施和针对境外实体的制裁措施。在监管机关的检查或执行过程中，目前已经开始实施的主要处罚措施包括罚款和警告，如重庆市第一案、四川省第一案。

从行为内容看，网安法处罚的行为包括侵犯个人信息、违反网络产品或服务的安全审查、从事危害网络安全的活动、不履行安全保护和风险告知义务、违法传播网络安全信息、境外存储有关数据等，这些行为是目前网络空间发生的最频繁和常见的危害活动，而其中网络安全等级保护制度更是处于基础地位。各地第一案（如广东省第一案）均体现了与违反等级保护要求之间的密切联系。网安法执法案例对违反网络安全等级保护义务的行为予以规制，充分体现了其问题导向和条款聚焦的意识。2017 年 8 月 25 日，全国人大常委会启动了“一法一决定”的执法检查工作，将强化关键信息基础设施保护及落实网络安全等级保护制度情况作为重点检查内容之一。

三、网安法执法的潜在风险

总体来说，网安法施行后，网络安全领域立法呈现的滞后性有所缓解，但由于关键信息基础设施保护、数据出境评估、网络安全等级保护等网安法重要配套制度的制定与出台仍在严谨、审慎的论证过程中，网安法与现行法律法规之间的有效衔接问题尚需梳理，部门规章、地方立法及政策的制定和调整工作也需要相互协调，因此网安法的全面有效执行和条款的科学性尚待检验。

以上已发生的网安法执法案例严格按照法律法规规定，对违法行为按照法律责任条款给予了罚款、警告或者暂停相关业务等行政处罚，执法程序、处罚结果等都没有引起太多争议，但由于执法机构和执法依据的结构性整合尚未完成，法律责任的相关规定已经呈现出一些协调问题和潜在的执法风险。

第一，执法机构职责问题

根据网安法第八条的规定，目前我国形成了网信、电信、公安等部门各司其职并在网信部门统筹协调下开展网络安全保护和监督管理工作的职责布局。从法律责任条款中负责具体处罚的监管机构规定来看，除网安法第六十三条、第六十四条和第六十七条明确规定由公安机关实施处罚外，其余处罚条款均未明确处罚监管机构，一律概括为“有关主管部门”。第八条同时规定有关法律、行政法规也是监管机构实施监管的法定依据。《中华人民共和国人民警察法》第六条规定公安机关的人民警察监督管理计算机信息系统的安全保护工作，《计算机信息系统安全保护条例》第六条规定“公安部主管全国计算机信息系统安全保护工作”，《计算机信息网络国际联网安全保护管理办法》第三条规定“公安部计算机管理监察机构负责计算机信息网络国际联网的安全保护管理工作”。公安机关是以上法律和行政法规授权的网络安全主管部门，理应是其他法律责任规定的处罚实施主体。

第二，行刑衔接问题

行政执法与刑事司法形成行政执法机关与司法机关打击犯罪的合力，网安法致力于完善“两法衔接”机制，开始探索网络安全行政执法权与刑事司法权的有效衔接。如网安法第六十三条规定的从事危害网络安全的活动中的窃取网络数据，提供专门用于从事危害网络安全活动的程序、工具的行为，与《刑法》第二百八十五条第二款规定的非法获取计算机信息系统数据罪，提供侵入、非法控制计算机信息系统程序、工具罪相衔接。第六十三条规定的为他人从事危害网络安全的活动提供技术支持、广告推广、支付结算等帮助，与《中华人民共和国刑法》(以下简称《刑法》) 第二百八十七条之二中规定的帮助信息网络犯罪活动罪相链接。第六十四条规定的窃取或者以其他非法方式获取、非法出售或者非法向他人提供个人信息的行为，与《刑法》第二百五十三条之一规定的侵犯公民个人信息罪相衔接。第六十七条规定的设立用于实施违法犯罪活动的网站、通讯群组，或者利用网络发布涉及实施违法犯罪活动的信息，与《刑法》第二百八十七条之一规定的非法利用信息网络罪相衔接。行政执法与刑事司法，在适用对象、范围、强度和最终法律效果上都存在不同。行政处罚与刑事制裁之间的衔接一直是我国司法实践的难点。执法对象的客观行为决定了行政执法与刑事司法的衔接关系，违反网安法行政处罚和刑事制裁之间的衔接也非常值得持续关注。

作为现有执法案例核心条款之一的网安法第五十九条也存在和刑法第二百八十六条之一规定的拒不履行信息网络安全管理义务罪的衔接问题。网安法第五十九条规定网络运营者不履行网络安全保护义务的，由有关主管部门责令改正而拒不改正，或者导致危害网络安全等后果的，予以罚款（双罚制），也就是说，责令改正并非《网络安全法》第五十九条实施行政罚款的前置条件，四川宜宾和安徽蚌埠案件中即因发生了黑客入侵事件造成危害后果，直接予以双罚;《刑法》第二百八十六条之一的拒不履行信息网络安全管理义务罪则以责令改正拒不改正为前置条件，其入刑条件为责令改正拒不改正和情节严重。

上述基于“择一规则”适用网安法五十九条，和“并且规则”适用刑法第二百八十六条之一的规定，将导致在仅直接发生（严重）危害网络安全后果的情形下，无法对违法主体进行刑事追责。一旦网络运营者采取了改正措施，即使已经造成严重情形或严重后果（在网络空间中，这些情形和后果往往具有不可逆性），也无法按照《刑法》追究刑事责任，即刑事责任必须以监管机构先进行责令改正为前提。考虑到网络空间中网络运营者的多样性和普遍化，这对不同监管部门的监管和部门间协调提出了更为高超、精准的要求。

第三，责任竞合问题

网安法第六十三条规定的从事危害网络安全的活动中的非法侵入他人网络、干扰他人网络正常功能与《中华人民共和国治安管理处罚法》（以下简称《治安管理处罚法》）第二十九条第（一）项“违反国家规定，侵入计算机信息系统，造成危害的”和第（二）项“违反国家规定，对计算机信息系统功能进行删除、修改、增加、干扰，造成计算机信息系统不能正常运行的”内容竞合，网安法第七十四条原则上规定了治安管理处罚优先适用的原则，因此，对违反网安法六十三条的个人应适用《治安管理处罚法》处罚，对单位适用网安法第六十三条第二款处罚。

四、小结

随着网安法的全面实施，包括网络安全等级保护、关键信息基础设施保护、个人信息保护等在内的基本制度也已经开始在全社会形成执法检查活动。上述这些问题的潜在风险在于不仅增加义务主体的责任不确定性和额外负担，也给现有法律规则带来挑战。因此在坚持问题导向和立法原则的基础上，应进一步结合实践案例，不断提升执法机构的执法能力即关注既有法律的结构性问题，又在未来配套制度的设计与落地中相互迎合。

5.《网络安全法》责任主体的双面规范与自查维度[①]

《网络安全法》（以下简称“网安法”）已于2017年6月1日正式施行，为我国全面解决网络安全问题提供了基本法律支撑。法律的生命力在于实施，贯彻落实网安法是当前和今后一个时期网络安全工作的中心任务。

一、多层次责任主体的双面规范架构

习近平总书记在2016年4月19日主持召开网络安全和信息化工作座谈会时明确指出“维护网络安全是全社会共同责任，需要政府、企业、社会组织、广大网民共同参与，共筑网络安全防线”。为了切实形成全社会共同维护网络安全的强大合力，网安法构建了政府、组织和个人的多层次责任主体架构，针对不同责任主体给予相对应的发展和保障措施。

政府层面，网络法覆盖国家网信部门、国务院电信主管部门、公安部门、关键信息基础设施安全保护工作部门、国务院标准化行政主管部门、县级以上地方人民政府有关部门等主体。网安法一方面明确网络安全监管体制，理顺各部门之间的权力范围，赋予其维护网络安全、惩治网络犯罪的权力；另一方面通过强化法律责任和社会监督，限定权力边界，推进国家治理体系和治理能力现代化。

组织层面，网安法覆盖网络运营者、网络产品和服务提供者、关键信息基

① 作者：黄道丽。发表于：E安全，2017-07-15。

础设施运营者、个人和组织、电子信息发送服务提供者、应用软件下载服务提供者、网络安全服务机构、网络相关行业组织、研究机构、企业、高校、大众传播媒介等主体，网安法一方面明确特定组织的网络安全保护义务和合规要求，强化社会责任，实施信用惩戒，加大对组织违法行为的处罚力度；另一方面鼓励支持企业创新，加强政企合作，支持企业、研究机构、高等院校、行业组织等参与标准制定，支持开展网络安全相关教育与培训，支持多种方式培养网络安全人才，促进经济社会信息化健康发展。

个人层面，网安法一方面保护其依法使用网络的权利，赋予其社会监督权利，突出未成年人保护，全生命周期强化个人信息保护；另一方面倡导社会主义核心价值观，行刑衔接划定个人实施网络安全活动的界限，规范个人网络信息内容，创设从业禁止规定，加大对个人违法行为的处罚力度。

网安法对多层次责任主体的双面规范有助于各级政府和各行业各领域加强对网络安全保护、网络安全教育、网络安全宣传、网络安全产业的统筹规划；有助于促使全社会提升对网络安全保护工作重要程度的认知，系统和全面认识网络安全保护工作体系、工作内容和工作措施，提升开展网络安全保护工作的能力；有助于个人提高网络安全意识，增强自我保护能力，降低个人实施危害网络安全行为的可能性，提升全社会网络安全保护水平。

二、企业主体责任的自查维度

多层次责任主体的双面规范架构决定了可以以合规和自查的工作方法贯彻落实网安法。以企业为例，企业不仅是维护网络空间安全的中坚力量，更是政府监管和个人活动的桥梁纽带。“网络安全是动态的而不是静态的”，企业整体系统性安全防护应变能力面临更高的挑战。网安法不仅是一部体现顶层设计、自上而下的基本法，更是一部企业迎难而上，顺势而为的“自适应”规则体系。贯彻落实网安法，也需要企业进行及时全面的网络安全自查，快速发现漏洞等安全隐患，实施有效整改，增强自我网络安全保障能力。在国家互联网信息办公室的指导下，中国网络空间安全协会与地方网信办共同举办的“网安中国行

（2017）”系列活动即包括以面向网安协会会员单位为主开展的行业网安自查工作。

自查维度可以基于简单分类和风险控制清单设计，实现企业对自身网络安全风险、合规风险的快速匹配，为持续合规与完善夯实基础。举例来说，网络运营者自查的维度构成可以分为四个控制“域”：网络安全管理机构制度、网络运行安全、数据安全、监测预警与应急处置。通过这四个域的设置，基本可以实现对网安法要求的网络安全保护义务的覆盖。此外，针对不同类型的企业，还应增加控制域，如对“网络信息服务提供者”和《互联网新闻信息服务管理规定》所规定的“互联网新闻信息服务提供者”，需增加内容安全，以突显对“十不准”等禁止内容的针对性自查，而对于某些涉及特殊项如用户个人信息行业（比如电商、快递），则需要在“网络安全管理机构制度”将人员安全单独列出重点关注。

在区分安全管理的“域”之后，应考虑技术措施、管理制度、协议条款以及具体的部署和管理行为，将法律条款的法言法语进行符合企业应用的重新表述，颗粒度不断细化。以网安法第二十一条为例，“网络运营者应当按照网络安全等级保护制度的要求，履行下列安全保护义务，……（二）采取防范计算机病毒和网络攻击、网络侵入等危害网络安全行为的技术措施”，在企业的实际部署上，首先，企业要采购和部署 IPS/IDS 等软硬件设备，并对其进行定期的升级、漏洞修复等规范动作；其次，企业在进行 IPS/IDS 等软硬件设备的采购和部署时，应按照网安法第二十二条“网络产品、服务应当符合相关国家标准的强制性要求。网络产品、服务的提供者不得设置恶意程序；发现其网络产品、服务存在安全缺陷、漏洞等风险时，应当立即采取补救措施，按照规定及时告知用户并向有关主管部门报告”的规定对供应商进行技术、标准、（服务水平）协议、管理、人员（访问控制）层面的审查。

总体来说，企业主体责任的自查工作，是按照清单设计和体现的管理思路，发现隐患和问题，为后续的整改提供支持，即问题发现为网安法合规的第一步；同时自查的过程也是一次系统的网安法宣传贯彻培训的过程，有利于企业的不同部门形成对网络安全保护工作重要程度的统一认识，提升企业总体网络安全防护应变的能力。

6.《网络安全法》视域下的网络安全人才培养①

人、网结合是网络时代信息安全的本质特征。随着新一代信息技术的不断发展，各国对“人的因素”在网络安全领域的影响认识也在不断深化。2017 年我国《网络空间国际合作战略》提出的九大行动计划之一，即在于推动落实联合国信息社会世界峰会确定的建设“以人为本、面向发展、包容性”的信息社会目标，以此推进落实 2030 年可持续发展议程。“以人为本”不仅在于使每一个人成为网络发展的获益者，更在于成为网络发展的推动者和网络安全的维护者。在我国网络安全领域，充分挖掘和利用人才资源，优化人力资源配置，推动多元化人才培养，培育能有效支撑网络强国建设的网络安全文化，是国家网络安全整体能力建设必须解决的基础性问题。

一、人的因素

随着云计算、大数据和人工智能等新兴产业的蓬勃发展，以及对关键基础设施行业和领域保护力度的强化，“人的因素”这一问题在网络安全领域正在经历重新认知和不断深化。2017 年美国《电力网络安全研究与发展法案》（Grid Cybersecurity-Research and Development Act）即以“人的因素研究”为核心要素，设计电力部门应对网络攻击的制度框架，保障电力作为信息网络技术乃至所有关键信息基础设施基础支撑的网络安全。根据该法案，人网结合、人机结合能

① 作者：黄道丽，梁思雨，原浩。发表于《信息安全研究》，2019 年第 11 期。

实现新的安全特质，提升人员安全能力。该法案定义“人的因素研究”为对人在社会和物理环境中的行为进行研究，以及对人与物理系统，计算机硬件、软件进行一体化研究。“人的因素”可用于“感知网络威胁行为，制定网络威胁应对策略，完善工业控制系统网络安全培训项目，优化人机界面和网络安全工具设计，增强员工对于工业控制系统的攻击侵入的预防能力”，最终实现防止和处置网络风险（如网络攻击行为、降低安全漏洞频次等）的目的。在大数据安全时代，上述提及的“人的因素”正通过日益庞杂的数据收集和算法提炼渗入运营、产品和服务的“基因”层面，所以，不论是网络安全的防护，还是不同类型网络安全事件背后，无不隐匿或彰显着“人的因素”，也无不归结于“人”对网络的利用。因此，对“人的因素”的分析研判，不仅有助于洞悉和处理引发网络安全事件的外部威胁和内部脆弱性行为，更有助于针对其“人”进行相应的因人而异的反制和消弭，正所谓“人是最大的风险，也是最好的尺度”。

“人的因素”构成网络安全文化的核心要素和关键环节。网络安全文化是安全文化和网络文化的一个子类，它指人们对网络安全的理解和态度，以及对网络事故的评判和处理原则。2002 年经济合作与发展组织（OECD）发布的《信息系统与网络安全准则——发展安全文化》中认为，安全文化的发展旨在发展信息系统和网络过程中重视安全问题、在信息系统和网络之间的利用和相互作用过程中采用新的思维和行为方式，对不断变化的安全环境做出迅速反应，因此需要一个能够适当考虑所有参与者的利益，以及系统、网络和相关服务的性质的方法才能保证有效的安全。欧洲网络与信息安全局（ENISA）则将“网络安全文化”定义为人们对网络安全所持有的知识、信念、认知、态度、假设、规范和价值观的总和，以及对待网络安全所展现出的行为方式。从上述认知可以看出，网络安全文化的最终目的在于通过关联、体现和协调所有参与者的利益和行为，实现网络安全目标的有效和可持续，进而促进经济和社会良性发展繁荣。因此人的因素所体现的尊重、责任和价值观不仅是网络安全文化建设的终极目的，而且也是贯穿网络安全保障的过程要素。

二、《网络安全法》体系下的“人的因素”考量

2016年12月，我国《国家网络空间安全战略》明确提出加强网络文化建设，形成安全、文明、有序的信息传播秩序；同时强调实施网络安全人才工程，加强网络安全学科专业建设，打造一流网络安全学院和创新园区，形成有利于人才培养和创新创业的生态环境。其后发布的《网络空间国际合作战略》站在网络安全国际合作的角度，强调应加强人才交流，联合培养创新型网络人才。作为我国网络空间安全保障的基础性法律，《网络安全法》及其配套制度也从宣传教育、鼓励支持、人员赋能、反向约束等方面对“人的因素”相关内容进行了规定。

1. 宣传教育，提升社会安全意识

维护网络安全，一方面要依靠先进技术和管理制度，另一方面也要通过宣传教育强化全社会的安全意识。许多国家都把网络安全教育作为维护国家网络安全的重要措施。如美国开展网络安全意识月活动，推广国家网络安全教育计划，增强公民的网络安全意识和技能。日本制定了《网络安全普及与启蒙计划》，加强学校对学生的网络安全教育，并开展网络安全意识月活动。

《网络安全法》规定了国家各级人民政府及其有关部门、有关单位、大众传播媒介等的网络安全宣传教育义务，特别强调各级人民政府及其有关部门要组织开展“经常性的网络安全宣传教育”，对网络安全教育提出了更高的要求，有利于调动各方力量，形成网络安全宣传教育多方参与的机制。《国家网络空间安全战略》明确提出，“办好网络安全宣传周活动，大力开展全民网络安全宣传教育。推动网络安全教育进教材、进学校、进课堂，提高网络媒介素养，增强全社会网络安全意识和防护技能，提高广大网民对网络违法有害信息、网络欺诈等违法犯罪活动的辨识和抵御能力。”目前国家层面影响力较大的是网络安全宣传周活动。自2014年开始，我国连续每年举办网络安全周活动，通过多种形式在全国多个地方开展活动，宣传网络安全知识，提高全社会网络安全意识。许多地方也开展了多种形式的网络安全宣传教育活动。如北京市将每年的4月29日定为“首都网络安全日”，还建设了“北京网络安全教育体验基地”。

2. 鼓励支持，加强人员合理流动

网络空间安全人才的数量、质量是影响我国网络空间安全问题的重要因素。NIST 相关数据表明，当前网络安全领域存在严重的人才短缺问题，超过 30 万个职位空缺。我国也面临同样的问题。从总体上看，我国网络安全人才还存在数量缺口较大、能力素质不高、结构不尽合理等问题，难以支撑维护国家网络安全、建设网络强国的终极目标。

《网络安全法》在基本原则层面明确国家支持培养网络安全人才，支持企业和高等学校、职业学校等教育培训机构开展网络安全相关教育与培训，采取多种方式培养网络安全人才，促进网络安全人才交流。在《网络安全法》相关的配套法规《网络安全等级保护条例（征求意见稿）》和《关键信息基础设施安全保护条例（征求意见稿）》中，同样提出要加强网络安全等级保护管理和技术人才培养，以及国家制定产业、财税、金融、人才等政策，培养和选拔网络安全人才，提高关键信息基础设施的安全水平。

网络社会治理主体的多元化决定了政府、企业、高校、研究机构等不同主体共同推动网络安全人才培养是应有之义。究其根本原因，一方面是由网络信息技术的专业性和行业应用发展的综合性所决定，另一方面也是应对不断升级的网络安全风险与威胁，实施网络安全信息共享和网络安全服务社会化的现实需要。在某些特定领域如关键信息基础设施领域，如果能以有效激励机制“留住”人才无可厚非，但从网络空间安全人才发展的整体性考虑，合理、适度的人员流动也不应刻意限制。

3. 加强赋能，提高人员保障能力

在传统信息安全和风险管理领域，在特定组织（包括企业或政府机构）层面理解和部署网络安全的“人的因素”和措施，一般需要将人员适当进行分类和建立顺次，并从行为、认知、日常、应急等方面赋予其与职责相关的网络安全意识与技能，通常也称之为“全员建设和专员培养”，以最终形成覆盖全面、授权明晰、相互制衡的人员管理体系。对人员进行赋能，一方面强化其网络安全意识、知识、技能与能力，另一方面降低其潜在的脆弱性与威胁（包括无意识的能力缺失或有意识的破坏等）。

在人员赋能方面,《网络安全法》对“人的因素”的考虑可以分为管理层责任和人员安全两方面，同时在组织内部和社会化层面也进行了相应设定。其典型规定包括《网络安全法》要求网络运营者制定内部安全管理制度和操作规程，确定网络安全负责人，落实网络安全保护责任。此外,《网络安全法》针对关键信息基础设施在国家安全、社会稳定方面的基础价值，要求关键信息基础设施运营者还应当设置专门安全管理机构和安全管理负责人，并对该负责人和关键岗位的人员进行安全背景审查，并定期对从业人员进行网络安全教育、技术培训和技能考核。

《网络安全等级保护条例（征求意见稿）》在明确《网络安全法》一般保护要求的基础上，对第三级以上网络的运营者赋予特殊保护义务，包括对网络安全管理负责人和关键岗位的人员进行安全背景审查，落实持证上岗制度；并且要求对为其提供网络设计、建设、运维和技术服务的机构和人员进行安全管理。《关键信息基础设施安全保护条例（征求意见稿）》中，直接明确运营者主要负责人是本单位关键信息基础设施安全保护工作第一责任人，负责建立健全网络安全责任制并组织落实，对本单位关键信息基础设施安全保护工作全面负责。同时，明确运营者网络安全管理负责人应履行的五项职责以及从业人员网络安全教育培训的时长要求。总之,《网络安全等级保护条例（征求意见稿）》拓展了对人员安全管理的范围,《关键信息基础设施安全保护条例（征求意见稿）》则细化了责任人和培训时长要求。

从上述规定可知，首先，对于管理层而言，设立专业对口、职责独立的网络安全负责人非常关键，例如在《关键信息基础设施安全保护条例（征求意见稿）》中规定“运营单位主要负责人是关键信息基础设施安全保护工作的第一责任人”，但通常“一把手”并不具有网络安全的专门职责和技能，无论是职责所在还是免责所需，都具有设立“网络安全专门管理机构”和网络安全负责人的直接诉求，以实现“自上而下”和权责匹配。其次，对于从业人员，与网络安全职责相关的岗位人员应实现技能、意识和法律的较优配比；对于非安全岗位人员，则特别需要在网络安全事件应急演练的场景中反复强化，以期具备基本的网络安全技能和网络安全意识，避免成为网络安全率先突破的防线或最为薄弱的短板。

4. 反向约束，划定人员行为边界

人才培养不仅需要从正面加强对其的支持鼓励和培养，还需从反面建立起必要约束。以“白帽子”为例，当前，“白帽子”已经成为漏洞挖掘的中坚力量，国内外从政府到企业都开始逐渐重视这一群体的特殊价值。作为出于安全目的进行漏洞挖掘的群体，其行为边界在于是否获得授权，以及是否在授权范围内合理行事。因此，《网络安全法》中特别添加第二十六条进行规范性指引，要求“开展网络安全认证、检测、风险评估等活动，向社会发布系统漏洞、计算机病毒、网络攻击、网络侵入等网络安全信息，应当遵守国家有关规定”。

此外，《网络安全法》体系还通过禁止性规定、法律责任等方式加强反向约束。禁止性规定方面，《网络安全等级保护条例（征求意见稿）》要求第三级以上网络运营者的关键岗位人员以及为第三级以上网络提供安全服务的人员，不得擅自参加境外组织的网络攻防活动。法律责任方面，《网络安全法》及其配套规定中，都明确了对违法行为中的直接负责的主管人员和其他直接责任人员的行政处罚设定。

三、网络安全人才培养的未来愿景

《网络安全法》的规定体现出在社会和国家层面对“人的因素”进行的考量，而后通过了《关于加强网络安全学科建设和人才培养的意见》和《一流网络安全学院建设示范项目管理办法》等规定，国家网络安全人才的层次化布局和具体化实施已经逐步展开。鉴于网络安全意识、知识、技能与能力具有不同的获取周期，尤其是安全意识的形成和自觉有一个必经的过程，网络安全人才培养是系统化的持久攻坚工程，难以一蹴而就，在这个系统化工程中，立法政策的制定与稳定性保持对网络安全人才培养意义重大。

以美国为例。2010 年 4 月，美国启动国家网络安全教育计划（NICE），NICE 是落实美国全国国家网络安全计划 CNCI 的重要内容之一，旨在推动政府、学术界和私营部门之间的合作，促进网络安全教育、培训和人才发展，建

立和维护具有全球竞争力的网络安全专业人才队伍。其后，基于 NICE 计划发布的《NICE 国家网络安全人才框架》定义了网络安全领域的每一种工作岗位所需的知识、技能和能力。2014 年，美国正式通过《网络安全人员评估法》，要求国土安全部（DHS）开始并持续评估部门网络安全人员（能力），包括:（1）部门从事网络安全任务的人员准备和能力;（2）部门内网络安全人员的职位信息;（3）网络安全人员职位信息——全职人员信息，包括可能的人口统计信息，独立承包商雇佣人员，其他联邦政府机构（包括 NSA）雇佣人员，以及职位空缺;（4）每个网络安全类别和专业领域内的个人接受必要培训以执行其工作的人员百分比，以及在没有接受培训的情形下与该必要培训有关的可能面临的挑战（风险）信息。2017 年 8 月，NIST 正式发布《NICE 网络安全人员框架标准（SP 800-181）》，为各组织对于网络安全职位的定义和类别提供参考，标准中将网络安全人才（岗位）分解为 7 大类别、33 项领域和 52 个角色。2017 年 5 月，行政令《加强联邦网络和关键基础设施网络安全》进一步明确要求商务部和 DHS 对教育和培训未来网络安全人员的范围和充分性进行评估。为此，2018 年 5 月，商务部和 DHS 正式提交《关于支持国家网络安全人员增长和持续性的报告：为美国更加安全的未来奠定基础》报告。

综上可以看出，在关于国家未来发展的教育和人才问题上，美国集合其联邦机构各部门、学术界、工业界等综合之力共同推进美国网络安全教育计划，以此保障美国 21 世纪的经济繁荣和国家安全。近几届政府政策和国会立法都经历了将人员培养纳入战略体系反复推演，网络安全职责设计和人员范围等构造逐渐趋于精细的发展过程，立法政策的稳定性与持续性特征十分明显。

相比而言，我国在后续网络安全制度完善和网络安全文化氛围培育方面仍有待强化之处。本文提出以下五点建议：其一，健全落实网络安全学科设计。“综合能力”是网络安全人才培养的关键，也是当前教育模式下亟待突破的问题。我国可通过首批公布的一流网络安全学院，结合网络安全人才特点，强化探索人才培养的创新机制和实现路径。其二，提升网络运营者、社会组织等主体的参与度，加强理论与实践的结合，培养“应用型人才”。一方面通过设身处地解决网络安全面临的现实问题和实际案例，将理论实践化；另一方面，通过人员间的相互交流和取长补短，将实践理论化。其三，鉴于计算机语言和法律语言之间的天然屏障，需要通过对专业技术人员进行法律知识专业培训或职业教育等方式，为其树立法治意识；其四，营造网络安全人才培养的社会氛围和“沃土”，引导更多的社会大众投身网络安全事业。其五，培育“网络安全为人民，网络安全靠人民”的网络安全文化，将网络安全切实内化到每一位网络参与者的思想和行为中，使其更加积极、主动地参与到网络安全保障过程中。

四、结语

网络安全需要法律、管理和技术的有机合力，更需要知识、情报和人员的深度融合。在《网络安全法》及其配套制度中，我国通过对人员管理和人才培养的推动和约束，已建立起人才培养的顶层设计。在后续贯彻落实的过程中，我国应该持续培育“网络安全为人民，网络安全靠人民”的网络安全文化，维持围绕“人”的立法政策的稳定性和连续性，逐步将制度设计落到实处，将现有力量转化为保障网络安全的有力武器，更好调动人才资源服务于网络强国建设。

下：网络安全立法制度构建

关键信息基础设施保护

1. 我国关键信息基础设施保护的法律对策研究

美国“9·11恐怖袭击事件”发生后，国家关键信息基础设施在国家安全、经济发展和政府事务中的基础性作用不断凸显，逐步成为保障社会稳定和持续运转的重要支撑。随着网络与信息技术的飞速发展，传统的物理基础设施与信息系统的融合程度不断加深，网络环境所带来的不安全因素对关键基础设施部门的信息系统构成极大威胁。这些信息网络不仅将国家关键基础设施内部的各个组成部分联结在一起，而且支持国家关键基础设施之间的通信和互动。“震网”、“Duqu”和“火焰”病毒等攻击事件的相继出现，充分印证了源自互联网的恶意程序正在向工业控制系统、能源、金融等关键领域的信息系统快速蔓延的趋势，如果不积极妥善治理，会严重影响到关键基础设施的持续运行。在此背景下，世界各国纷纷开始高度重视对国家关键基础设施以及关键信息基础设施的保护，以满足新形势下国家关键信息基础设施保护的迫切需求。

一、国家关键信息基础设施立法保护的必要性

在网络恐怖主义、网络盗窃、网络间谍、网络黑客、网络攻击（APT）和网络战争日益频繁的当下，关键信息基础设施自身承载业务的重要性、国家安

全和公共安全对其的依赖性以及一旦遭到攻击破坏造成危害和影响的系统性日益突出。关键信息基础设施的安全以及安全能力均已远远超出建设、运营、使用、维护它的私营部门自身安全和自主保护的范畴，当前美欧俄等世界主要国家和地区均加强对关键信息基础设施的安全保护、安全监管和安全保障，将关键信息基础设施安全视为网络安全的最核心组成部分，从管理、技术、人才、资金等方面着重提升关键信息基础设施的安全防范能力和抵御网络攻击能力。当前，我国关键信息基础设施面临的安全形势严峻，关键信息基础设施安全保障工作亟待加强。

首先，电信、能源、交通、金融、政务等关键信息基础设施支撑着相关行业或领域的重要业务，已经成为网络攻击的重点对象。目前我国关键信息基础设施安全保障整体水平还不高，难以有效抵御有组织大强度的网络攻击。关键信息基础设施建设中安全系统建设相对滞后，尤其在监测预警、应急响应、处置恢复能力方面存在许多薄弱环节。

其次，自主可控目前还不能完全覆盖我国关键信息基础设施建设和运行管理的要求，关键信息基础设施的部分设备和部件短期内难以摆脱依赖进口的局面。尤其在涉及政府、能源、通信、海关、金融、交通、医疗等国家关键信息基础设施的建设和运营过程中，核心设备、技术和高端服务主要依赖国外进口，短期内无法实现自主可控，导致我国的关键信息基础设施面临更深层次的安全隐患。

最后，关键信息基础设施集中承载着越来越多的敏感数据，这些数据事关国家安全和社会稳定，逐步成为网络黑客和间谍机构的重要攻击目标。

二、我国关键信息基础设施保护的立法进程

正是在这样的背景下，我国加快了对关键信息基础设施保护的力度和进度。2016 年再次强调金融、能源、电力、通信、交通等领域的关键信息基础设施是网络安全的重中之重，要加快构建关键信息基础设施安全保障体系，加快构建全天候全方位感知网络安全态势，建立统一高效的网络安全风险报告机制、情

报共享机制、研判处置机制。

2015 年 7 月 1 日，《中华人民共和国国家安全法》（以下简称《国家安全法》）首次从基本法层面明确了网络空间主权原则，第二十五条强调国家建设网络与信息安全保障体系，提升网络与信息安全保护能力，实现网络和信息核心技术、关键基础设施和重要领域信息系统及数据的安全可控。

源于我国面临国内外网络安全形势的客观实际和紧迫需要，2016 年 11 月 7 日，网络空间保障基本法《网络安全法》正式发布。《网络安全法》为我国有效应对网络安全威胁和风险、全方位保障网络安全提供了上位法依据。《网络安全法》规定了关键信息基础设施保护制度，首次从网络安全保障基本法的高度提出关键信息基础设施的概念，对关键信息基础设施的运行安全给予一系列规定，要求在网络安全等级保护制度的基础上，实行重点保护。

2016 年 12 月 27 日，国家互联网信息办公室发布《国家网络空间安全战略》，这是我国首次发布关于网络空间安全的战略。战略将“保护关键信息基础设施”作为九大战略任务之三，强调着眼识别、防护、检测、预警、响应、处置等环节，建立实施关键信息基础设施保护制度。

2017 年 4 月 11 日，国家互联网信息办公室发布规范性文件《个人信息和重要数据出境安全评估办法（征求意见稿）》，细化了《网络安全法》第三十七条对关键信息基础设施领域个人信息和重要数据本地化与出境的法律要求。

2017 年 5 月 2 日，国家互联网信息办公室发布规范性文件《网络产品和服务安全审查办法（试行）》。该办法旨在提高网络产品和服务安全可控水平，防范供应链安全风险。根据该办法，关系国家安全和公共利益的信息系统使用的重要网络产品和服务以及关键信息基础设施运营者采购的网络产品和服务，可能影响国家安全的，都要经过网络安全审查。

2017 年 7 月 11 日，《关键信息基础设施安全保护条例（征求意见稿）》正式向社会公开。《征求意见稿》共八章五十五条，其内容一方面是对《网络安全法》的重申，另一方面是对关键信息基础设施识别、网络运营者责任、产品和服务安全、安全监测和应急处置、监督检查、工作保障等制度的细化。

信息安全等级保护制度是国家对基础信息网络和重要信息系统实施重点保护的关键措施。我国的信息安全等级保护工作初步实现了标准化、规范化，但是仍呈现出体系不完善、重点不突出、保护效果不佳、保护对象不完整等问题。2018 年 6 月 27 日，公安部《网络安全等级保护条例（征求意见稿）》正式向社会公开。《征求意见稿》共八章七十三条，是深化信息安全等级保护制度、保护国家关键信息基础设施和大数据安全的迫切需要，对于关键信息基础设施如何在等保基线基础上重点保护进行相应的客观指导。

在与关键信息基础设施保护配套的强制性标准方面，全国信息安全标委会 2017 年工作重点之一即为落实网安法要求，加快推动重点标准研制，网络安全产品与服务、关键信息基础设施保护等强制性国家标准的研究，目前已有大量的关键信息基础设施保护相关标准向社会征求意见。

2018 年 3 月，国务院法制办正式就《关键信息基础设施安全保护条例（送审稿）》向专家征求意见。与 2017 年 7 月 10 日国家互联网信息办公室向社会公开的《关键信息基础设施安全保护条例（征求意见稿）》相比，送审稿在结构、体制和制度等方面作了较大调整，在体例结构的科学性和规范制度的实施性上实现了重大进步。

三、关键信息基础设施保护立法的域外考察

美欧俄等国家和地区自 20 世纪 90 年代末以来围绕关键信息基础设施采取了多项措施（包括制定国家战略、总统令、行政令和法律等）。近年来关键信息基础设施立法保护更成为“显学”。鉴于各国地缘政治、经济发展、立法模式等方面的天然差异，关键信息基础设施的立法思路及侧重有所不同，但普遍承认 100% 安全目标不可实现，出发点均在于利用国家力量和资源加强关键信息基础设施的安全保护。各国法律制度的设计均重在以“风险（管控）”“预判（感知）”和“攻击（假想）”为基础，构建监测预警、威胁情报信息共享、安全评估检测、供应链安全管控、安全事件应急恢复等全方位的国家关键信息基础设施网络安全保障体系。

（一）美国关键基础设施保护立法

自 20 世纪 90 年代以来，美国先后采取了多项措施加强对关键基础设施保护的管理。1998 年克林顿总统采纳总统关键基础设施保护委员会的建议发布第 62 号和第 63 号总统令，两项总统令共同建立了利用现有政府部门和专业力量实施关键基础设施保护的决策和监督机构。

2001 年布什总统签署名为《建立国土安全办公室和国土安全委员会》的第 13228 号行政令，要求建立国土安全办公室，以协助总统协调保护国家及其关键基础设施免受恐怖主义袭击。

2002 年国土安全部发布《关键基础设施信息保护法》，构成 2002 年《国土安全法》的一部分，旨在鼓励私营部门与国土安全部之间共享互联网关键基础设施保护信息。

2003 年美国发布《关键基础设施和重要资产物理保护国家战略》，提出了"重要资源"的概念，明确了政府和私营机构在保护关键基础设施方面的不同职责，明确了信息共享与预警的措施，提出促进信息共享与分析中心的发展和运行。

2006 年国土安全部发布《国家基础设施保护计划》，为现行和未来的保护关键基础设施和重要资源方案和活动提供了一个总体框架。

2007 年美国政府发布《信息共享国家战略》，为共享关键基础设施保护信息提供了指南，明确突出了与需要者共享信息而非隐瞒信息的必要性，强调了不同部门间和政府与私营部门间信息共享的重要性。

2010 年《国土安全网络和物理基础设施保护法》针对关键信息基础设施部门的法律责任、重要电力基础设施保护和漏洞分析、国际和公私合作以及供应链安全等内容作出了具体规定。

2013 年奥巴马总统发布《改善关键基础设施的网络安全行政命令》，将针对关键基础设施的网络威胁视为最严重的国家安全挑战之一，并制定相关应对政策。同月，奥巴马政府发布的第 21 号总统令《提高关键基础设施的安全性和恢复力》确定了 17 类关键基础设施部门。

根据 2013 年《改善关键基础设施的网络安全行政命令》，2014 年美国国家标准与技术研究院发布《增强关键基础网络安全框架》。2018 年 4 月 16 日，

NIST 正式发布《增强关键基础网络安全框架》1.1 版本，规定了关键基础设施部门通用的一系列网络安全行动、预期结果和适用参考，为关键基础设施各部门提供了产业网络安全标准、指南和最佳实践。

2017 年特朗普总统签署《加强联邦网络和关键基础设施网络安全行政令》，对政府机构如何支持和促进关键基础设施网络安全加以规定。行政令同时要求联邦机构和关键基础设施运营商使用 NIST《增强关键基础网络安全框架》。

2018 年美国国土安全部发布《网络安全战略》，明确了 DHS 识别和管理国家网络安全风险的方法。战略的主要内容包括明确 DHS 网络安全的七大目标，包括网络安全风险评估；保护联邦政府信息系统；保护关键基础设施；防止和打击网络空间的犯罪活动；有效应对网络事件；增强网络生态系统的安全和可靠性；改善 DHS 网络安全活动的管理。该战略同时提出了应对国家网络风险的五项方法。

（二）欧盟关键基础设施保护立法

2004 年欧盟承认关键信息基础设施的脆弱性和相互依赖性，并要求委员会及成员国拟定关键信息基础设施保护的总体战略。在国家战略层面、法律规范和执法体系方面确保整个欧盟的关键信息基础设施具有充分、一致的安全性和可恢复性。欧盟先后通过《保护关键基础设施的欧洲计划》等一系列指令、决议，强调通过准备和预防、减灾和灾后恢复、国际和欧盟范围内的合作、ICT 部门标准确立，以使欧盟更好地应对网络攻击和入侵，并建立了一套确认、标明关键信息基础设施的体系以及评估关键信息基础设施保护的必要性的方法。

2004 年《打击恐怖主义活动，加强关键基础设施保护的通讯》中明确规定了关键基础设施（CI）的定义。

2005 年《保护关键基础设施的欧洲计划》明确欧洲关键基础设施保护应遵循的原则（协助原则、互补性原则、保密性原则、利益相关者合作原则、比例原则、逐个部门解决原则）、概念、部门、认定标准、组织机构、预警机制、共享机制。

2006 年《关于欧盟理事会制定识别、指定欧洲关键基础设施，并评估提高保护的必要性指令的建议》建立了一套确认和标明欧洲关键基础设施的程序和一个评估改善其保护必要性的共同方法。

2008 年欧盟理事会关于关键基础设施保护的第 2008/114/EC 号决定明确了关键基础设施的概念、认定标准、组织协调机构。

2009 年《关键信息基础设施保护：保护欧洲免受大规模网络攻击和中断：预备、安全和恢复力的通讯》为欧盟重大信息基础设施保护战略，目标在于使欧盟更好地应对任何网络攻击和入侵。其中建议重点采取以下行动：准备和预防、监测和响应、减灾和灾后恢复、国际和欧盟范围内的合作、ICT 部门的标准。

2011 年《关键信息基础设施保护："成就与进步：面向全球网络安全"通讯》以 2009 年通讯中涉及的五部分相关内容为基础，包括准备和预防，其中欧洲成员国论坛（EFMS）在促进关于 ICT 基础设施安全性和对抗风险性的良好政策实践理论讨论和交流方面取得了重大进步。

2012 年《"关键信息基础设施保护：面向全球网络安全"的决议》建立关键信息基础设施保护的预警机制及应急响应机制。

2016 年欧洲议会通过《网络与信息安全指令》（NIS 指令），旨在加强基础服务运营者、数字服务提供者的网络与信息系统之安全，要求这两者履行网络风险管理、网络安全事故应对与通知等义务。NIS 指令的通过标志着欧盟层面的首部网络安全法案正式出台。指令要求成员国制定网络安全国家战略，要求加强成员国间合作与国际合作，要求在网络安全技术研发方面加大资金投入与支持力度。此外，指令确定了基础服务运营者的认定标准。2018 年 5 月 4 日，欧盟发表声明，督促成员国尽快将 2016 年 8 月生效的 NIS 指令转化为国内法。

（三）俄罗斯关键基础设施保护立法

作为信息技术发展的传统大国，为应对信息安全威胁，俄罗斯先后颁布了《俄罗斯联邦信息安全纲要》《俄罗斯信息社会发展战略》《确保俄罗斯信息安全的措施》等一系列的政策法规以提高其信息安全的保障能力。随着俄罗斯社会信息化的进一步发展和战略环境的深刻变化，俄罗斯对关键信息基础设施的保护日益重视，在上述综合的网络安全保护法律法规之外，又出台了专门的关键信息基础设施保护法律法规。

2015 年俄罗斯联邦法律《俄罗斯联邦法：关于俄罗斯联邦关键信息基础设施安全》生效，为防止计算机事件、保障俄联邦关键信息基础设施安全建立了组织和法律基础，确立了该领域国家管理的基本原则和方法，联邦关键信息基础设施主体与检测、预防、消除计算机攻击联邦信息资源后果的国家系统协作的秩序，确定了俄联邦国家权力机关的权能和俄联邦关键信息基础设施主体的权力、义务和责任。

2017 年俄罗斯国家杜马通过了《俄罗斯联邦关键信息基础设施安全法》。该法于 2018 年 1 月 1 日正式生效。该法明确了俄罗斯关键信息基础设施安全保障的基本原则、俄罗斯联邦国家机关在这一领域的职权、关键信息基础设施分级考量因素及分级程序、关键信息基础设施主体的权利及义务等内容。

为进一步细化关键信息基础设施的分级规定，2018 年俄罗斯联邦政府通过了第 127 号决议《关于确认俄罗斯联邦关键信息基础设施客体等级划分的规定以及俄罗斯联邦关键信息基础设施客体重要性标准参数列表》。作为《俄罗斯联邦关键信息基础设施安全法》的附属性文件，该决议的主要内容包括等级划分规定、关键信息基础设施客体重要性标准参数列表及划分的参数值等。

（四）国外关键基础设施保护的立法特点

从以上立法可以看出，美欧俄对于关键信息基础设施保护的立法相对成熟和完善，虽然立法背景、立法体例和立法内容各有不同，但均旨在采用国家力量、国家资源、强力手段，加强对关键信息基础设施的安全保护、安全监管和安全保障，积极构建特定关键基础设施范畴的网络监测预警、网络安全威胁情报信息共享、网络安全评估检测、供应链安全管控、网络安全事件应急恢复、公私合作和国际合作等国家网络安全保障体系。

1. 明确关键基础设施的概念及认定标准

美国和欧盟基本明确了关键基础设施的概念。美国 2001 年《爱国者法》界定为“关键基础设施指对美国非常重要的物理或虚拟的系统和资产。如果这类系统或资产遭到破坏或丧失工作能力，将对美国的安全、国家经济安全、国家公众健康或公共安全，或任何这些事项的集合产生削弱影响”。欧盟 2004 年 10

月 20 日发布的《打击恐怖主义活动，加强关键基础设施保护的通讯》界定为“关键基础设施是指由如果被破坏或摧毁，会对公民的健康、安全、稳定或经济福祉或成员国政府的有效运转造成严重影响的物理和信息技术设施、网络、服务和资产。关键基础设施横跨经济的诸多部门和重要政府服务。”本质上，认定标准都与国家安全、社会公共秩序直接相关，指一旦遭到破坏会产生重大影响的物理资产或系统、数据等。

值得注意的是，近年来网络攻击方式、手段的多样性和严重性不断变化，威胁和攻击的“进化”将倒逼各国时关键信息基础设施的保护进行全面梳理和反思，以往认为关键信息基础设施的定义与范围已经初步成型的观念可能在面对全新威胁态势时不再经得起推敲，对关键信息基础设施的定义和范围的划定可能将不是保护体系构筑完成的标志，而是非常初期的开始。目前立法表现出的“全部门”保护和核心功能持续，以及不断挖掘关键信息基础设施新领域、新行业的趋势呈现了未来立法走向的两端。

2. 建立并完善监测预警和应急响应机制

鉴于信息安全风险的不可逆性，监测预警和应急响应成为信息安全过程控制的组成部分，美欧立法都逐步建立并完善了该制度。从美国发布的国家战略和法律法规可以看出，通过建立信息共享与分析中心收集和发布国家关键基础设施脆弱性和威胁评估、实时预警、执法调查、行业最佳实践等信息，并经过整合分析形成早期预警和专家建议提供给关键基础设施运营单位，以实现数据全面、一致性强、实时性高、对信息安全态势的判断更加准确、预警更加及时的目标。欧盟 2005 年《保护关键基础设施的欧洲计划》、2012 年《“关键信息基础设施保护：面向全球网络安全”的决议》都建立了监测预警和应急响应机制。

3. 推进公私合作和国际合作关系

关键基础设施保护方面，美国尤其重视发挥各方力量，不断持续深入推进公共和私营部门之间的合作关系，共同构建关键基础设施的安全防护。早在 1998 年第 63 号总统令中就将“公私合作并共担责任”作为消除关键基础设施脆弱性应当遵循的普遍原则。此外，鉴于贸易全球化趋势不断强化，关键基础设施的覆盖范围愈加广泛，推进国际合作也成为美欧保护关键基础设施的重要手段。美欧积极与其他国家和国际组织展开合作，以共同制定关键信息基础设施保护的国际规范，并致力于提高关键信息基础设施保护的监测、预警、应急处置与恢复能力，以保障全球关键信息基础设施的整体安全性和可靠性。

4. 逐步确立关键信息基础设施的分类分级制度

对关键信息基础设施加以分类分级管理是俄罗斯关键信息基础设施保护的重要理念。2015 年生效的《俄罗斯联邦法：关于俄罗斯联邦关键信息基础设施安全》根据面临的危险等级，将关键信息基础设施客体划分为高危险、中危险及低危险等级的俄联邦关键信息基础设施客体。针对不同的危险等级，该法还规定了不同的安全监管和保障要求。2017 年出台的《俄罗斯联邦关键信息基础设施安全法》明确提出要根据社会重要性、政治重要性、经济重要性、生态重要性以及关键信息基础设施客体对国防和国家安全以及法律秩序的重要性等因素对关键信息基础设施进行分级。《关于确认俄罗斯联邦关键信息基础设施客体等级划分的规定以及俄罗斯联邦关键信息基础设施客体重要性标准参数列表》则进一步对具体标准、程进行了细化分级，提高了对关键信息基础设施分级的可操作性。

5. 关键信息基础设施保护体现政治生态和地缘政治

近年来，各国呈现不同的立场和思路，体现政治生态和地缘政治，如在美国关键基础设施的范围不再泾渭分明，鼓励基于“自愿”的信息共享；俄罗斯强调关键信息基础设施的识别与分级；澳大利亚则重点关注外商投资关键信息基础设施带来的国家安全风险问题。

四、新形势下我国关键信息基础设施保护的法律对策

《网络安全法》实施以来，我国强化关键信息基础设施防护、推动主体责任落实、关键信息基础设施网络安全保护工作取得了一定成效。2017 年 12 月，全国人大常委会检查组关于“一法一决定”实施情况的报告显示，“国家互联网信息办公室等部门组织开展了关键信息基础设施摸底排查工作，完成了对金融、

能源、通信、交通、广电、教育、医疗、社保等多个重点行业的网络安全风险评估；工业和信息化部开展了网络基础设施摸底工作，全面梳理网络设施和信息系统；公安部深入推进网络安全等级保护，累计受理三级以上重要信息系统1.7万个，基本涵盖所有关键信息基础设施。”与此同时，我国关键信息基础设施保护工作还存在诸多不足，全国人大常委会检查组报告亦显示，目前尚存在关键信息基础设施认定的标准和程序等认识不一致，关键信息基础设施如何进行年度检测评估不清晰，关键信息基础设施运营单位对网络安全的重要性认识不到位，关键信息基础设施网络安全风险和隐患突出，监管管理和执法体制有待进一步理顺等问题，以上问题是《关键信息基础设施安全保护条例》需重点解决的难题。

从《关键信息基础设施安全保护条例》本身的立法制定来说，我国应加快推进立法进程，调整、完善与国际接轨又具中国特色的关键信息基础设施保护制度设计，妥善处理关键信息基础设施保护条例和网络安全等级保护条例的关系，同时也应为重点行业、领域的特别关键信息基础设施保护立法留空间。

从条例的正式实施来说，为了关键信息基础设施运营者更好地遵从《关键信息基础设施安全保护条例》框架，应进一步探索思考《关键信息基础设施安全保护条例》的实际执行和后续工作。

（1）适时调整《刑法》相关条款，考虑制定配套司法解释。现行的《刑法》第二百八十五条第一款非法侵入计算机信息系统罪规定可考虑适用于关键信息基础设施犯罪。但在司法实践中，“国家事务、国防建设、尖端科学技术领域”是否与《关键信息基础设施安全保护条例》的关键信息基础设施保护范围完全对应，“三年以下有期徒刑或者拘役”的处罚量刑是否偏轻等问题，直接适用恐难以实现《关键信息基础设施安全保护条例》“惩治来自境内外的关键信息基础设施网络违法犯罪活动”的立法目的。针对和利用关键信息基础设施实施的违法犯罪活动应大力提升处罚力度。2018年1月1日，俄罗斯正式实施《关键信息基础设施安全法》，同步修改了与《关键信息基础设施安全法》相关的俄罗斯联邦《刑法》和《刑事诉讼法》，加入了“非法影响俄罗斯联邦关键信息基础设施”的章节，加大了处罚力度。如其规定，“给俄罗斯联邦关键信息基础设施带来损害，处以五年以下劳役，或并处剥夺三年以内担任特定职务或者从事特定活动的权利；或者处以六年以下剥夺自由，或并处剥夺三年以内担任特定职务或者从事特定活动的权利”。

此外，亦可制定《刑法》第一百三十四条和一百三十九条重大责任事故罪的司法解释，明确关键信息基础设施保护责任事故中“其他严重后果”的认定标准，实现与《关键信息基础设施安全保护条例》规定的关键信息基础设施重大网络安全事件责任事故相衔接。

（2）尽快出台相关规范、标准指南配合《关键信息基础设施安全保护条例》实施。相关机构应该以《关键信息基础设施安全保护条例》规定为原则和基础，制定网络安全人才吸引政策、行业主管部门的优先保护措施、网络安全服务机构管理要求、关键信息基础设施保护技术要求和控制框架等配套规范。

（3）关注关键信息基础设施的焦点热点问题，包括漏洞监管、网络入侵、网络攻击等行为规制的具体内容。利用安全漏洞进行的攻击已经成为影响我国关键信息基础设施正常运转的主要障碍，但对漏洞的监管尚处于探索阶段。漏洞监管是构建关键信息基础设施防御体系不可或缺的关键环节，《关键信息基础设施安全保护条例》落地后有关部门应持续关注漏洞问题，创新安全漏洞的治理模式。

（4）关键信息基础设施的执法检查行动自《网络安全法》正式实施之前已经开始，相关机构的执法检查水平也在不断提升。随着条例的落地实施，全国范围的关键信息基础设施执法检查会趋于常态，违法行为的行政处罚活动也会全面展开。关键信息基础设施运营单位需依法履行安全管理责任，主动审查技术保障水平及管理机制，提升自身网络安全保障水平。

五、结语

关键信息基础设施的保护问题涉及面广，综合性强，完善的关键信息基础设施综合保障体系，既依赖于相关的政策、法律法规，又离不开执法体系的支持；既注重关键信息基础设施本身的脆弱性防范，又必须关注来自关键信息基础设施之外的威胁控制。我国必须从实际出发，加快完善关键信息基础设施的立法进程，消除法律条款的碎片化，建立“企业遵从有指引，政府监管有依据，执法取证有保障”的法律制度。

对整个国际社会而言，新一代信息技术带给关键信息基础设施的机遇与挑战都是相似的。我们需要审慎对待风险，既要不断实现与国际社会关键信息基础设施先进立法接轨，又要重视我国已有的立法现状和实践基础，在等级保护制度基础上完善关键信息基础设施治理措施，并形成最佳实践。

2.《关键信息基础设施安全保护办法》亟待制定[①]

近年来，随着传统的物理基础设施与信息系统的融合程度不断加深，国家关键信息基础设施在国家安全、社会民生、经济发展和政府事务中的基础性作用不断凸显，并逐步成为保障整个社会持续运转的重要支撑。在网络恐怖主义、网络盗窃、网络间谍、网络黑客、网络攻击（APT）和网络战争日益频繁的当下，关键信息基础设施的稳定运行不仅影响其他关键基础设施部门的安全，更会威胁网络空间安全、经济安全甚至国土安全。网络安全的首要任务是保护关键信息基础设施的安全，防范系统性风险。且世界各主要国家和地区都陆续出台了国家层面的关键信息基础设施保护战略、立法和具体的保护方案。2015 年中美达成和平时期不相互攻击对方关键信息基础设施的共识，也进一步表明了关键信息基础设施保护的必要性。当前，我国关键信息基础设施面临的安全形势十分严峻。

首先，在全球化融合的态势下，基于对国家安全和社会稳定的重要性，我国关键信息基础设施正面临前所未有的网络安全隐患，由于网络入侵和恶意攻击等行为导致的网络安全事件频发，尤其是针对关键信息基础设施的网络入侵、恶意攻击行为等缺乏有效的应对处理措施，风险抵御能力较弱，关键信息基础设施建设中安全系统建设相对滞后，尤其在监测预警、应急响应、处置恢复能力方面存在许多薄弱环节。

其次，目前自主可控还不能完全覆盖我国关键信息基础设施建设和运行管理的要求，关键信息基础设施的部分设备和部件短期内难以摆脱依赖进口的局

① 作者：黄道丽。发表于《保密科学技术》，2016.7。

面。尤其在涉及政府、能源、通信、海关、金融、交通、医疗等国家关键信息基础设施的建设和运营过程中，核心设备、技术和高端服务主要依赖国外进口，短期内无法实现自主可控，导致我国的关键信息基础设施面临更深层次的安全隐患。

再次，关键信息基础设施集中承载着越来越多的敏感数据，这些数据事关国家安全和社会稳定，逐步成为网络黑客和间谍机构的重要攻击目标。

以美国为主的很多西方国家都将关键信息基础设施的保护视为网络安全的最核心部分，其法律制度设计也越来越具有全方位性、弹性以及长效性。自 20 世纪 90 年代以来，美国采取了多项措施（包括制定国家战略、总统令、行政令和法律等）加强对国家关键基础设施以及国家关键信息基础设施的保护，并在其中明确了关键基础设施的概念及其范围，关键信息基础设施保护的组织管理机构体系及其职责，关键信息基础设施保护的具体措施。包括监测预警和应急响应机制、信息共享机制的建立和完善、关键信息基础设施保护的资金人员和技术保障措施，以及国际合作等内容。

在美国，85% 的国家关键基础设施由私营部门拥有和运营管理，而我国的国家关键基础设施多数由国企或央企运营和管理。此外，我国现有立法中虽没有明确的“关键信息基础设施”概念，但我国实行多年的信息安全等级保护“重要信息系统”在概念与内涵、认定标准和实施层面上与关键信息基础设施的均有类似，这导致我国网络安全等级保护和关键信息基础设施保护的对象和内容存在重复和冲突。因此，我国关键信息基础设施法律制度在法律调整的社会关系及调整对象上更具复杂性。政治、法律传统等国情的差异促使我们充分认识到我国的关键信息基础设施保护制度的构建不能简单照搬外国的经验，应坚持国内经验总结和国外经验借鉴相结合，明确网络安全等级保护和关键信息基础设施保护的不同侧重点，在网络安全等级保护制度的基础上，依据等级保护现有基础开展关键信息基础设施具体范围的认定，有效融合等级保护评测和关键信息基础设施的风险评估，建立符合我国国情且具有较强可操作性的关键信息基础设施保护制度，同时也科学合理地推动网络安全等级保护制度的变革。

从国外经验借鉴来说，我国应当从立法层面关注关键信息基础设施保护制度的建立，明确关键基础设施的概念及其范围，构建关键信息基础设施保护的组织管理体系，建立国家层面的关键信息基础设施保护监测通报与预警发布中心，完善关键信息基础设施保护的预警机构机制，建立关键信息基础设施保护的信息共享机制，强调关键信息基础设施保护的技术支持，关注关键信息基础设施保护的财政保障，注重关键信息基础设施保护的专业人员培养，加强关键信息基础设施保护的国际合作，具体包括以下几个方面：

首先，我国应当在《关键信息基础设施安全保护办法》中明确关键基础设施的概念及其范围。在美国，国家关键基础设施是指对美国而言重要的实际或虚拟的系统和资产，此类系统和资产的缺乏或破坏将对国家安全、国家经济安全、国家公共健康和安全或上述事项的任何组合产生削弱影响。目前，美国对关键基础设施部门的分类正趋向稳定。2013 年 2 月，发布《提高关键基础设施的安全性和恢复力》确定了 17 类关键基础设施部门，包括化学、商业设施、通信、关键制造、大坝、国防工业基地、应急服务、能源、金融服务、食品和农业、政府设施、健康和公共卫生、信息技术、核反应堆、材料和废弃物、交通系统、水及污水处理系统。总体而言，美国认为关键基础设施对于国家安全、经济安全、公众健康或公共安全具有重要性和不可替代性，并将此作为确定关键基础设施和重要资源清单，以及国家基础设施是否具备"关键性"的认定标准。同时，国土安全部将采用统一的标准来确定对关键基础设施的定级，并将定级结果与特定领域机构协商后，秘密告知所有者或运营者，并且负责对关键基础设施进行年度审核检查，将报告报送总统。

2015 年 6 月，《网络安全法（草案）》一审稿中明确了关键信息基础设施的范围包括基础信息网络、重要行业和公共服务领域的重要信息系统、军事网络、设区的市级以上国家机关等政务网络、用户数量众多的网络服务提供者所有或者管理的网络和系统。在 2016 年 7 月《网络安全法（草案）》二审稿中则删除了有关关键信息基础设施范围列举的内容，规定关键信息基础设施的具体范围和安全保护办法由国务院制定。通过抽取概括关键信息基础设施的"关键性"认定标准，二审稿明确界定了关键信息基础设施概念的本质，即"一旦遭到破坏、丧失功能或者数据泄露，可能严重危害国家安全、国计民生、公共利益"。由此可见，在关键信息基础设施保护的专门立法中进一步明确关键信息基础设施的概念，细化其范围界定已经成为我国立法者的基本判断。

其次，建立我国关键信息基础设施保护的组织机构及其工作机制。从美国发布的国家战略和法律法规可以看出，美国的国家关键信息基础设施保护机构及其职能逐步明确，机构设置呈现体系化，包括国土安全部、国务院、国会相关机构、政府审计办公室、国防部相关机构、计算机犯罪和知识产权处在内的政府机构，以及国土安全部的跨部委员会、信息共享与分析中心、InfraGard、国家网络安全联盟、关键基础设施安全合作组织、跨部门网络安全工作组、信息基础设施保护学会。由此可见，美国政府充分认识到关键信息基础设施保护是政府部门与私营部门的共同责任，不仅强调政府相关部门在关键信息基础设施保护方面的重要作用，还始终鼓励和倡导私营部门与政府相关部门加强合作与交流，在关键信息基础设施保护计划、协调、实施和运行方面协同努力。同时，美国建立了以国土安全部为主导，基础设施特定领域机构（SSA）具体负责和配合本领域关键信息基础设施保护工作，以形成各部门之间职能分工明确、相互协调的关键信息基础设施保护组织体系。

基于此，在我国党和政府的支持是关键信息基础设施保护的坚实基础，各级政府高度重视，各个部委密切协调合作、配合关键信息基础设施保护的职责机构高效实施保护工作是我国关键信息基础设施保护的坚实保障，各行业主管部门、运营使用单位及其他信息服务部门顾全大局、相互协调、有力执行是我国关键信息基础设施保护的实践基础，因此，建立自上而下、逐级逐层监督管理的组织体系能够保证关键信息基础设施保护工作的有效实施，同时，各级各层分别建立协调配合的伙伴关系既能确保对上级指示进行科学有效的执行，又可以为各个部门单位就自身利益提供表述和协调的渠道。简单来说，我国关键信息基础设施保护的组织管理体系应该是："自上而下的监督管理，各级各层协调合作的组织关系"。同时，在专门立法中应当进一步明确各有关部门的关键信息基础设施安全保护职责及其法律责任。

再次，从监测通报与预警、威胁情报信息共享、应急处置与恢复等制度方面确立"全方位"网络安全态势感知机制。美国在关键信息基础设施保护方面的策略之一即为早期预警，通过建立一套完整的监测、评价、应急响应体系，以确保在各类网络安全事件发生前及时预警并及时响应。为此，各类监测与预警发布中心应运而生，如美国 US-CERT 组织、国土安全部下设的 NCCIC，都负责全天候监测和分析针对关键信息基础设施的网络威胁信息。国防部计算机网络防护联合特别任务中心、国家安全事件响应中心（NSIRC）、联邦入侵检测网络（FIDNet）实时共享攻击预警和信息。国家通信系统、联邦计算机事故响应中心、能源保障办公室和关键基础设施保障办公室等机构之间资源的相互协调，将有助于国家关键信息基础设施安全事件响应体系的建设。

我国也应当建立与完善国家关键信息基础设施安全事件的监测通报与预警机制，构建全国立体的监测通报与预警体系，提高关键信息基础设施运营单位对信息安全威胁的发现能力、预警能力、防护能力和反制能力。同时，我国也应当建立与完善关键信息基础设施保护的应急处置与响应恢复机制，建立国家关键信息基础设施安全事件的应急处置基本制度，包括国家关键信息基础设施安全事件的分级处置和标准制定，以及应急预案的制定；明确国家关键信息基础设施安全事件的应急处置措施，完善国家关键信息基础设施安全事件的信息发布机制；完善安全事件后国家关键信息基础设施的恢复制度，以及国家关键信息基础设施安全事件应急处置和恢复的总结报告制度。

最为重要的是，构建国家关键信息基础设施保护的威胁情报信息共享机制，充分整合政府与企业在关键信息基础设施保护的监测预警和应急响应环节的技术能力和资源优势；明确网络安全信息共享的范围、主管机构、参与主体、程序、例外规定等内容；构建网络安全信息共享的组织机构体系，指导、统筹和协调、规定统一发布网络威胁信息；建立国家层面的网络威胁情报共享和分析中心，整合来自政府和企业等网络威胁、漏洞和事件信息，提升国家整体的网络安全态势感知能力。

最后，加强关键信息基础设施保护的基础保障。从国家层面总体上加强关键信息基础设施的基础保障能力，包括人员、资金、技术能力建设等方面的支持。同时，保障关键信息基础设施的安全可控，建立国家关键信息基础设施的产品、服务安全审查制度，并对于国防、政府、商业应用不同类别的信息技术产品进行审查或检测，实行有区别的管理政策，建立与之相适应的安全审查机制，同时在国家关键信息基础设施采购中，根据产品的来源（国别）、可靠性（国家是否可控和生产单位是否可控）进行供应链审查。

此外，我国还应当加强与其他国家和国家组织展开合作，以共同制定关键信息基础设施保护的国际规范，并致力于提高关键信息基础设施保护的监测、预警、应急处置与恢复能力，以保障全球关键信息基础设施的整体安全性和可靠性。2016 年 6 月 27 日，第十二届全国人大常委会第二十一次会议对《网络安全法（草案）》二审稿进行研究。草案二审稿提出，关键信息基础设施的具体范围和安全保护办法由国务院制定。本文从法律研究角度，简单阐述一下关键信息基础设施应包含哪些基本范畴，关键基础设施安全保护办法应涵盖哪些内容。

1. 关键信息基础设施的范畴

根据对国家安全、国计民生和公共利益的重要性程度，关键基础设施的具体范围应当包括国防军事、通信、能源、金融、水利、交通运输、政府设施、医疗卫生、社会保障、供电、供水、供气、核设施等。基于此，关键信息基础设施的范围应当包括能源、交通、金融、社会应急及服务等领域，涉及国计民生的重要信息系统，电信网、广播电视网、互联网等基础信息网络，国防和军事信息系统，政府和涉密信息系统，以及核设施、航空航天、先进制造、石油石化、油气管网、电力系统、交通运输、水利枢纽、城市设施等重要领域工业控制系统。

2.《关键信息基础设施安全保护办法》涵盖的内容

当前，网络侵入行为难以避免，网络安全保障的理念应从传统的入侵规制转向攻击治理，侧重网络安全态势感知和网络攻击之后的应对恢复。《关键信息基础设施安全保护办法》应贯彻落实习近平总书记关于“全天候全方位感知网络安全态势”的重要指示精神，从监测通报与预警、威胁情报信息共享、应急处置与恢复等制度方面确立“全方位”网络安全态势感知制度体系。

《关键信息基础设施安全保护办法》应当涵盖总则、信息安全保护、监测通报与预警、威胁情报信息共享、应急处置与恢复、安全监管、保障措施、法律责任等内容。

总则的内容应当涵盖关键信息基础设施安全保护的总方针、原则，主管部门及管理机制，义务主体（运营单位）及其义务，国际合作要求以及禁止性规定等。

信息安全保护的内容应涵盖国家关键信息基础设施保护对象的认定，国家关键信息基础设施共享依赖和脆弱性评估要求，规划、建设、安全同步制度，产品采购要求，技术检测和风险评估，安全运行责任和义务，信息安全官制度，技术测评和风险评估的认可制度，测评机构应当承担的义务，保密管理要求，境外数据处理禁则等。

监测通报与预警的内容应涵盖监测通报机制，国家网络安全主管部门的监测职责，国家关键信息基础设施安全事件预警机制，运营单位预警的应对措施，一、二级预警的应对措施以及预警的解除。

威胁情报信息共享的内容应涵盖网络安全信息共享的范围、主管机构、参与主体、程序、例外规定，网络安全信息共享的组织机构体系，国家关键信息基础设施威胁情报共享机构，国家关键信息基础设施网络威胁、安全漏洞和安全事件通报机制。

应急处置与恢复的内容涵盖关键信息基础设施安全事件应急预案的制定和启动，特大、重大信息安全事件紧急处置，安全事件的发布机制，国家关键信息基础设施应急处置总结评估和报告制度。

安全监管应涵盖国家网络安全主管部门的安全监管职权，国家关键信息基础设施运营单位的主管部门安全检查职责，国家关键信息基础设施行业主管部门的安全监管职责，国家关键信息基础设施运营单位的监督和配合义务，地方政府职责等。

保障措施应包括经费保障，国家关键信息基础设施恢复的支持制度，科研经费保障和奖励，信息安全教育，表彰和奖励等。

法律责任应涵盖国家关键信息基础设施运营单位，怠于行使安全保护制度和措施的法律责任以及违反系统检测和评估义务的法律责任，信息安全检测评估机构未经认可进行检测评估活动的法律责任，相关人员违反保守国家秘密义务的法律责任，单位及个人破坏、危害网络与信息系统安全的法律责任以及违反信息安全事件的报告和协查义务的法律责任，国家网络安全主管部门、公安机关、国家关键信息基础设施运营单位主管部门、各级人民政府以及其他国家机关的工作人员在关键信息基础设施保护过程中泄露信息等失职的法律责任。

2015年6月，作为我国网络安全保障基本法的《网络安全法（草案）》在“网络运行安全”一般规定的基础上设专节对关键信息基础设施的运行安全做出了具体规定，成为草案的亮点之一。该草案对关键信息基础设施实行重点保护，保护的范围包括基础信息网络、重要行业和领域的重要信息系统、军事网络、重要政务网络、用户数量众多的商业网络等。在此基础上，草案进一步提出了关键信息基础设施保护的三同步原则，明确了关键信息基础设施保护主管部门的职责和运营者的安全保护义务，建立了关键信息基础设施运营者采购网络产品、服务的安全审查制度，并要求建立关键信息基础设施保护相关部门之间的协作机制等。

2016年7月发布的《网络安全法（草案）》二审稿删除了有关关键信息基础设施范围列举的内容，规定关键信息基础设施的具体范围和安全保护办法由国务院制定。为解决关键信息基础设施保护制度与网络安全等级保护制度在管理对象上的交叉问题，《网络安全法（草案）》二审稿增加规定，在网络安全等级保护制度的基础上对关键信息基础设施予以重点保护。为了鼓励网络运营者自愿参与国家关键信息基础设施保护体系，促进网络运营者、专业机构和政府有关部门之间的网络安全信息共享，并加强对这些信息的保护，《网络安全法（草案）》二审稿增加规定，国家鼓励关键信息基础设施以外的网络运营者自愿参与关键信息基础设施保护体系；国家网信部门和有关部门在关键信息基础设施保护中取得的信息，只能用于维护网络安全的需要，不得用于其他用途。同时，《网络安全法（草案）》二审稿删除了原稿中国家安全审查具体办法由国务院制定的规定。

从调整内容来看，首先，《网络安全法（草案）》二审稿中明确界定了关键信息基础设施概念的本质，即“一旦遭到破坏、丧失功能或者数据泄露，可能严重危害国家安全、国计民生、公共利益”，而删除了有关关键信息基础设施范围界定的列举条款，并规定关键信息基础设施的具体范围和安全保护办法由国务院另行制定。这表明，作为网络安全领域的基本法，应当尽可能确保网络安全法的稳定性而不过于细化的条款设定这一立法需求，而关键信息基础设施的范围将基于国家安全和社会运行的风险评估进行不断调整，即其认定范围遵循动态调整机制，因此，仅在二审稿中明确其关键性认定标准，同时规定其范围由国务院另行制定，能够在一定程度上实现原则性和灵活性相结合，是一种科学合理的界定方式。

其次，为了鼓励网络运营者自愿参与国家关键信息基础设施保护体系，促进网络运营者、专业机构和政府有关部门之间的网络安全信息共享，并加强对这些信息的保护，二审稿增加规定，国家鼓励关键信息基础设施以外的网络运营者自愿参与关键信息基础设施保护体系；国家网信部门和有关部门在关键信息基础设施保护中取得的信息，只能用于维护网络安全的需要，不得用于其他用途。一定程度上鼓励了网络运营者，尤其是承担重要社会职能的网络运营者，能够利用其自有的技术能力和资源优势更加积极地投入关键信息基础设施保护的工作中，促进政府和企业双方共同保障关键信息基础设施安全运行。

最后，二审稿还规定，关键信息基础设施的运营者在中华人民共和国境内运营中收集和产生的公民个人信息和重要业务数据应当在境内存储。因业务需要，确需向境外提供的，应当按照国家网信部门会同国务院有关部门制定的办法进行安全评估；法律、行政法规另有规定的除外。跨境数据流动有可能是《网络安全法（草案二次审议稿）》中国内外最关注的一个焦点。此条确立了我国关键信息基础设施领域个人信息保护的属地属人双重管辖原则。相较一审稿，二审稿规定的境内存储对象增加了“重要业务数据”。

3. 我国关键信息基础设施网络安全应急响应的法律保障①

2020年，面对严重威胁生命安全的突发公共卫生事件，我国26个省、市、自治区启动重大突发公共卫生事件一级响应，国家应急管理基础能力和治理能力接受检验。世界卫生组织专家在2020年2月24日世卫组织-中国冠状病毒病联合专家考察组新闻发布会上坦诚，“我们需要审视现有体系，坦率地说，没有任何一个体系能做到及时响应”。根据《网络安全法》第57条的规定，网络安全事件在符合“突发事件”的构成要件后，将转化或“升级”为突发事件，从而同时适用《突发事件应对法》等法律的处置。因此，网络安全事件与公共安全事件在突发事件应对上同有普适性，本次重大突发公共卫生事件的响应和处置为关键信息基础设施网络安全事件应急响应触动思考。

一、关键信息基础设施网络安全应急响应法律规制的必要性

全球数字化转型浪潮之下，人工智能、区块链、5G等新一代信息技术不断催生新业态新产业新模式，传统关键信息基础设施的“边界性”逐渐模糊，新型网络安全风险与威胁不断衍生与演化。近年来，网络攻击方式、手段的多样性和严重性不断刷新各国对网络安全态势的认知，网络空间安全的不稳定性和

① 作者：黄道丽、原浩。发表于《中国信息安全》，2020年第3期。

不确定性愈加凸显，以往以关键信息基础设施静态识别为核心的保护观念在面对全新威胁态势时挑战严峻。如何健全完善关键信息基础设施网络安全监测预警响应机制，提升国家层面的网络安全态势感知、事件分析、追踪溯源以及遭受攻击后的快速恢复能力，实践中有效应对国家级、有组织的高智能攻击，针对网络攻击实施精准打击，同时允许有条件的攻击反制，为公共卫生安全等其他突发事件提供重点保障和支持，是各国关键信息基础设施保护的重中之重。我国《国家突发事件应急体系建设“十三五”规划》即明确提出，提高关键信息基础设施的风险防控能力，保障金融、电力、通信、交通等基础性行业业务系统安全平稳运行，同时强调要充分利用互联网、大数据、智能辅助决策等新技术，在应急管理相关信息化系统中推进应急预案数字化应用。2020 年中央网信办《关于做好个人信息保护利用大数据支撑联防联控工作的通知》也直接提出借助大数据等各类网络信息技术为疫情防控应急响应提供必要的技术支撑。

事实上，关键信息基础设施立法保护已成为全球“显学”，鉴于地缘政治、经济发展、立法模式等方面的天然差异，各国关键信息基础设施的立法思路及侧重有所不同，但无一不聚焦网络安全应急响应。整体上，各国普遍承认 100% 安全目标不可实现，重在以“风险（管控）”、“预判（感知）”和“攻击（假想）”为基础，重点构建特定关键信息基础设施范畴的网络监测预警、网络安全威胁情报信息共享、网络安全评估检测、供应链安全审查、网络安全事件应急处置、公私合作和国际合作等要素的网络安全应急响应保障体系。此外，随着贸易全球化趋势不断强化，共同制定关键信息基础设施网络安全应急响应的国际规范，保障全球关键信息基础设施的整体安全性和可靠性，也是国际关键信息基础设施保护的关注重点。

二、我国关键信息基础设施网络安全应急响应的法制化

在我国，以《网络安全法》为核心的关键信息基础设施网络安全应急响应法律保障体系建设正在加速推进。2007 年《突发事件应对法》、2016 年《网络

安全法》、2006 年国务院《国家突发公共事件总体应急预案》、2013 年国务院《突发事件应急预案管理办法》、2017 年中央网信办《国家网络安全事件应急预案》等现行有效的法律法规共同构筑了关键信息基础设施网络安全应急响应法律保障基本体系。《国家网络空间安全战略》明确要求完善网络安全监测预警和网络安全重大事件应急处置机制。《网络安全法》将监测预警与应急处置措施制度化、法制化，设第五章专章规定了网络安全监测预警、信息通报和应急处置制度，重点强化关键信息基础设施领域的应急响应制度，同时第 57 条有效衔接《突发事件应对法》、《安全生产法》等法律、行政法规的处置规定。2017 年 1 月，作为国家层面针对网络安全事件适用的综合应急预案，中央网信办正式发布《国家网络安全事件应急预案》。以《突发事件应对法》、《网络安全法》等为依据，行业领域的相关部门、地方政府等也制定了相应监管范围的网络安全应急预案，如《银行业重要信息系统突发事件应急管理规范（试行）》《证券期货业网络与信息安全事件应急预案》《公共互联网网络安全突发事件应急预案》《工业控制系统信息安全事件应急管理工作指南》《上海市网络安全事件应急预案》等。

从实践来看，《网络安全法》实施以来，面向勒索病毒攻击、DDoS 攻击、Web 站点攻击等当前主要的网络攻击方式，我国深入推进网络安全等级保护，强化关键信息基础设施摸底排查、安全防护和执法检查，从实战出发落实国家重大网络安全保卫任务，覆盖国家、行业领域、地方政府、网络运营者的多级监测预警应急响应机制基本建立。从本次疫情响应来借鉴思考，关键信息基础设施的国家应急意愿与具体行业、领域和地方的应急能力是否一致需要进行重新验视，国家层面的综合应急能力如何穿透、赋能到具体的关键信息基础设施运营者，也应从利益共同体和整体价值上重新整合考虑。

此外，2017 年以来，《关键信息基础设施保护条例（征求意见稿）》《网络安全等级保护条例（征求意见稿）》《网络安全漏洞管理规定（征求意见稿）》《网络安全威胁信息发布管理办法（征求意见稿）》等相继向社会公开征求意见，进一步细化了《网络安全法》关键信息基础设施网络安全应急响应、网络安全等级保护、网络安全漏洞发现与披露、威胁信息发布等方面的规定。这些尚处于综合研判、统筹调整阶段的《网络安全法》配套规定是关键信息基础设施网络安全应急响应不可缺失的组成部分和制度支撑，如其中涉及的关键信息基础设施识别与认定、网络安全漏洞发现与公布、境内外网络安全威胁态势感知、关键信息基础设施供应链安全保障、网络安全信息共享、安全漏洞信息出口管制机制等问题，重要性自不待言。

三、我国关键信息基础设施网络安全应急响应法律制度的完善

为有效应对网络空间安全威胁和风险，关键信息基础设施网络安全应急响应法律体系必须以发现、消除网络安全威胁和风险，提升恢复能力为轴心，“发现、消除、恢复”金三角作为对包括公共卫生事件、网络安全事件等混合与叠加的动态“全风险环境”的提升完善。

具体来说，“发现”包括网络安全漏洞的掌控、攻防演练、网络安全威胁和风险的实时全面共享、侦查、监测预警和供应链安全等。“发现”能力的提升需从法律上对溯源的触发条件、电子证据固定与提取等内容进行发展与规范。以跨境威胁行为发现来说，《网络安全法》第五条和第七十五条规定为跨境数据取证确立了国家立法基础，执法机关仍需面临跨境数据取证实际取证技术能力的现实考验。“消除”包括及时动态研判处置网络攻击，实施精准化解、消除和阻断的同时允许有条件的攻击反制，消除能力的实现需要从法律上对反制的必要性和充分性进行正当化论证，以主动防御来说，立法上启动后将引发不可预测性的内外部后果，其使用条件应周延论证。“恢复”侧重网络安全态势感知和网络攻击之后的应对恢复，确保核心功能正常运转。事实上，“恢复”并不仅单指关键信息基础设施功能的修复与重启，而应更加关注关键信息基础设施核心功能的持续运行。通过构筑、有效实施面向“全风险”的“全能力”，保护有关各方的合法权益，提升各方对社会稳定和国家安全的信心。

网络安全漏洞治理

1. “白帽子”安全漏洞挖掘法律风险分析①

近年来全球安全漏洞攻击事件频发，给网络空间安全带来了不可逆的危害。与此同时，安全漏洞因其具有的监控成本低、破坏性更普遍等网络武器特点成为获取网络空间战场主动权的关键因素。2016 年 4 月 19 日，首次提出“全天候全方位感知网络安全态势”。2016 年 7 月 27 日，《国家信息化发展战略纲要》明确提出“提升全天候全方位感知网络安全态势能力，做好等级保护、风险评估、漏洞发现等基础性工作”。

我国在政策制定方面已经开始重视对漏洞的治理，漏洞治理成为国家网络安全保障的基础性环节。但政策实施需要底层设计的落地。我国亟需从管理、技术和法律层面综合提高应对网络攻击的防御能力，最大限度减少安全漏洞可能产生的危害，同时引导安全漏洞的合法挖掘、报告、披露和利用，为发展国家安全反制能力打下基础，从整体上提升国家的网络安全保障能力。本文仅从安全漏洞挖掘这一环节，探寻与此相关的风险控制、人才培养、政策导向、安全保障等问题。

① 作者：黄道丽。发表于《互联网安全的 40 个智慧洞见（2016）》，人民邮电出版社，2017 年 1 月出版。

一、安全事件回顾

目前“白帽子”的定义鲜少出现在各国的法律和标准中，一则因为“白帽子”是最近十几年盛行起来的，二则因为“白帽子”还属于尚未拥有法律地位的民间技术团体。实践中普遍将“白帽子”与“灰帽子”“黑帽子”联系在一起，认为“白帽子”是黑客的一种，俗称正面黑客或红客，与之相近的概念为“道德黑客”。从现有的定义来看，业界称谓的“白帽子”是漏洞发现者的一种，他们拥有特殊的技能，被认为道德黑客或网络安全专家。“白帽子”可能采用与黑客相同的工具和技术，但是以评估目标系统的安全性为驱动，经过挖掘、报告漏洞促使企业及时补救，提高网络的安全性。

2016 年伊始，“世纪佳缘漏洞测试事件”引起了“第三方平台责任”和“白帽子”行为立法规范的热烈讨论，“个人和机构随意发布系统漏洞等网络安全信息”等多个事件并发，引发一系列法律争议，包括以下问题：

1、安全漏洞的属性如何认定；

2、众测平台和“白帽子”的法律地位如何认定；

3、众测平台、企业、“白帽子”之间的商业运作模式如何有效规范；

4、安全防护和违法犯罪之间的界限如何掌控；

5、“白帽子”的漏洞挖掘行为如何规范；

6、众测平台如何建立保密制度并确保适合的透明度；

7、漏洞奖励计划的监管制度如何完善。

二、我国安全漏洞挖掘的法律遵从框架及风险分析

（一）法律遵从框架

目前为止，我国有关“白帽子”漏洞挖掘的法律遵从条款，零散的体现在《保守国家秘密法》《治安管理处罚法》《刑法》《国家安全法》《网络安全法（草案二次审议稿）》等法律中，尚未形成系统的法律体系。

总体上看，我国法律目前缺少对安全漏洞的挖掘、报告、披露、交易和利用等方面的直接规定，主要从行为和后果出发，规定了惩戒性条款，没有明确规定安全漏洞、“白帽子”的定义，亦缺少漏洞挖掘行为的正面规范指引。相关的零散规定侧重于对非授权访问行为的刑事打击和治安处罚，如《刑法》第二百八十五条、第二百八十六条规定的“非法侵入计算机信息系统罪；非法获取计算机信息系统数据、非法控制计算机信息系统罪；破坏计算机信息系统罪”。如行为人利用系统安全漏洞实施了相关行为，则可能触犯这两条。《最高人民法院、最高人民检察院关于办理危害计算机信息系统安全刑事案件应用法律若干问题的解释》，进一步明确了以上罪名中“情节严重”“后果严重”“情节特别严重”的判定依据。对于尚未触犯《刑法》第二百八十五条、第二百八十六条的违法行为，《治安管理处罚法》第二十九条规定了拘留的治安处罚。

从《刑法》《治安管理处罚法》等法律条款剖析，“白帽子”的漏洞挖掘行为很容易碰触法律边界，对企业发展和安全防护产生负面效应。

此外，作为我国网络安全保障基本法的《网络安全法（草案二次审议稿）》新增第二十五条和第六十条，第二十五条规定“开展网络安全认证、检测、风险评估等活动，向社会发布系统漏洞、计算机病毒、网络攻击、网络侵入等网络安全信息，应当遵守国家有关规定。”第六十条规定了违反第二十五条的惩罚责任。新增条款是我国目前在网络安全漏洞法律规制乏力态势下的一个新亮点，进一步为安全漏洞法律规制提供了法律支撑，但目前尚需进一步补充完善。

（二）法律风险分析

我国“白帽子”安全漏洞挖掘的法律风险可分为法律遵从风险和实践中的内外部风险两个层面，其中法律遵从风险包括关键（信息）基础设施基本范围不明、安全漏洞的法律属性不清晰、白帽子和众测平台的法律地位不明；内部法律风险来源于白帽子自身的行为边界不明确和法律意识淡薄，而外部风险则由众测平台及企业的管理制度不完善所导致（见图 1）。

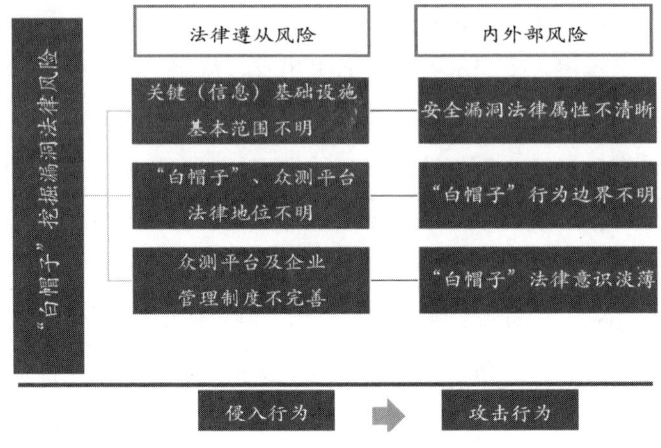

图 1　"白帽子"挖掘漏洞法律风险

三、域外安全漏洞挖掘的立法特点和趋势

域外安全漏洞挖掘的立法特点和趋势可概括为以下五点：

1. 关键信息基础设施漏洞挖掘的绝对禁止

关键信息基础设施如果被破坏或者摧毁，会对政府的有效运转或者公民的健康、安全、稳定造成严重影响，因此在制定立法时也尤其严格。各国对关键信息基础设施极为重视与维护，未经授权或批准，挖掘关键信息基础设施漏洞而不获取数据和进行攻击的行为直接构成犯罪。

2. 对漏洞挖掘的授权作扩大解释

利用漏洞进行攻击会对国家安全、企业利益和个人自由造成不可逆的影响。为了加强惩罚力度，美欧将非授权或未经授权访问计算机或计算机系统的行为归属于犯罪而不是违法，一般体现在刑法中。但考虑到漏洞挖掘目的和主体的复杂性，欧盟《网络犯罪公约解释》将授权作了广义理解，不仅包括传统法律中基于同意、自卫的情况，还将基于立法、行政命令、管理、司法、合约、合意等情形归属于授权。

3. 区分漏洞挖掘的主观意图

主观方面是犯罪构成不可或缺的要件，主观意图不同，会对定罪量刑产生不同结果。2015 年 11 月，美国颁布的《网络安全信息共享法案》中第一次界定了“恶意侦察”概念，并直接将恶意侦察与漏洞挖掘行为关联。根据法案，旨在识别信息系统安全漏洞的主动探测或被动监测方法，如果该方法与已知或可疑的网络安全威胁有关即为恶意侦察。监测是指获取，识别，扫描，占有信息系统存储、处理、传输的信息。据此，如果漏洞挖掘的目的不在于实施网络安全威胁，则不属于恶意侦察的范围。

4. 特殊目的下漏洞挖掘的豁免

以安全研究和国家利益为目的的漏洞挖掘已经获得美国和欧盟的立法认可。美国《1998 数字千年版权法》中就规定了安全测试的例外，包括安全漏洞信息的获取和利用仅以保障被测试计算机系统的所有人或运营人的安全为目的。欧盟 2013/40/EU 号指令提出，成员国应鼓励安全漏洞的报告，努力为合法的检测及安全漏洞报告提供条件和支持。2015 年美国版权局对 DMCA 的修订，直接加入了针对软件安全研究的免责说明。从时间轴考察美欧立法可知，特殊目的（目前主要指安全研究、学习、国家安全和利益等）之下的漏洞挖掘已经成为漏洞管制的特点和方向。

5. 开始注重对“白帽子”身份的认可和招募

国外已经开始注重对“白帽子”身份的认可和招募。美国 2015 年国会网络安全立法中明确要求对“白帽子”“道德黑客”的技术与操守问题进行专项立法研究。美国国防部“黑掉五角大楼”项目中不仅对“白帽子”给予现金奖励，更对其他方面进行认证。2016 年 7 月，美国公布了《联邦网络安全人才战略》，要求确定、招募、培养、留住并扩大“最优秀、最聪明以及最全能的网络安全人才”。

四、我国“白帽子”安全漏洞挖掘之法律建议

1. 对关键信息基础设施内涵和外延给予界定

对于“白帽子”，根据《刑法》第二百八五条之一的规定，绝对禁止挖掘关键信息基础设施的漏洞，即使单纯的侵入也不被允许。按照《网络安全法（草案二次审议稿）》的规定，国务院有关部门应尽快出台关键信息基础设施的保护范围，明确此项边界，给“白帽子”挖掘漏洞的行为以明确指引。

2. 对白帽子、众测平台和企业等的法律地位给予确定

从《网络安全法（草案二次审议稿）》的规定来看，可考虑将众测平台纳入“网络安全认证、检测、风险评估等活动”的网络安全服务机构范畴，并在未来的法律框架内为其设置和预留职责。如可以考虑，众测平台属于网络信息安全测试、评估行业的服务（电商）平台，“白帽子”属于网络安全服务行业不特定服务的独立提供者，企业属于接受安全服务，并适度减轻缺陷责任的受测对象。

3. 明确白帽子的权利和义务规范

可考虑建立“白帽子”官方加密保护的实名身份认证注册制度，准予注册后为其颁发唯一识别的代号，“白帽子”凭识别代号进行众测活动，对没有意愿注册的“白帽子”，不应强制其实名注册，但应限制其提供测试、评估服务的范围。此外，还可以通过行业规范、线上法律知识培训和线下研讨活动强化“白帽子”的道德感和职业操守，明确其行为的法律边界。

4. 明确众测平台的协调监督义务

确定众测平台合理的协调监督义务，一方面避免其以网络中立为由主张免责，另一方面又要避免因“白帽子”普遍挖掘可能导致超出平台承受能力的责任。如可以明确众测平台基于身份核验的资质审查义务，以避免“白帽子”损害企业利益；明确众测平台基于合理审慎义务，以避免企业损害“白帽子”的合法权益。

五、小结

"白帽子"是网络安全领域不可或缺的补充力量，该类技术行为有利于网络运行安全，应受到互联网安全行业的肯定和鼓励。一方面，法律应该真正将"白帽子"和众测平台通过适当的衡量标准纳入安全产业当中，确实给予他们合法地位。帽子的颜色并非由"白帽子"自定义，而是部分取决于企业对"白帽子"和漏洞挖掘行为的态度，及众测平台的法律定位和安全保障力度。另一方面，"白帽子"漏洞挖掘行为应遵从现行法律框架。在法律规定不完善的情况下，立法可进一步明确"白帽子"漏洞挖掘行为的活动范围及超出该范围构成犯罪的法律要件。

本文相信，在《刑法》的禁止性规定与《网络安全法（草案二次审议稿）》规范性规定的双重约束与指引下，"疏导"与"阻断"所体现的政策和立法思路能够最终实现"白帽子"、众测平台和企业的"原力"平衡；安全社区能够持续保持开放、活跃与正面的局面，网络安全行业更能成为《国家信息化发展战略纲要》所要求的具备核心技术的信息产业。

2.《网络安全法》背景下的“白帽子”漏洞挖掘法律规制①

一、问题的提出

全球范围内因漏洞引发的网络安全事件成为“常态”，给网络空间安全带来了不可逆的危害。与此同时，漏洞具有的可交易“资源性”，独立于所依附的硬件、软件或固件的特性，使得包括政府、网络安全服务机构、网络产品服务厂商乃至黑市等不同主体都有获取漏洞的需求。各国政府间围绕漏洞囤积的博弈升级，导致风险聚集并已爆发了相关威胁或事件的真实案例。无论是出于惩治恶意网络攻击的目的，还是将漏洞作为储备资源待后续利用，国际层面都开始将安全漏洞纳入网络武器范畴，各国也都加强了对安全漏洞的重视，对漏洞的挖掘、披露、利用等环节加以规范。

安全漏洞治理是对漏洞挖掘、报告、披露、交易和利用等全生命周期进行治理的过程。漏洞风险来源于漏洞生命周期早期的挖掘、披露等环节的“失控”。不同主体对漏洞“资源性”的认识和需求存在差异，放大了失控状态。在获取挖掘的漏洞信息后，如何在披露中体现对网络安全、信息保障、情报执法、国防和关键基础设施保护等不同利益的关切，需要政策或立法构造安全漏洞信息披露、共享、利用等的职责和程序。2017 年 11 月 15 日美国发布了《美国政府

① 作者：黄道丽，梁思雨。发表于《中国网络空间安全发展报告（2018）》，社会科学文献出版社，2018 年 11 月出版。

漏洞衡平政策和程序》(Vulnerabilities Equities Policy and Process for the United States Government)。该文件详细说明了联邦政府将如何确定政府是否应向私营公司披露其产品或服务中存在的网络安全漏洞，或避免披露漏洞以便用于业务或情报收集目的的程序。此外，2018 年 1 月 9 日美国众议院通过《网络漏洞披露报告法案》(Cyber Vulnerability Disclosure Reporting Act)，要求在该法案生效之日起 240 天内，国土安全部部长应向众议院国土安全委员会和参议院国土安全和政府事务委员会提交一份报告，内容包括为协调网络漏洞披露而制定的政策和程序。

在我国，漏洞治理成为国家网络安全保障的基础性环节。2016 年某“白帽子”披露 S 网站漏洞引发刑事立案，W 网向未经授权擅自公开披露漏洞细节的某“白帽子”发布公开声明等事件进一步凸显了安全漏洞法律规范的必要性。我国现有立法中已经开始重视漏洞治理，基本形成了《刑法》的禁止性规定与《网络安全法》(第二十二条、二十六条和五十一条)规范性规定的双重约束框架，《保守国家秘密法》《治安管理处罚法》《关键信息基础设施安全保护条例(征求意见稿)》中的零散条款均涉及漏洞相关行为规范，但尚未形成独立系统的法律体系，仍缺少对安全漏洞的挖掘、报告、披露、交易和利用等方面的直接规定，没有明确规定安全漏洞、“白帽子”等的定义，漏洞挖掘或披露行为的正面规范指引尚需要《网络安全法》下位配套制度或标准体系的补充。

安全漏洞挖掘在漏洞生命周期中具有基础地位，在安全漏洞生成之后，安全漏洞挖掘便成为关键节点，对漏洞的交易、利用、修复、攻击行为等都在发现的基础上展开。本文认为，在《网络安全法》规范性规定尚未配套和完善的情况下，现有漏洞挖掘“无差别”的法律适用抑制了网络安全研究和服务机构发展，“白帽子”身份认定、行为边界划定、第三方漏洞管理等方面存在的缺失或不足对该领域的发展造成不必要的阻碍。

二、“白帽子”漏洞挖掘的相关实践：经验与不足

（一）企业金钱奖励计划

1995 年 10 月，网景公司对发现并报告网景浏览器 2.0 测试版漏洞的行为给予现金奖励，开启了企业级漏洞悬赏计划的先河。然而，这一想法在随后的几年里并没有获得软件供应商的普遍采纳。直至 2004 年之后，由供应商首倡的 bug 赏金计划才开始日渐普遍。2004 年 Mozilla 基金会对火狐浏览器中关键漏洞的报告者进行了现金奖励。目前 Mozilla bug 赏金计划依然活跃，并已覆盖其旗下大部分产品。IDefense 首倡应给予报告软件漏洞的发现者金钱奖励，2005 年 TippingPoint 引入“零日计划”，是与 IDefense 的倡议计划相对应的竞争性计划。“零日计划”的主要目标包括以下内容：（1）利用他人的方法、专业知识以及时间拓展 TippingPoint 的安全研究组织（通过 DV 实验室的研究团队）；（2）以经济回报鼓励发现者将零日漏洞以负责任的方式报告给受影响的供应商；（3）在供应商开发补丁的空档，利用 TippingPoint 入侵防御系统保护用户。

近几年，国外大型跨国企业谷歌、Facebook、微软等软件厂商也推出了漏洞奖励计划，奖金根据漏洞严重程度和补丁复杂程度来作出判断。通过在 Black Hat、DEFCON、SyScan 等安全峰会上举办安全攻防竞赛，国际软件厂商现场收购漏洞，并给予高额奖金。2013 年谷歌扩大漏洞奖励计划范围，从原本的 Google Web 应用和 Google Chrome 延伸到了开源自由软件。新加入的开源项目包括 OpenSSH、BIND、ISC DHCP、libjpeg、libjpeg-turbo、libpng、giflib、OpenSSL、zlib 和 Linux kernel 等。安全厂商方面，如漏洞发现与分析实验室（Vulnerability Discovery and Analysis Labs，简称 VDA）也向软件厂商通报他们软件中的漏洞。2017 年 2 月，Hansa 借鉴了许多公司的普遍做法，发布了漏洞赏金计划，奖励金额最高可达 10 比特币，约合 1 万美元。作为安全漏洞市场细化分工和精确交易的典范，Vupen Security 更是定位于与北约、澳新美、东盟成员国或合作伙伴的执法机构、政府以及国防部门合作，成为漏洞市场低调而活跃的重要主体。

事实证明，引入漏洞赏金计划、漏洞购买计划（VPPs）以及漏洞奖励计划等，吸引更多“白帽子”加入安全防护研究，已成为网络安全领域的行业惯例，也是业内普遍认为的漏洞研究最佳实践。赏金计划能够为发现者和供应商之间桥梁。通过这些计划，漏洞挖掘对各方都变成一个更具有结构性和奖励性的过程，更有助于建立有效合作。

（二）政府激励计划和做法

2016 年，美国国防部宣布了一项代号“黑掉五角大楼（Hack the Pentagon）”的计划，向通过资质审查的黑客开放，用攻击来测试美国国防部某些公开网站的安全性，据称这是美国政府有史以来第一次公布实行“网络安全漏洞悬赏计划”，并将其视为旨在搜寻国防部网络、网站及应用系统安全漏洞等一系列计划的首个试点项目。2018 年 3 月，美国空军的漏洞赏金计划“黑掉空军 2.0（Hack the Air Force 2.0）”成功地确认了美国空军网络系统中的 106 个有效安全漏洞。这次活动邀请的参与者来自包括英国、加拿大、美国、荷兰、瑞典、拉脱维亚和比利时在内的 26 个国家 。

2018 年，新加坡国防部发布漏洞悬赏计划（Bug Bounty Programme），旨在雇用“白帽子”挖掘国防部八个连接互联网的重要系统内存在的潜在安全漏洞。据统计，共有 264 名“白帽子”参与这项计划，共抓到 35 个漏洞 。

在政策立法层面，欧盟和美国都对“白帽子”的漏洞挖掘行为呈现出肯定的态度。欧盟 2013 年通过《欧盟议会和理事会第 40 号指令》，认为“白帽子”的行为有助于有效应对网络攻击并提高信息系统安全。该指令强调：“识别和报告与网络攻击和信息系统的脆弱性相关的威胁和风险可以有效地预防和应对网络攻击，提高信息系统的安全性。提供报告的安全漏洞的激励机制，可以增强这个效果。成员国应努力为依法检测、报告安全漏洞提供可能性。”美国《2015 年网络安全法案》中提出网络安全人才评测计划，探寻和给出了其对于“白帽子”这一特殊网络技术人才受到法律的保护和规制的一般思路。2015 年 10 月至 2016 年 3 月，美国政府共招聘 3000 名新网络安全和 IT 专业人士，联邦机构同时致力于到 2017 年 1 月另聘 3500 个关键网络安全和 IT 职位。

（三）安全众测平台

安全众测平台已经成为企业和“白帽子”的纽带，在维护网络安全空间持续运行方面发挥着重要的协调作用。以知名众测平台美国 HackerOne 的运营为例，HackerOne 是一个总部位于旧金山，在伦敦和荷兰设有办事处的漏洞众测公司。Yahoo、Twitter、Adobe、Uber、Facebook 等多家世界知名技术公司都使用 HackerOne 平台。目前，该平台已经帮助客户解决超过 57000 个漏洞，获得 2300 万美元的漏洞奖励。

在该平台的运营模式下，“白帽子”需进行注册，提供姓名、用户名和有效的邮箱地址，可以匿名，但若想获得奖励，则必须提供身份证明。为保障漏洞信息的安全性，HackerOne 贯彻漏洞保密原则和较为细致的漏洞披露程序。为有效管理“白帽子”行为，HackerOne 提供了行为准则以及违反后相对应的处理措施。

现阶段，国内外“白帽子”群体日益庞大，对于维护网络安全的价值也更加凸显。根据我国国家互联网应急中心发布的《2016 年中国互联网网络安全报告》显示，2016 年，CNVD 接收白帽子、国内漏洞报告平台、安全厂商等报送的相关漏洞 1926 个，占全年收录总数的 17.8%。与此同时，众测平台的管理也愈加规范，使得注册的“白帽子”可以在立法规定和行为守则的指引下逐步规范漏洞挖掘行为。

（四）“白帽子”面临的现实困境

首先，各方主体的法律地位尚未明确。“白帽子”可能采用与黑客相同的工具和技术，但他们的目标一般为评估系统的安全性，并报告挖掘到的漏洞和补救措施，符合特殊情况下的漏洞挖掘。“白帽子”作为外部网络安全专家 / 技术人员，其漏洞的挖掘频率和时间先后（先于攻击）直接决定企业系统的安全性。在我国现有法律中，缺乏“白帽子”的身份认可，也并未对概括授权（存在于注册企业、众测平台和注册“白帽子”之间，即合意、合约等基础之上）的边界及构成要件做出详细指引，导致“白帽子”在漏洞挖掘过程中，容易由于主观误判或工具使用而过量触及企业数据，构成违法或犯罪。法律身份和地位的拥有是“白帽子”漏洞挖掘和众测平台进行规范管理的基本依据，缺失会使“白帽子”处于尴尬的两难境地，这对人才的培养、招募和众测平台发挥协调作用不利。如此法律风险的存在，加上企业和“白帽子”纠纷事件的发生，会弱化“白帽子”和众测平台的积极效应。

美国立法中虽然没有明确“白帽子”和众测平台的法律地位，但在2016年的五角大楼测试安全漏洞项目上，国防部承诺给予“白帽子”金钱奖励和其他认证。因此，在特殊情况下，为了给“白帽子”创造可信的漏洞挖掘环境，政府部门会背书“白帽子”。此外，美国的众测平台机制相较而言管理较为优化和规范，而我国众测平台尚不规范，管理也较为疏忽，发生企业和“白帽子”的法律纠纷事件与众测平台的管理机制紧密相关。

其次，兼顾各方权利义务的保密协议相对缺失。在众测平台模式下，“白帽子”与平台签订的保密协议和访问控制策略中，更多要求“白帽子”对挖掘的漏洞，乃至测试企业的信息予以保密。例如HackerOne实行漏洞库访问控制权限，平台雇员无权查看任何厂商漏洞信息，平台也决不与其他第三方分享客户的漏洞数据。在漏洞未解决之前，所有提交的漏洞信息除企业和漏洞提交者之外都不可见。国内某些平台也承诺将与漏洞提交者共同执行严格的漏洞发布协议，所有安全信息在按照流程处理完成之前绝不会对外公开。然而，这是针对漏洞信息而不是“白帽子”身份的保密原则。从“白帽子”的角度考虑，现有保密义务规定中对其身份的保密尚有待加强。因为在“白帽子”和众测平台发展的早期，对漏洞的挖掘和提交多基于匿名，尽管没有奖金激励措施，但对等而言其身份得到保护。在普遍采用奖励模式的情况下，如果意图获取奖金，从权利义务对等的角度，就可能需要承受相应的风险，包括企业、平台不支付奖金的协议风险，特别是还包含违反强制性法律规定的刑事风险。

“白帽子”由于并非众测平台的雇员（如上述HackerOne雇员），他们与众测平台之间主要是基于协议而非身份依赖的劳动/雇佣关系，因此一旦发生法律风险，众测平台往往可以超脱于安全事件之外，《刑法》上所称的单位犯罪无法适用，从而最终由“白帽子”本人承担法律后果。因此需规范能够兼顾各方权利义务的保密协议。

再次，测试（交易）各方对称信息的相对不足。首先是“白帽子”和众测平台对企业身份和信息的核验。由于《刑法》第二百八十五条规定的存在，尽管我国关键信息基础设施具体范围因《关键信息基础设施保护条例》尚未正式颁布而不明确，但各方对“国家事务、国防建设、尖端科学技术领域”等敏感领域基本上具有准确的判断。在基于保密协议的前提下，如果可能涉及敏感领域，众测平台应向企业求证其是否属于敏感领域，并向“白帽子”适当披露，三方履行更为严格的保密义务和身份核验，避免“白帽子”直接测试信息系统，从而触犯敏感底线。

就对“白帽子”的身份核验而言，国内现有众测平台如采用“白帽子”自行测试再提交平台的模式，实际上忽略了身份核验的环节，无法建立测试（交易）各方的对称信息，容易引发争议。众测平台由于商业模式运营的特点，无法对“白帽子”的身份进行详尽的背景调查和保持持续有效的核验，因此在“白帽子”注册时的一次性实名认证尤为必要。同时应考虑增加众测平台对“白帽子”身份的随访更新和“道德”计点评分机制，例如众测平台在不定期的随机身份验证中发现“白帽子”的身份发生变化但未向众测平台同步的，则对其点分作相应扣减。在低于某一阈值或触发特定紧急情形的，众测平台应发出预警并适当披露。但由于“白帽子”兼具多重身份，和众测平台没有强制约束力，身份核验的有效性并不能得到完全保证。因此在身份核验之外，更应考虑到部署检测服务的核验与可控。

进一步而言，在众测平台向企业提供具体特定的某项针对性测试服务时，应在服务水平协议中列出测试参与人员的相关信息，并在众测平台发现身份核验违规，或企业提出异议时予以更换。

三、“白帽子”挖掘漏洞法律规则的设计

（一）立法原则

本文认为，“白帽子”挖掘漏洞法律规则的设计和实施至少应该符合以下原

则和精神：

第一，应符合协同发展的产业生态需要和构建网络空间命运共同体的精神。网络安全行业处于贯穿信息技术产业，乃至渗透于国民经济所有部门的基础性、保障性地位，网络安全技术同时具有提升效率和兼顾安全的双重特性，不仅不会因顾及安全而限制其发展、创新，反而会鉴于网络安全是网络与信息化的核心技术，而支持、推动其发展。通过识别和定位漏洞挖掘的关键因素——众测平台，围绕其权利义务精确设计政策与立法，可以有效构建协同业态，帮助实现网络空间命运共同体。

第二，应支持中小微企业创新，培育壮大行业领军、龙头企业的产业升级，实现特定行业优先突破和带动，即“牛鼻子”效应，推动社会整体实现向信息化的跃迁。我国网络安全行业发展的现状，具有优先突破和领先的硬件和人才条件，急需立法政策的配套和规范化。

其中，关键信息基础设施运行过程中的漏洞将对国家安全和经济安全带来多种威胁，关键信息基础设施的漏洞管理事关网络发展、公共安全和社会稳定。我国应该尽快明确关键信息基础设施的概念。对于“白帽子”而言，根据《刑法》第二百八十五条之一的规定，绝对禁止挖掘关键信息基础设施的漏洞，即使单纯的侵入也不被允许。按照《网络安全法》的规定，国务院有关部门应尽快出台《关键信息基础设施安全保护条例》，明确此项法律边界，给“白帽子”挖掘漏洞的行为以限制和指引。

第三，应体现人才资源是第一资源的精神。网络空间的竞争，归根结底是人才竞争。人才竞争是最终竞争的战略意图，需积极丰富和储备兼具道德操守和专业技能的专业人才。

（二）具体的制度完善建议

1. 相关主体概念和法律地位确定

（1）众测平台属于网络安全测试、评估行业的服务平台

众测平台理论上可以分为两类，一类是众测平台本身提供测试、评估服务，此时平台的性质类似于 B2B；另一类是现有大多数众测平台采取的模式，即多

由网络安全从业人员设立，且事实上运营核心团队成员往往前身也是“白帽子”，但整体上众测平台的测试、评估活动并非由众测平台的人员（员工、雇员——具有劳动关系）来完成，除了对“白帽子”提交的漏洞进行“审查”（是形式审查还是实质审查有待进一步讨论）外，众测平台主要承担作为平台最基本属性的促成交易工作，及附随义务，即 C2B。其中最为重要的附随义务，应体现该细分行业特点——安全——对“白帽子”和企业的安全保障义务。

在具体设置安全保障义务时，如果为 B2B 模式，则众测平台应作为安全保障义务的第一责任人，这一定位符合“谁服务谁负责”的归责原则；如果为 C2B 模式，对其责任应有一定的限制，并应规定相应的免责情形。在要求众测平台承担安全保障义务的同时，也不能豁免或者替代“白帽子”的责任。

另外，在 C2B 的漏洞挖掘模式下，众测平台实际上扮演了网络运营者的角色。从《网络安全法》的规定来看，可考虑将其纳入“网络安全认证、检测、风险评估等活动”的网络安全服务机构范畴，并在未来的法律框架内为其设置和预留职责。

换言之，帽子的颜色并非由“白帽子”自定义，而是部分取决于众测平台的法律定位和安全保障力度。

（2）“白帽子”属于网络安全服务行业不特定服务的独立提供者

“白帽子”与众测平台之间仅通过注册和协议的方式建立和维系着松散的合作关系。这种服务的随意性一方面正体现了网络信息安全行业的特点——信息的不对称，和基于信息不对称的漏洞挖掘有效性——体现其站在企业和众测平台之外的独特视角；另一方面，不具强制力的约束使得“白帽子”进行测试的时间、地点、方式和处置都具有了不确定性，并因此为平台和自身引入法律风险。

综合上述，本文认为应对《网络安全法》第十七条和第三十九条作出切实回应，真正构建能够统合“白帽子”、众测平台等在内的网络安全服务机构和市场化竞争，摒弃僵硬、垄断的行政资质许可体制，将事先的准入审核调整为覆盖网络安全服务全程的动态监管。尽管全态监管对监管机构提出了更高能力要求，但监管机构的能力必须与监管对象的行为能力相匹配。

（3）企业属于接受安全服务，并适度减轻缺陷责任的受测对象

由于安全漏洞的技术和法律属性，传统意义上单一漏洞对应单一客户（群体）的缺陷监管体系将产生短暂或局部失灵。由于产品和服务具有面向不特定多数用户的典型特征，如果还是按照传统理论，要求企业自身检测、发现、披露和修复漏洞，无形中放大了企业视角的（对产品和服务的用户）安全保障责任。在网络空间的提法和实践不断深入和渗透的当下，如果仅由企业（或者扩大到网络经营者）自行承担，实践证明已经不完全可行，同时也不符合服务外包和行业分化——创新驱动的发展潮流。

因此，（预先）将企业的安全保障责任适当分配至众测平台，有利于安全行业分工的精细化和专业化。同时由于企业的责任已经适当减轻——转移至众测平台，理所当然地对“白帽子”和众测平台的漏洞挖掘予以合理容忍——义务转移的对等权利让渡——其前提是各方均遵守和签署道德底线和协议规则。同时应当指出，众测平台对企业安全保障责任的分担并非对其漏洞缺陷导致的损失、赔偿等法律后果的承担，而是通过事前介入，降低和规避企业的整体性风险。另外，企业责任的转移，并不包括减轻或降低企业在漏洞验证存在时的修复义务，相反，应在立法中强调企业的漏洞修复义务，以避免出现企业以“白帽子”和众测平台没有挖掘和提供修复（建议）为由，主张自身免责的极端情况，尽管这种情况目前尚未出现。

2.“白帽子”的权利和义务规范

以众测平台注册制为前提的“白帽子”行为规范，应当考虑以下方面：

（1）以“白帽子”注册为一般、匿名为例外的备案制度是行为规范的基本前提

为了有效引导“白帽子”在合法范围内进行漏洞挖掘活动，应考虑建立“白帽子”官方加密保护的实名身份认证注册制度，准予注册后为其颁发唯一识别的代号，“白帽子”凭识别代号进行众测活动。对没有意愿注册的“白帽子”，不应强制其实名注册，但应限制其提供测试、评估服务的范围。对关乎国计民生、公共利益的（如关键信息基础设施）系统及领域的，需要“白帽子”进行安全漏洞挖掘时，应限定为注册“白帽子”，并对其身份进行严格的安全背景调

查，细化保密协议。

通过注册为主的备案，实际上赋予了“白帽子”特定身份，在此基础上讨论权利和义务规范就变得理所当然。

（2）以众测平台的运营模式为基础，规范“白帽子”行为

再以前述的美国 HackerOne 众测平台建立的漏洞众测平台为例，“白帽子”通过注册，加入项目，从而发现和提交漏洞；由众测企业向黑客支付发现漏洞的奖励，HackerOne 则从企业奖励中抽取 20% 的费用。在此过程中，HackerOne 只提供漏洞报告、处理、咨询平台，在无授权情况下无法访问查看众测企业漏洞信息，提交漏洞内容只有在完全解决之后才会公开。平台采用加密方式进行信息交互传输，最大程度保护“白帽子”信息，所有和 HackerOne 服务器平台交流的信息都是加密的；安全团队可以使用 HackerOne 的 IP 白名单策略进行权限访问控制。

此外，众测平台应为“白帽子”设立合理的行为准则，明确“白帽子”注册成功并不意味着当然获取漏洞挖掘权限，漏洞挖掘行为应基于众测平台与信息系统运营者之间具体的委托或授权，严禁在没有权限或超越权限的情况下对目标信息系统进行漏洞挖掘。另外，建立信用评级制度，对“白帽子”日常漏洞挖掘行为形成常态化约束，并建立相应的惩罚和应对措施。

（3）通过行业规范约束“白帽子”，明确行为边界

众测平台运营到目前的经验和教训都值得总结，应考虑将一些反复验证有效的建议、禁止行为以平台规则、行业规范的形式固定和推广。典型的内容可以包括以下情形：①禁止“白帽子”进行未经企业授权的安全漏洞挖掘和验证行为，未经明确授权的即为禁止——善意的挖掘也不当然免责；②禁止在众测平台规则之外挖掘、验证安全漏洞，如众测平台与企业之间并未签署任何有效的委托或行纪合同；③禁止执行安全性极不稳定的安全漏洞验证，如对生产数据的获取和验证；④禁止使用未经众测平台检测或验证的漏洞挖掘工具；⑤禁止未经众测平台同意，并企业明确确认或否认的安全漏洞披露；⑥禁止发布未经众测平台验证的漏洞修复工具 / 补丁；⑦禁止在现有法律和保密协议规定范围之内实施漏洞测试、评估等。

(4)“白帽子”定期法律知识培训

“白帽子”和众测平台对法律知识的认知需要深化和扩展，特别是对国家网络信息安全领域而言，法律法规不断更迭。作为网络空间基本法的《网络安全法》已经正式颁布施行，与之衔接的《国家安全法》《保守国家秘密法》《反恐怖主义法》及相关实施办法渐成体系。而对法律行为定性的量化指标，更是分散在大量的司法解释、法规规定之中，“白帽子”可能无暇顾及；另外，法律语言与计算机语言之间存在的天然屏障，也限制了“白帽子”的理解和运用。所以众测平台应普遍建立和聘请专业的法律人才对“白帽子”定期开展线上法律知识培训和线下研讨活动，从而更好地开展安全漏洞挖掘活动，维护网络空间各方主体的安全利益。这一作法也符合各类型、各层次人才通力合作，形成网络安全命运共同体的发展初衷与美好愿景。

3. 众测平台的协调监督义务

众测平台需推动建立互信、透明和开放的业态，以体现作为网络安全服务机构，以及进一步作为特殊一类网络运营者的主体的存在价值和意义。确定众测平台的合理义务，应一方面避免其以网络中立为由主张免责，另一方面又要避免因“白帽子”普遍挖掘可能导致超出平台承受能力的责任。具体而言，众测平台基于安全保障义务下的协调监督体现为以下几个方面：

(1)基于身份核验的资质审查义务，以避免“白帽子”损害企业利益

对于“白帽子”，众测平台主要承担的是资质审核和避免“白帽子”利用平台注册和认证身份侵害企业权益的义务：①众测平台应核验“白帽子”身份、资历等基本信息，并考虑增加对特定企业和信息的动态更新；②在知道（法律上还包括应当知道）“白帽子”利用众测平台侵害企业合法权益时，必须采取合理措施，否则就应承担安全保障责任。如果平台履行了身份核验的资质审核义务之后，发生损害企业利益的行为，则企业难以向平台主张责任。相反，若不符合前述条件，则平台可能承担法律责任。

目前立法、执法和司法实践的主要问题在于明确何为身份核验、资质审查，以及如何认定平台是否符合相关要求。即使参照《侵权责任法》和《网络安全法》的相关条款，都尚没有形成统一的规定和理解，这就容易产生各方争议，特别

是针对“白帽子”的执法扩大化风险。

（2）基于合理审慎义务，以避免企业损害“白帽子”的合法权益

对于企业，众测平台的主要义务在于通过保密协议、服务水平协议等合同设计，以及可控并适度透明的流程设计，合理审慎地对“白帽子”提交的漏洞进行规范处置，避免企业利用平台侵害“白帽子”合法权益。①在注册制为前提的众测平台模式下，识别和获取“白帽子”信息更为容易。尽管信息采取加密或其他技术措施，但企业基于协议要求提供“白帽子”信息的要求并非不合理，这有别于匿名漏洞挖掘和提交模式。②在向企业提交漏洞信息过程中，应有效分解企业诉求，疏导分歧。因为尽管“白帽子”与众测平台之间是松散的协议合作关系，但企业才是众测平台的交易对方。众测平台具有分解和主导的技术能力，而并非在发生争议时立即进入司法程序激化矛盾。③如前所述，在交易模式的具体设计中，应将合理、审慎原则贯穿于注册到争议解决全程，特别是在法律规定和理解存有争议时，适当扩大禁止性的挖掘行为，不应以商业利益为唯一驱动，故意或过失引导“白帽子”的不当挖掘，即使部分是因为“白帽子”的技术偏向性导致的法律响应迟延。在这种情况下，应当认为众测平台并没有尽到合理审慎义务，需承担连带赔偿责任。

4. 漏洞挖掘的豁免条件

对漏洞挖掘的豁免与否，可以从以下两方面考虑：

（1）区分受测对象的豁免与否

对于关键信息基础设施等重要领域的受测对象，由于《刑法》第二百八十五条的规定，不存在漏洞挖掘的豁免，即无论基于何种目的、无论是否获取数据，只要未经明确授权实施了漏洞挖掘行为，除非法律明确规定的免责情形，应承担相应的法律后果。对于其他领域的受测对象是否豁免，应同时符合如下文所述的若干条件。

（2）区分挖掘类型的豁免与否

从行业创新发展与规范的角度，本文认为立法设置上应考虑适当放开企业漏洞披露的免责情形。针对企业对其产品、服务存有的未发生（严重）信息泄露等法律后果的特定漏洞，即使未予披露、修复，但可予以责任豁免。同时，

应对漏洞挖掘行为豁免。此种情况下，企业应符合的条件包括以下内容：①允许众测平台注册“白帽子”的特定挖掘——附带豁免；②应在发生任何法律后果之前修补漏洞，但此举同时具有降低企业修复漏洞成本、降低合规强化立法背景下的披露义务，及降低企业所担忧的用户恐慌流失等负面效应。此外，“白帽子”和众测平台应符合的条件包括以下内容：①众测平台履行了身份核验的资质审查义务；②“白帽子”未违反众测平台的禁止性规定，或虽有违反，但认定为属于概括授权的挖掘，即符合提交——修复（建议）的模式；③未造成企业数据、用户等损失或损害，或虽有损，但对其弥补具有成本效益性。

综上，完善后的法律框架将更注重国际现行发展趋势，对出于安全研究、国家安全等特殊目的的漏洞挖掘给予适当豁免，为“白帽子”的相关法律行为提供新的预期。

四、小结

本文尝试对白帽子基于众测平台的行为范式在《网络安全法》框架内进行构建，通过主体定位和行为规范，将白帽子及其基于的众测平台作为《网络安全法》规定的“网络安全服务机构”的重要组成部分之一。本文认为，这一目标的趋近和实现，不仅能够抑制“黑产”和“暗网”对白帽子漏洞挖掘的利益引诱和裹挟，更能够促进合法安全市场的创新与繁荣，最终实现以产业促安全、以安全护产业的网络安全命运共同体的建设。

3. 安全漏洞发现的合法性边界：授权模式下的行为要素框架①

当前全球安全漏洞数量快速增长，危险级别不断提升。利用安全漏洞绕过安全保护措施已经成为全球实施网络攻击、网络间谍或网络破坏活动的主流方法，发现安全漏洞成为各国网络安全保障领域重点关注的环节。除了企业对自身产品或服务安全漏洞的检测和修复，国内外众多主体基于不同的动机和利益驱动已开始了广泛的安全漏洞发现实践并引起了各方对其不利法律后果的关注和反思。例如，2016 年发生的安全研究人员克里斯・罗伯茨（Chris Roberts）因发现航空公司飞机安全系统漏洞被美国联邦调查局（FBI）调查、我国某“白帽子”因提交某公司网站漏洞被批捕和国内多个“众测平台”进入“升级”歇业状态等事件都显示出安全漏洞发现对法律规定和实践发展造成的冲击，引发立法层面和学术界对安全漏洞法律属性、众测平台商业模式规范性、“白帽子”行为边界跨越性等问题的争议。

目前学术界通常认为安全漏洞发现行为在法律后果上具有不确定性。其突出表现在于，发现漏洞的主体在决定发布时常面临法律风险，这些风险不仅涉及民事和刑事法律，还包括合同法、行政许可法、专利法以及其他相关立法。对于非恶意的漏洞挖掘和公布行为，如白帽黑客挖掘漏洞并告知厂商换取报酬或者通过乌云等网络安全漏洞发布平台予以公开的行为，我国现行法律法规尚无针对性的界定。《网络安全法》对行为人擅自发布系统漏洞等内容进行了规定，

① 作者：黄道丽。发表于《西安交通大学学报社会科学版》，2017 年第二期。

为安全漏洞发现规制提供了上位法支撑，但目前其实施所依据的“国家有关规定”亟需进一步规范和完善。

安全漏洞发现的合法性边界界定，需要在厘清基本概念基础上界定安全漏洞的法律属性，考察安全漏洞发现的行为模式及其实践，分析行为的法律风险，并围绕法律属性进行针对性设计，构建其行为要素框架。

一、安全漏洞的概念及其法律属性

美国法理学家埃德加·博登海默（Edgar Bodenheimer）曾说过，概念是解决法律问题必不可少的工具，没有限定严格的专门概念，我们便不能清楚和理性地思考法律问题。法学和法律实践中的诸多混乱是由于不正确地使用概念引起的。如果精确地解释和确定法律概念的意义，就能够精确地描述法律现象，正确地进行法律推理。在研究问题和解决对策之前，研究信息安全理解上的漏洞相关概念与成果，观测其向网络安全演进中的变化过程，具有重要意义。

（一）安全漏洞的相关概念

在传统信息安全术语和风险管理（控制）理论中，人们已经赋予了安全漏洞（Vulnerability）清晰明确的技术定义，在此基础上发展出了包括 NIST 800 指南系列、ISO/IEC 27000 标准系列等在内的若干具有可操作性的信息安全风险管理机制和措施，并被安全行业作为最佳实践。这些对漏洞的定义均基于安全性而非功能性，虽然描述各有侧重，但在对漏洞的缺陷本质和风险损害特性的认定上基本一致，都认可漏洞是硬件、软件、协议或使用策略上“非故意”产生的缺陷，具备能被利用而导致安全损害的特性。这些缺陷以不同形式存在于信息系统的各个层级和环节之中，一旦被主体恶意利用，就会对信息系统的安全造成损害，从而影响信息系统的正常运行。安全漏洞具备可利用性、难以避免性、普遍性和长存性等技术特征。为强调漏洞可能导致的安全风险，各界基本将漏洞和安全漏洞的概念混用，不加区分，漏洞称之为（内在的）脆弱性，与之相对的是外部安全威胁，两者结合共同构成信息安全风险。

实践中经常将漏洞与“后门”混淆，有必要区分清楚。“后门”也叫作陷阱门，是访问程序、在线服务的一种秘密方式。通过安装后门，攻击者可保持一条秘密的通道，不必每次都要登录到目标主机重新实施攻击才能完成。“后门”对系统安全的威胁是潜在的、不确定的。漏洞与“后门”有联系也有区别。安全漏洞是因技术局限引发的难以避免的事实，后门是行为人安装或留有的技术通道。两者的联系在于，其存在都可能引发未经授权访问、更改、删除、披露或使用的风险，后门有可能是利用漏洞安装的。其根本区别在于，漏洞是非故意行为，而后门是人为的故意行为，两者在结果产生的行为动机上有着本质的不同。我国 2007 年颁布的《信息安全等级保护管理办法》规定，第三级以上信息系统应当选择使用“产品研制、生产单位声明没有故意留有或者设置漏洞、后门、木马等程序和功能”的信息安全产品。这一规定将漏洞与后门都等同于故意行为，体现了法律层面对技术事实的认知需要逐步深入。

现有国内外立法尚未对安全漏洞有明确的法律界定，但 2015 年美国《网络安全信息共享法案》第一次从立法层面明确“网络安全目的”是保护信息系统或者系统中存储、处理或传输的信息免受安全漏洞的影响，从后果角度进行了关联。

本文认为，技术或管理术语中的漏洞概念，已经揭示了漏洞的某些本质特征。法律对安全漏洞的定义应当体现其能够有效区别于其他概念和状态的特殊性，单一规则无法实现漏洞范围的全覆盖，可以结合漏洞相关行为、后果及因果关系等要素进行定义。本文尝试为安全漏洞的法律概念下定义：（1）系统中存在的缺陷或弱点；（2）存在能够获取缺陷或弱点的潜在威胁（如黑客）；（3）利用缺陷或弱点可能导致信息网络安全危害 / 损害的法律结果。

一般来说，漏洞生命周期包括生成、发现、发布、流行、修复、衰败、消亡利用脚本 7 个阶段。挖掘属于发现阶段，技术上是指“对源代码、二进制代码、中间语言代码中的漏洞，特别是未知漏洞进行主动发现的过程”。从语境上分析，挖掘强调主动实施行为，其目的在于发现。发现更多强调的是结果，即找到或者没有找到。挖掘是发现的技术过程和方式之一。基于实践和技术中对“发现”“挖掘”（或称“发掘”）往往混用，因此本文这里不作明确区分。

（二）安全漏洞的法律属性

作为发现这一行为的直接作用对象，安全漏洞的法律属性决定了发现行为的法律后果，直接影响到以此为基础的相关法律关系解决。学术界对安全漏洞法律属性的界定尚未形成一致的观点。

1. 安全漏洞的“缺陷”属性

安全漏洞是信息技术的天然存在，在特定时间和技术条件下不能完全予以排除，因此缺陷是安全漏洞的技术本质属性。有学者基于市场法的产品缺陷理论，建议通过普通法侵权行为或颁布基于过失或产品责任观念的法律规范解决因漏洞缺陷造成的损害。如软件安全经济学者认为，软件缺陷属于市场失灵情形，建议通过产品风险规范模型和法律规制创设，以达到避免“柠檬市场”和最佳实践规范的立法目标。也有学者对市场失灵的观点持反对态度，认为这在很大程度上掩盖了软件技术的动态属性、底层设计或编程缺陷以及其他非市场失灵的外部性影响，市场失灵成为市场解决方案的万能药，但是掩盖了软件漏洞的必然性。国内有学者主张建立以产品责任制度为核心的软件漏洞风险分担机制，如果软件存在缺陷，即存在危及人身、他人财产安全的不合理的危险，并由此造成损失的，由软件公司对此承担责任。

本文认为，缺陷无疑是研究安全漏洞法律属性的最初起点，但由于网络空间的虚拟性、交互性、广域性、即时性等特征，传统单一漏洞所附属的产品具有了面向不特定多数用户的特征，这直接导致经典的产品质量缺陷监管体系在适用于安全漏洞时面临困境。具体表现如下：（1）产品和服务的复制成本降低、发布和取得渠道多样化、产品和服务普遍易得、产生漏洞（信息）的不对称性使得挖掘安全漏洞成为普遍可能。（2）以产品和服务提供者作为安全漏洞唯一或主要的挖掘、披露和修复主体，变得不再具有成本效益优势，甚至不堪重负。（3）产品和服务提供者以产品或服务的知识产权主张对漏洞的权利归属或以商业秘密为依据的限制披露，与安全漏洞在网络空间中不特定放大的损害 / 危害后果相悖，即产品和服务提供者一方面主张权利，另一方面不完全承担责任的矛盾无法得到理论和实务的支持。从实践来看，受限于自身拥有的技术和人力资源，产品和服务提供者适度放开挖掘和披露日益成为行业的最佳实践，如苹果、谷歌、惠普等公司均开始公开施行漏洞悬赏计划。（4）产品缺陷理论和制度设计的主要目的在于，产品存在缺陷导致损害时用户如何通过法律寻求救济，这属于私法的范畴。但《网络安全法》解决的是“潜在”或“批量”脆弱性的安全保障问题，更倾向于公法的性质。

正如西蒙•惠特克在《欧洲产品责任与智力产品》一书中所说，尚无一项规则可以适用于有缺陷的智力产品的观念所涵盖的内容。对于新的信息技术产品，应当根据其设计或制造的不同方式有所区别。本文认为，安全漏洞不同于一般的产品缺陷，现有的产品质量法无法涵盖其风险预判和后果救济。对基于安全漏洞缺陷特征利用而可能导致的攻击损害，用户根据产品销售或服务合同无法得到有效救济，产品和服务提供者，以及网络运营者等利益相关者只能采取检测、披露、告知、补丁发布等有限补救措施，利益相关者无法承担安全漏洞导致的所有风险。因此，“缺陷”虽是安全漏洞的技术本质，但无法适用产品缺陷的传统规制方式。

2. 安全漏洞的“资源”属性

本文认为，可以考虑漏洞挖掘行为的动机、目的，从资源的角度来探讨安全漏洞的法律属性问题。资源角度的思考也使得对漏洞的研究契合了问题导向的需求，即为何产生如此众多的挖掘行为以发现漏洞？

首先，安全漏洞具有相对独立于载体（具有知识产权的产品或服务）的特殊物的使用价值和交换价值。安全漏洞无论是作为硬件、软件或是协议、使用策略上产生的缺陷，其本身并不当然产生知识产权，只有对其修复或利用时才有可能形成新的智力成果，如补丁软件和入侵软件。在此意义上，安全漏洞发现行为成为形成新价值（包括无形价值）的基础活动。此外，安全漏洞本身也具有经济价值，如漏洞发现者通过与厂商的交易获取奖励或报酬，通过黑市交易实施入侵获取非法利益等。

其次，安全漏洞符合资源的以下特性：（1）稀缺性，安全漏洞具有特定时限挖掘数量有限性的特性。（2）价值性，安全漏洞能够通过货币化来衡量和交易，这一点在安全漏洞黑市交易的存在和繁荣中得到验证，其价值受到法律政策的影响。如政府部门作为漏洞采购方，将活跃安全漏洞挖掘，并推高安全漏洞市场价格；如果漏洞市场交易规范化，则会“挤压”漏洞黑市交易。（3）

系统性，安全漏洞存在并伴随技术和网络空间进化而长期存在。

再次，从实践考察，安全漏洞确已成为各国争先抢夺的战略资源和博弈资本，具体表现为以下四个方面：（1）各国均建立了大量的国家级漏洞平台，我国比较有代表性的有中国国家信息安全漏洞库（CNNVD）、国家信息安全漏洞共享平台（CNVD）、国家计算机网络入侵防范中心（NCNIPC）等，国际上有美国国家漏洞数据库（NVD）、美国计算机应急响应小组（US-CERT）、日本国家计算机应急响应协调中心（JPCERT/CC）、日本国家漏洞库（JVN）、韩国信息安全机构（KISA）等。（2）近年来，美国认识到“安全漏洞的存在和利用是实现密码恢复政策需要的重要手段，考虑到科技公司业界与政府政策层面的长期对抗，必须通过提升执法机构研究和破解能力等方式保持安全漏洞的挖掘和利用能力，以丰富协助执法和国家安全的实现机制”，开始从国家安全和协助执法角度衡量漏洞利用的战略意义。（3）美国五角大楼和欧盟两年一度的网络压力测试，均表明漏洞测试超越了单纯的企业对其软硬件安全性能的探索性工具价值，上升为国家之间网络主权和利益博弈的重要途径。（4）国际层面开始将安全漏洞纳入网络武器范畴。2013 年《瓦森纳协定》正式将入侵软件纳入网络战争工具清单，监管国家之间的漏洞信息互通和跨国厂商之间的漏洞协作，安全漏洞正式成为“数字武器”。

综上所述，安全漏洞是网络空间系统构建的必然结果，随着产品和服务的不断延伸，安全漏洞从早期需要修复的对象，逐渐演变为在网络空间中特定时限内稀缺，长期存在又可以预期被发现，可以依附于不同载体的有价值的特殊客体，呈现出非传统缺陷和资源的双重特性。

二、安全漏洞发现行为现存的法律风险

（一）安全漏洞发现行为的模式及其实践

安全漏洞发现是对潜在漏洞进行识别或挖掘的行为。发现在漏洞生命周期中具有基础地位，在安全漏洞生成之后，安全漏洞发现便成为关键节点，对漏

洞的交易、利用、修复、攻击等都在发现的基础上展开。安全漏洞处理流程开始于漏洞发现者，国家标准《信息安全技术　信息安全漏洞管理规范》（GB/T 30276-2013）将“漏洞发现者”定义为“发现信息系统中潜在漏洞的个人或组织”。任何使用信息系统及软件的个人或组织都可能成为漏洞的发现者。

从我国安全行业安全漏洞发现的实践来看，安全漏洞发现行为的模式直接对应于漏洞发现者基于不同动机实施的发现行为。发现主体、发现方式和发现后的后续处理行为等形成了不同的模式。

只要不存在完美的安全软件，漏洞信息的优化配置就仍是网络社会稳定性的重要要素。产品和服务提供者内部的研究工作人员专门负责检测其开发的产品中的安全漏洞，发现后会提供修复程序，通过自动更新或者发布公告的形式让用户安装最新版本，消除安全风险；用户在产品使用过程中也可能发现产品安全漏洞，并反馈给产品和服务提供者做处理。这是早期较为普遍至今仍在持续的两种安全漏洞发现模式。近年来，漏洞挖掘的主体和目的日益多样化。挖掘主体已经扩大到安全公司、政府、黑客、恐怖组织、“白帽子”等，目的包括安全研究、安全服务、售卖、攻击等，不同主体具有不同的目的。挖掘安全漏洞的行为也因主体与行为动机的不同而具有了不一样的性质与地位。黑客们关注和挖掘安全漏洞，是为了利用安全漏洞实施攻击；而维护网络安全的专家们关注和挖掘安全漏洞，是为了在黑客发现安全漏洞之前修复漏洞，使计算机软、硬件能够在安全的环境下使用，避免发生网络安全事件。在国内，从实践来看，挖掘安全漏洞并加以恶意公布和售卖，已经成为病毒“产业链”中重要的一环。

作为漏洞发现者的一种，“白帽子”最近十几年开始盛行，他们进入受保护的计算机系统和网络，测试和评估它们的安全。“白帽子”利用他们的技能来提高网络的安全性，在被恶意黑客（被称为黑帽黑客）检测和利用之前披露漏洞。“白帽子”一般在众测平台实施安全漏洞挖掘活动。国外学者将众测平台称为“漏洞经纪人”（Vulnerability brokers）或“漏洞共享圈”（Vulnerability sharing circles）。这些平台作为独立组织，主要由个人或私营实体创建，对提供新漏洞的报告者提供奖金，只有诚信的通过审核的人才能注册加入平台成为漏洞发现者。这里所说的漏洞发现者就是“白帽子”，而赏金则由注册企业承担。在国内，较为知名的众测平台有乌云网、补天漏洞响应平台、漏洞盒子等。众测平台以商业模式或者近似于公益模式运转，主要管理义务包括审核、保密和通知、发放赏金、发布漏洞等。审核是指审核注册的企业和“白帽子”的信誉、提交漏洞的等级和价值等；保密则是要遵守行业自律，保守漏洞的相关信息和“白帽子”的身份，通知厂商漏洞的存在；按照漏洞可能对企业造成的危害后果收取赏金并按一定规则发给“白帽子”；发布漏洞则是实施透明度要求的一项重要内容，按照漏洞的危害性、漏洞的性质等决定漏洞发布的顺序和信息量。此外，为了保持透明度，众测平台一般会定期公布发现的漏洞数量、响应的奖励额等事项。总体来说，国内众测平台属于民间自发组织，仅依靠平台自己制定的规范或者非强制性的行业自律规则来约束各方行为主体。近年来，借助众测平台和“白帽子”的力量及时修补漏洞或直接的漏洞奖励计划成为企业，尤其是大型跨国企业降低安全事件和持续运营的最佳实践。

政府作为漏洞发现者的动机在于管控网络空间战的战略资源和博弈资本，提升国家层面的威胁态势感知和执法保障能力。我国政策层面已经开始高度重视安全漏洞的发现工作，亟需底层设计的落实。从国外来看，美国政府公开方式采购漏洞和入侵软件成为执法常态，主张利用漏洞出现和修复间的时间差进行执法调查，并试图修改《通信协助执法法》确定漏洞监听的合法地位。此外，美国还在规范授权发现、解决法律问题的基础上，积极组织对政府部门信息系统安全漏洞的发现活动。2016 年 3 月 2 日，美国国防部就宣布有偿招募“白帽黑客”，测试性攻击五角大楼部分网站，以发现安全漏洞并提出补救措施，该项目称之为“黑掉五角大楼”。项目要求参与的白帽黑客必须是美国公民，在注册申请、接受背景审核并通过后才可以入侵指定系统，项目所涉网站不包含敏感信息或员工个人资料。美国国防部部长认为“漏洞众测减少了美国在漏洞挖掘上的开销，仅用很小的一部分成本，就增加了美国对网络空间威胁的防御能力，同时从根本上提升了国家安全。”

（二）安全漏洞发现行为的法律风险

从法律层面来看，我国目前缺少对安全漏洞发现的专门规定，相关规定分布在《计算机信息网络国际联网安全保护管理办法》《互联网电子邮件服务管理办法》《电子银行业务管理办法》《治安管理处罚法》《刑法》《网络安全法》等法律法规中。

《公安部关于执行 < 计算机信息网络国际联网安全保护管理办法 > 中有关问题的通知》中要求“互联单位、接入单位及使用计算机信息网络国际联网的法人和其他组织”将网络安全漏洞检测纳入安全保护管理制度中。《电子银行业务管理办法》中将漏洞扫描作为检查手段以检查金融机构电子银行业务的安全。《互联网电子邮件服务管理办法》规定了互联网电子邮件服务提供者及时处置发现安全漏洞的安全防范措施。《治安管理处罚法》《刑法》侧重于对非授权访问行为的刑事打击和治安处罚，规定了惩戒性条款。《刑法》第二百八十五条、第二百八十六条规定了“非法侵入计算机信息系统罪；非法获取计算机信息系统数据、非法控制计算机信息系统罪；破坏计算机信息系统罪”。如漏洞发现者利用系统安全漏洞实施了相关行为，则可能触犯这两条。《最高人民法院、最高人民检察院关于办理危害计算机信息系统安全刑事案件应用法律若干问题的解释》进一步明确了以上罪名中“情节严重”“后果严重”“情节特别严重”的判定依据。对于尚未触犯《刑法》第二百八十五条、第二百八十六条的违法行为，《治安管理处罚法》第二十九条规定了拘留的治安处罚。《中华人民共和国刑法修正案（九）》在《刑法》第二百八十六条之一新增了“拒不履行信息网络安全管理义务罪”，强化了网络服务者的管理责任，也可适用于漏洞隐患致用户个人信息泄露而网络服务提供者不作为的情况。

《网络安全法》第一次从网络安全保障基本法的高度认识漏洞这一客观存在，第二十二条、二十五条和二十六条分别对产品和服务提供者对自身产品漏洞的告知补救义务、网络运营者及时处置系统漏洞的安全保护义务、行为人擅自发布系统漏洞这三项内容进行了规定。

总体上看，我国法律没有明确界定安全漏洞、漏洞发现、“白帽子”等概念，也缺少漏洞发现行为的规范指引。现有立法的不完善影响安全漏洞发现行为缺少必要的可预期性判断，容易出现漏洞发现行为超出合理边界侵犯他人合法权益的事实。

在现有法律框架下，我国安全漏洞发现行为面临的主要法律风险包括以下内容：

第一，漏洞发现可能产生“侵入”的刑事法律责任。漏洞发现需要经过漏洞扫描、渗透测试和漏洞验证等过程才能确认漏洞的存在，且往往会使用具有侵入功能的工具。侵入是指非法用户调取、访问计算机信息系统内的系统资源的行为。漏洞扫描、渗透测试和漏洞验证的技术特征决定了非常有可能引发计算机信息系统被入侵或计算机信息系统数据外泄、计算机信息系统被非授权控制的事实或事件。而对计算机信息系统及其数据的非授权访问历来是各国刑事法律打击的重点。我国《刑法》第二百八十五条和第二百八十六条即以侵入行为为要件，界定了“非授权侵入”的一系列法律后果。因此，漏洞发现可能产生“侵入”的刑事法律责任。

第二，“白帽子”的法律地位不明确。我国现有法律缺乏“白帽子”法律地位的认定，现实中，“白帽子”和黑客的界限本不清晰。如果无法确认“白帽子”的身份，很难确保其发现漏洞的动机和合法用途。

第三，缺少对授权边界及构成要件的详细指引。如前所述，安全漏洞的发现和验证过程，很可能直接对计算机信息系统造成损害。如果缺少明确的授权，漏洞发现行为的违法性难以避免。目前，我国缺少对授权边界及其构成要件的详细指引，导致“白帽子”与众测平台之间的协议往往处于“不周延”“想当然”状态，无法对“白帽子”的发现行为作出明确约束和相对保护，也引发了发现过程中的隐私和漏洞信息泄露、黑客攻击等网络安全风险。

第四，众测平台的合规性有待强化。尽管众测平台具有某些先天缺陷，但作为从“白帽子”个体到安全企业之间的必经环节，其存在与规范化具有重要意义。目前的众测平台普遍存在保密义务有待加强、激励方式单一、企业和“白帽子”身份核验不规范、透明度不高、有效争议解决机制缺乏等问题。

三、安全漏洞发现的合法性边界及其行为要素框架

安全漏洞具备的非传统缺陷和资源双重法律属性导致对其发现所产生的行为后果具有多重法律意义，无论是传统缺陷理论，还是刑法单一惩治，都不能体现和承载双重属性所展现的复杂性和多样性。安全漏洞之上集结了政府部门、产品和服务提供者、第三方研究机构、网络安全服务机构、用户、黑客或“白

帽子”等多方利益相关者及其协调关系。从安全漏洞双重属性视角考虑，在进行安全漏洞发现的法律规制时，一方面需最大限度减少利用安全漏洞产生的危害，提高应对网络攻击的防御能力，惩治危害网络安全的行为；另一方面也要合理疏导基于资源利用必然产生的各种利益冲突，通过政策引导和立法的持续性保持安全漏洞的合法发现、跟踪、创新与突破，以确保能力差异和利益冲突不会妨害提升网络安全总目标的实现。

（一）安全漏洞发现的主体边界

如前所述，只有主观上维护网络安全实施的漏洞发现行为才可能合法。从我国安全行业安全漏洞发现的实践来看，主要以个体（如“白帽子”）直接挖掘，或者通过实名注册方式与众测平台等网络安全服务机构建立协议关系，或者设立专门性的网络安全服务机构的方式实施漏洞发现。这些不同的主体（组合）模式，体现出不同程度的合法性问题。由于个体发现的匿名性及众测平台法律地位不明确等现实问题，专门性的网络安全服务机构未来可能成为安全漏洞发现的主要合法形式，但个体和众测平台模式具有的灵活性、成本效益优势使得其仍将成为合法漏洞发现主体的有益补充。但个体和众测平台发现主体身份的合法化必须建立在进一步规范的基础上。

为了有效引导“白帽子”在合法范围内进行安全众测活动，本文认为，可以考虑建立“白帽子”官方加密保护的实名身份认证注册制度，准予注册后为其颁发唯一识别的代号，“白帽子”凭识别代号进行众测活动；此外，还可通过行业规范强化“白帽子”的道德感和职业操守，明确其行为的法律边界。

规范发展的众测平台在企业和“白帽子”间起着重要的枢纽和链接功能。本文认为，众测平台应完善漏洞报告、披露机制的流程和制度，提高透明度，严格遵守信息保密原则，同时强化其协调监督作用，监督并引导“白帽子”在法律框架内进行漏洞发现工作。

（二）安全漏洞发现的授权边界

对于安全漏洞发现而言，是否经由授权在归责上具有决定性意义，甚至超越了对主观故意要件的考虑。《刑法》并未直接界定何为授权，《最高人民法院、最高人民检察院关于办理危害计算机信息系统安全刑事案件应用法律若干问题的解释》反复引用授权但又未作明确定义。

现有的安全漏洞发现的授权来源主要包括法律明文规定、民事行为约定等方面。最为典型的即为《刑法》第二百八十五条，以非授权侵入为一般规定，以国家规定或安全测试协议约定为例外。法律明文规定的另一种情形是直接对漏洞发现的例外情形进行规定。如美国在 1998《数字千年版权法》（DMCA）中就规定了安全测试的例外，包括安全漏洞信息的获取和利用仅以保障被测试计算机系统的所有人或运营人的安全为目的。欧盟 2013/40/EU 号指令提出，成员国应鼓励安全漏洞的报告，努力为合法的检测及安全漏洞报告提供条件和支持。这些都是对授权进行漏洞发现的法律规定。2015 年美国版权局对 DMCA 的修订，更直接加入了针对软件安全研究的免责说明。从现有法律规定可以看出，我国现在的漏洞发现行为都不具有法律明文授权（或除外）的一般规定，因此我国众测平台和“白帽子”的漏洞发现行为缺少法律规定的天然屏障，其通过安全测试协议进行的“不周延”“想当然”授权一旦发生风险，就会从一般民事争议转化为刑事责任追究。

根据《网络安全法》第二十六条的衔接性规定，本文建议通过《网络安全法》的下位配套机制来明确安全漏洞发现授权的边界和构成要件等问题。值得注意的是，由于利用漏洞进行攻击会对国家安全、企业利益和个人信息造成不可逆的影响，安全漏洞挖掘授权应有限制而不是泛化。以众测平台模式为例，本文认为可作以下限制：（1）众测平台模式下，拥有平台注册用户资格的“白帽子”身份并不视为取得当然授权；（2）禁止在众测平台规则之外的挖掘和验证安全漏洞行为，同时平台规则并不等同于授权，应基于众测平台与企业之间签署任何委托或合同所明示的内容为授权限定范围；（3）漏洞挖掘并不等同于漏洞披露的授权，禁止未经众测平台同意和企业明确确认的安全漏洞披露；（4）漏洞挖掘并不等同于漏洞修复的授权，禁止发布未经众测平台验证的漏洞修复工具 / 补丁；（5）授权具有时限性，禁止在现有法律和保密协议规定范围之外实施漏洞测试、评估等。

对通过竞赛等非特定协议的形式实施的针对政府系统的检测和挖掘，均应视为例外情形进行特殊限定，而不应作为规范普适化。如 2016 年 3 月 2 日美国国防部下属国防数字服务部门（DDS）发起的“黑掉五角大楼”（Hack the Pentagon）项目，这些特殊类型漏洞发现的合法性需要各行政部门的协调方能进行。

四、结语

“网络的绝对安全不具有技术上的可能性，网络安全的破坏者与维护者之间注定是一个长期博弈的过程”。[①] 安全漏洞的发现、披露和修复是网络安全防范的重中之重，集结于安全漏洞之上的利益相关者均应肩负起应有的法律责任，共同推动网络社会的有序、合法运行。本文认为，安全漏洞发现已经成为维护国家网络安全的有效手段，但我国目前在立法方面对于安全漏洞发现的规定远远不能满足实践规制的需要，安全漏洞发现行为面临如下法律风险：第一，漏洞发现可能产生“侵入”的刑事法律责任；第二，“白帽子”的法律地位不明确；第三，缺少对授权边界及构成要件的详细指引；第四，众测平台的合规性有待强化。在综合分析安全漏洞属性和行为模式的基础上，本文提出了基于授权模式的安全漏洞发现合法性边界，建立了安全漏洞发现的行为要素框架：在主体方面，只有主观上维护网络安全，且具有实名认证基础的漏洞发现者才可能成为合法主体；在授权方面，取得合法授权是安全漏洞发现行为的合法前提，但准予漏洞发现的授权不应泛化，应当基于必要的限制。

① 马民虎，李江鸿，《我国信息安全法的法理念探析》，《西安交通大学学报（社会科学报）》，2007（3）：74-80。

4. 网络安全漏洞披露规则及其体系设计①

近年来，利用网络安全漏洞实施攻击的安全事件在全球范围内频发，给网络空间安全带来了不可逆的危害。网络安全漏洞披露已成为网络安全风险控制的中心环节，对于降低风险和分化风险起着至关重要的作用。强化网络安全漏洞收集、分析、报告、通报等在内的风险预警和信息通报工作已成为国家网络安保障的重要组成部分。

国内外不同主体基于不同动机和利益驱动开展了广泛的网络安全漏洞披露实践，并引发各方对不利法律后果的反思。2016 年我国某“白帽子”披露世纪佳缘网站漏洞引发刑事立案，2017 年相继发生的 WannaCry 勒索病毒全球攻击事件引发微软等厂商对美国政府机构未披露漏洞行为的严厉批评、网易向未经授权擅自公开披露漏洞细节的某“白帽子”发出公开声明、国家信息安全漏洞共享平台 CNVD 发公告称因漏洞的不当披露引发党政机关和重要行业网站受到大规模攻击威胁等事件，则进一步彰显了网络安全漏洞不规范或非法披露的现实冲击，安全漏洞合法披露主体、合法披露程序、不当披露法律后果等问题成为法律和行业界共同关注的焦点。

向不特定的社会公众披露网络安全漏洞可以提升网络安全防护的实时性和有效性，但恶意或非法的网络安全漏洞披露同样为攻击者提供了可利用的攻击武器。漏洞发现之后应该由谁披露，怎样披露，何时披露等问题变得日益复杂且重要，漏洞披露制度不同，不仅对用户、提供商、协调者等利益相关方造成的影响有很大差异，更会对国家安全、企业利益及个人隐私产生深远影响。出

① 作者：黄道丽。发表于：《暨南学报哲学（社会科学版）》，2018 年第一期。

于国家安全和公共利益的现实考虑，网络安全漏洞披露应当遵循特定规则，至少在“由谁披露”和“如何披露”这两个核心问题上满足国家立法的强制性规定。我国《网络安全法》第二十二条、二十六条和五十一条与国家互联网信息办公室 2017 年 7 月 10 日发布的《关键信息基础设施安全保护条例（征求意见稿）》第三十五条已提出网络安全漏洞合法披露的规则框架和基本要求，但仍然缺乏对于规则实现的具体设计，无法为安全漏洞披露行为提供明确指引。

一、网络安全漏洞披露的概念与类型

（一）网络安全漏洞及其披露的相关概念

漏洞（Vulnerability），又称脆弱性，这一概念的出现已有 30 多年，技术、学术和产业界从不同角度给出了不同的定义。目前普遍接受的定义是漏洞是一个或多个威胁可以利用的一个或一组资产的弱点，是违反某些环境中安全功能要求的评估对象中的弱点，是在信息系统（包括其安全控制）或其环境的设计及实施中的缺陷、弱点或特性。这些缺陷或弱点可被外部安全威胁利用。漏洞是“非故意”产生的缺陷，具备能被利用而导致安全损害的特性。网络安全漏洞具备可利用性、难以避免性、普遍性和长存性等技术特征。为强调漏洞可能导致的网络安全风险，各界基本将漏洞和网络安全漏洞的概念混用不加区分，漏洞称之为内在的脆弱性，与之相对的是外部安全威胁，内部脆弱性和外部安全威胁结合起来共同构成安全风险。

针对网络安全漏洞本身，国内外立法虽缺少明确的概念界定，但均延续了传统信息安全的内外两分法，将网络安全漏洞纳入安全风险和网络安全信息范畴予以规制。在安全风险层面，《网络安全法》第二十五条规定将系统漏洞（内部脆弱性）和计算机病毒、网络攻击、网络侵入等外部安全威胁作为整体安全风险，强调了网络运营者的风险控制和应急处置责任。美国《网络安全信息共享法案》（CISA）强调网络安全的目的是“保护信息系统或者使在信息系统存储、处理、传输的信息免于网络安全威胁或网络安全漏洞的侵害”，也将网络安全威胁和网络安全漏洞并列，作为安全风险予以共同防范和控制。其中，更是指明了安全漏洞包括显示存在安全漏洞的异常活动。相比之下，《关键信息基础设施安全保护条例（征求意见稿）》第三十五条规定将漏洞纳入“安全威胁信息”范畴，则存在定义使用上缩小化的误区。在网络安全信息层面，《网络安全法》第二十六条通过列举方式界定了网络安全信息的一般范围，包括系统漏洞、计算机病毒、网络攻击、网络侵入等，将漏洞作为第一位的网络安全信息，也体现了网络安全信息承载网络安全风险的基本功能。

一般来说，漏洞生命周期包括生成、发现、发布、流行、修复、衰败、消亡利用脚本 7 个阶段。其中，漏洞发布即为本文所探讨的漏洞披露，一旦漏洞发现者揭示了厂商（或者其他主体）的漏洞，则漏洞披露阶段随即产生，漏洞信息可通过被发布到第三方平台或黑客之间进行的秘密交易而完全公开。一般认为，漏洞披露是指漏洞信息通过公开渠道告知公众。国家标准《信息安全技术信息安全漏洞管理规范》（GB/T 30276-2013）将其定义为“在遵循一定的发布策略的前提下，对漏洞及其修复信息进行发布”。《网络安全法》即采用“发布”一词直接规定了漏洞披露行为，其第二十六条规定，“开展网络安全认证、检测、风险评估等活动，向社会发布系统漏洞、计算机病毒、网络攻击、网络侵入等网络安全信息，应当遵守国家有关规定”。

（二）网络安全漏洞披露的类型

国内外网络安全漏洞披露实践已开展多年，网络安全漏洞的披露类型一直是安全漏洞披露政策争议的焦点。在学者研究及行业发展中，网络安全漏洞披露被概括为不披露、完全披露和负责任披露三种类型。不披露是指漏洞发现者对安全漏洞保密，并不进行报告，既不向厂商报告，又不披露给公众。不披露类型不考虑用户权益，漏洞极有可能在黑灰市交易，引发漏洞利用的网络安全危险，还有可能引发漏洞利用攻击。完全披露与不披露正好相反，是指漏洞发现者将安全漏洞披露给不特定的公众。完全披露不给厂商充分的时间和警告来解决漏洞，将安全漏洞信息直接暴露于潜在的恶意攻击者，是争议较大的披露类型。支持方认为它可以迅速及时将缺陷告知用户，使其在漏洞被利用进行攻击之前禁用受影响的软硬件以降低损害，并可以敦促厂商及时承认并修补漏洞。

反对方则认为在未与厂商协商的情况下暴露缺陷无疑会增加用户系统被广泛开发的风险，因为即使没有代码黑客也能够自主地开发和编写漏洞。

负责任披露，也被称为有限披露，是指漏洞发现者以帮助厂商解决安全漏洞问题为出发点，将安全漏洞报告给厂商。当解决方案完备后，厂商公布漏洞同时将补丁发布给用户。该类型的漏洞披露更具中立性，细节较为复杂，是前两种类型的折中和衍生，虽然存在诸多不合理之处，例如在没有补丁的情况下发布漏洞，仍然会引来类似完全披露导致的安全问题，但这种披露类型兼顾了用户和厂商的利益，被更多安全研究人员赞同。负责任披露中往往包括了协调者参与的协调程序。协调者是一个中立且独立的机构，能够接收一个或多个厂商的响应，具有解决冲突协调各方利益的能力，是漏洞发现者、公众、用户及厂商之间的纽带。国际上比较有代表性的国家级协调者包括美国计算机应急响应小组（US-CERT）、日本国家计算机应急响应协调中心（JPCERT/CC）、韩国国家网络安全中心等，我们有中国国家信息安全漏洞库（CNNVD）、国家信息安全漏洞共享平台（CNVD）、国家计算机网络入侵防范中心（NCNIPC）等。

近年来，随着信息共享理念应对风险的有效性逐渐显现，网络安全漏洞披露的方式以更易于降低威胁的方式演化，网络安全漏洞发现与修复之间所需的时间差和平衡各方需求成为网络安全漏洞披露要考虑的基本问题，厂商、政府、安全研究人员等主体之间的漏洞安全信息共享成为漏洞披露的重要内容。业界普遍开始用“协同披露”代替“负责任披露”的说法。协同披露强调漏洞发现者、厂商、协调者和政府机构等利益相关方应共享安全漏洞信息，协同工作，积极协作处置风险，共同保障用户安全、社会公共利益和国家安全。2015 年《中国互联网协会漏洞信息披露和处置自律公约》也体现了协同披露这一理念，其第七条规定，“漏洞平台、相关厂商、信息系统管理方和国家应急处置协调机构应协同一致做好漏洞信息的接收、处置和发布等环节工作，做好漏洞信息披露和处置风险管理，避免因漏洞信息披露不当和处置不及时而危害到国家安全、社会安全、企业安全和用户安全。”

安全漏洞协同披露强调用户安全至上，要求面临同一风险的利益相关方分享安全信息、协同共治，实现降低整个群体所面临的网络安全风险。在高危安全漏洞日益增多，补丁修复耗费时间更长的后信息化时代，以信息共享和维护用户利益为导向的协同披露成为一些大型跨国厂商推行的解决方案，例如微软安全研究中心高级研究总监（Sewior director of research）克里斯 - 贝斯（Chris Betz）就极力号召协同披露，类似观点也在 2017 年 5 月 WannaCry 勒索病毒攻击事件爆发后多次被重提。在微软等跨国厂商的推动下，ISO 等国际组织发展了 ISO/IEC 29147: Vulnerability disclosure、ISO/IEC 30111: Vulnerability handling processes 等若干标准体系，以“最佳实践”的形式指导厂商构建并实施安全漏洞披露制度。

因此，从不披露、完全披露、负责任披露到协同披露，安全漏洞披露类型涉及的利益相关方侧重点各有不同，显示了漏洞披露过程的复杂性，也表明调动各利益相关方共同治理安全漏洞观念的逐渐成熟和体系化。总体来说，以上披露类型在国内外目前的披露实践中均有出现，且往往交织在一起。近年来，虽然在一定程度上更多的协同披露动向正在显现，但漏洞披露环境在很多方面仍然是割裂的，相关问题依然有待解决。鉴于利益相关方的侧重点有所差异，漏洞披露目前仍然没有统一的标准，但都应以最大限度减少损害为前提。

二、网络安全漏洞披露规则的域外考察：以美国为例

漏洞信息的优化配置对于网络社会的稳定性仍是重要要素。在网络安全立法和实践始终处于领先地位的美国，网络安全漏洞披露作为整个网络安全生态系统的关键一环，早已引起法律和政策上的广泛关注。美国涉及安全漏洞信息的直接规定体现在《计算机欺诈与滥用法案》、《数字千年版权法案》（DMCA）、《爱国者法案》、《2002 年关键基础设施信息保护法》和《网络安全信息共享法案》（CISA）等法律和《关于提升关键基础设施网络安全的行政命令》等行政文件中，这些法律文件在未经授权披露的法律责任、强化关键基础设施漏洞安全保护、信息共享和例外情况下披露的责任豁免等方面做了统一规定。对法律框架下的网络安全漏洞披露规则，美国采取了以政策先行为导向的规范措施，早期政策主要体现在“以负责任披露为核心”的 CERT/CC 漏洞披露机制、国家

基础设施委员会（NIAC）披露政策和 OIS 漏洞披露指引中。随着网络安全漏洞的资源性和武器化趋势成为国际组织和国家政府层面的普遍共识，美国的网络安全漏洞披露规则正在经历以协同披露为趋势的现代变革，主要体现在《网络安全信息共享法案》(CISA)、《商业与政府信息技术和工业控制产品或系统的漏洞裁决政策和程序》(Commercial and Government Information Technology and Industrial Control Product or System Vulnerabilities Equities Policy and Process，简称“VEP”)、《2017 补丁法案》和落实《瓦森纳协定》的漏洞出口管控等相关规定中。

（一）以负责任披露为核心的传统漏洞披露政策及实践

漏洞披露政策与漏洞披露类型密切相关，后者是前者的基础和铺垫，实践中适用最广的漏洞披露类型是制定漏洞披露政策时要考虑的主要因素。2015 年前，美国行业界广泛承认和支持的是负责任披露类型，当时的披露政策也偏重该种类型。美国“以负责任披露为核心”的政策包括美国计算机紧急事件响应小组协调中心（CERT/CC）、国家基础设施顾问委员会（ NIAC）等政府机构制定的框架，以及由大型互联网企业组成的网络安全组织（OIS）主导的指引政策等。

CERT/CC 2000 年发布的披露机制属于负责任披露中较为开放的，偏重于保护用户的知情权。CERT/CC 起到的作用类似于第三方政府机构，负责将漏洞发现者报告的漏洞反馈给厂商，督促其测试、研发补丁，披露期限为收到该漏洞后的 45 天之后。这里包括一个例外情况，即有证据表明厂商具有积极的补救漏洞的作为，例如改变其系统组件以降低漏洞被利用的风险等，为鼓励厂商的积极行为可将 45 天期限延长至 90 天。该例外情况将厂商的技术限制、社会责任心、安全义务纳入考虑范围，表明了政府机构的中间立场和协调的监管职责，较为科学合理。

NIAC 2004 年向总统提交的漏洞披露政策是在调查、研究实践基础上，提出的更全面的漏洞披露政策，包括根据危害性进行漏洞评分、鼓励公私部门信息共享、漏洞修复具有优先级等。该政策将漏洞信息规定为敏感机密的信息，要求对就所有漏洞问题进行沟通的电子邮件都必须进行加密。若漏洞发现者提交的漏洞信息准确，则厂商应该在 7 天内响应并禁止其威胁发现者，以切实保护漏洞研究工作者的合法权益和积极性。

OIS 2004 年发布的漏洞披露指引政策更侧重漏洞报告的响应机制，规定发现者向厂商发送漏洞报告之后，厂商应在 7 个工作日内进行回复。研究出补丁之后方可向社会发布漏洞，为加快研究速度以维护安全，相关部门 30 天内可向利益相关方分享漏洞的详细信息。在整个漏洞修补过程中，若发现者未得到厂商的回复，则可向厂商发送一个收到漏洞的确认请求，厂商若在 3 天内仍然不予回应，发现者可以寻求第三方协调机构的帮助，协调过程出现冲突还可进一步寻求仲裁，先决条件之一是发现者和厂商均同意且授权范围统一。

从以上典型的漏洞披露政策分析可知，“以负责任披露为核心”的美国传统漏洞披露政策以保护用户知情权为出发点，在明确漏洞披露周期管理的基础上重视利益相关方的协调，开始鼓励公私部门信息共享，同时也注重保护漏洞发现者的合法利益和积极性。实践中厂商也会对善意的漏洞发现者做出一定程度的让步，即使以牺牲自身经济利益为代价，也不愿意引起整个安全研究人员群体的排斥，以防止打压发现者寻求其漏洞、改善其软硬件安全性的主动性。“惠普起诉 SnoSoft 公司研究者”一案即体现了这个思路。2002 年，惠普公司起诉一家名为 SnoSoft 的安全研究机构（现更名为 Netragard），认为其涉嫌发现和披露惠普 Tru64（惠普的 Unix 操作系统）中的 22 项漏洞，依据《数字千年版权法案》（DMCA），安全研究机构和相关人员可能面临高达 50 万美元的罚款和 5 年监禁。但惠普员工和其他相关人士都警告惠普公司时任 CEO 的卡尔利 · 菲奥里纳（Carly Fiorina），公司如果采取强硬立场可能会打压漏洞研究，对未来惠普软件的安全不利，最终惠普公司选择了撤诉。

此外，“Tornado 起诉员工 Bret McDanel”一案也反映出对善意漏洞安全研究人员的承认。Tornado 是美国一家提供网页邮件和语音邮件服务的公司，其员工布雷将 · 麦克唐纳（Bret McDanel）发现公司电子邮件系统存在严重网络安全漏洞，可导致客户隐私泄露，麦克唐纳随即向上级反映，但该漏洞并未得到修复。麦克唐纳离开 Tornado 公司 6 个月后得知该漏洞仍未被修复，便向约

5600 个客户发送匿名邮件披露了该漏洞详情。2002 年，美国法院根据解释《计算机欺诈与滥用法案》的相关条款对麦克唐纳定罪，判处 16 个月监禁。麦克唐纳服刑结束后，美国法院判定此前对他的起诉存在错误并撤销了定罪，原因在于麦克唐纳是在公司拒绝修复漏洞之后选择告知用户，其目的是为了确保用户采取安全措施。

（二）以协同披露为趋势的现代漏洞披露政策及演化

随着安全漏洞协同披露为更多的组织所支持和倡导，政府机构在制定安全漏洞披露规则时也对其加以吸收，以协同披露为核心的规则成为现行美国政策和立法的新趋势，2015 年美国通过的《网络安全信息共享法案》（CISA）、2016 年公开的 VEP 政策、2017 年《补丁法案》体现了这一趋势。

1.《网络安全信息共享法案》（CISA）

《网络安全信息共享法案》（CISA）是美国关于网络安全信息共享的第一部综合性立法。该法授权政府机构、企业以及公众之间可以在法定条件和程序下共享网络安全信息。CISA 将共享的网络安全信息分为“网络威胁指标”和“防御措施”两大类。网络威胁指标实质即为直接的漏洞威胁和与漏洞相关的其他威胁，防御措施则是针对网络威胁指标做出的技术和其他措施的回应。总体来说，CISA 围绕“网络威胁指标”和“防御措施”建立了美国网络安全信息共享的基本框架。CISA 鼓励私企与美国政府实时共享网络安全威胁信息，特别规定了私主体共享信息的责任豁免；对于通过合法共享而获得的网络威胁指标和防御措施，联邦政府基于识别网络安全威胁或者安全漏洞的需要可以披露。

具体而言，如果将披露视为共享的一种特殊方式，那么 CISA 建立的网络安全威胁信息共享框架事实上可以延及漏洞披露的规范体系，目标在于确保相关机构具备并保持与信息安全相协调的实时共享网络安全威胁指标的能力。CISA 规定私人实体享有监控和获取网络安全威胁信息，当然也包括安全漏洞信息的权利，但除其自身信息系统外，对其他信息系统中网络安全威胁信息的监控、获取、使用和共享均以事先授权为基础，并且该授权需要获得书面同意。可以认为，CISA 建立了一套“授权—发现—共享”的网络安全威胁信息共享的合规路径，在赋予私人主体发现和共享网络安全威胁信息权利的同时，将其行为的合法性边界限制在法律规定和授权基础的范围内。根据 CISA 的规定，向联邦政府提供网络安全威胁指标和防御措施必须基于特定的目的，包括维护网络安全，识别网络安全威胁或安全漏洞来源，识别外国敌对人员或恐怖分子使用信息系统造成的网络安全威胁，应对、制止或缓解由恐怖行为或使用大规模杀伤性武器产生的威胁，预防、调查和起诉犯罪，等等。

尽管 CISA 并非专门针对安全漏洞信息披露而设计共享框架，但其相关举措仍然衍生出一条重要的安全漏洞信息披露原则，即合法披露原则。虽然私人实体被赋予了广泛的网络安全威胁信息的发现和共享权利，但这一权利的实现需要满足两个必要的前提，即合法目的和行为授权，这对于建立我国安全漏洞信息披露的相关制度具有重要的参考价值。

2. VEP 政策

奥巴马政府时期，美国联邦调查局、国家安全局等政府机构一方面通过采购、收集等方式进行网络安全漏洞的攻击性研究和储备，另一方面制定和施行 VEP 政策，评判收集到的漏洞对网络安全、信息保障、情报、执法、国防和关键基础设施保护的影响，裁决是披露已经获得或发现的安全漏洞，还是保留安全漏洞用于情报、执法或者其他目的。VEP 整体内容在美国现行制度下仍属于“国家秘密”信息，直至 2016 年才向公众公布了其中一部分。

依据 VEP 公开的规定，美国政府实体对于任何来源的网络安全漏洞信息裁决程序如下：第一，基于漏洞分级，在触发特定阈值时向国家安全局指定担任的执行秘书长通报；第二，执行秘书长通知政府相关的利益相关方，指定特定联络人，由各方反馈是否启动裁决程序；第三，提出裁决要求的所有利益相关方指派特定专家参与讨论，并向裁决审查委员会（Equities Review Board）提供决策建议；第四，裁决审查委员会做出如何响应漏洞的倾向性决定，如有利益相关方异议，则该机构可向某特定内设机构提出申诉。

VEP 规定体现出这一阶段美国网络安全漏洞披露政策的三大特点：第一，网络安全漏洞的来源十分广泛。VEP 政策下的漏洞来自政府软硬件、商用软硬件、工控系统、国家安全系统等任何可能存在网络安全漏洞的场景，包括开源软件等；第二，网络安全信息呈单向线性流动。由于政府在政策制定和执行中的主导作用，任何来源的网络安全漏洞信息只限于在政府及相关实体中共享和决策，在 VEP 裁决之前，限制向政府之外的实体披露网络安全漏洞，政府（包括关键基础设施）的利益保障具有绝对的优先性；第三，国家安全局具有多重身份和相当的自由裁量权。VEP 规定，"国家安全局对其认证或批准的或具有密码功能的设备、系统等中漏洞附有前置性安全审查义务，因此亦应当尽快向其报告，并由其履行适当的 VEP 程序"，由于密码应用的普遍性、政府软硬件认证或批准的强制性、接受报告的优先性，此规定实际上赋予了国家安全局决断和裁量网络安全漏洞的绝对垄断权力。

综合 CISA 和 VEP 政策可以发现，VEP 政策赋予了美国国家安全局裁决网络安全漏洞的绝对权力，供其决断的安全漏洞来源广泛，且信息共享更多限于政府实体范围，与 CISA 所倡导的公私实时共享威胁信息理念存在一定的冲突。2017 年 5 月全球勒索软件攻击事件发生后，美国国家安全局因其披露或保留漏洞用于情报收集目的的行为饱受争议，也引发美国政府对国家安全局主导的 VEP 政策的审查与反思。

3. 2017 年补丁法案

为将 VEP 政策正式纳入立法范畴，进一步规范政府、厂商等披露主体的行为，同时解决 CISA 法案和 VEP 政策在安全漏洞信息共享和披露实施方面的衔接问题，2017 年 5 月 17 日，美国国会提出了一项新法案—《2017 反黑客保护能力法案》（Protecting Our Ability to Counter Hacking Act of 2017），该法案也被称为《2017 补丁法案》（Patch Act of 2017）。

总体来说，2017 年补丁法案在"是否披露"和"如何披露"两个核心问题上体现出美国政府对 VEP 政策的改进。首先，补丁法案改变了漏洞披露裁决的顶层决策机制，实现了从国家安全局到国土安全部主导的过渡。补丁法案规定，由国土安全部长（或其指定人员）担任的"漏洞裁决审查委员会"主席代替 VEP 政策中国家安全局指定的执行秘书长的工作，"漏洞裁决审查委员会"主席与联邦调查局、国家情报总监、中央情报局、国家安全局，以及商务部、国务院、财政部、能源部和联邦贸易委员会的指定人员等共同组成"漏洞裁决审查委员会”。这一决策主体的变化用意在于增加透明度，规避公众对国家安全局的敏感性；其次，补丁法案增加了推定披露程序。法案规定将通过制定标准，指引对推定披露程序的适用，以此弥合常规披露与“黑市披露”之间的时间差。但由于最终由国土安全部长代表联邦政府实施披露，因此其有效性仍有待观察和评估。再次，补丁法案加大了向厂商的安全漏洞披露倾向。法案规定，如果漏洞裁决审查委员会决定向特定厂商披露，则应当国土安全部长实施披露。此种情形属于向特定人的有限披露。最后，补丁法案规定，对于裁决禁止披露，但因不管任何原因进入公众领域的网络安全漏洞，应按照 CISA 制定的程序实施。

4.《瓦森纳协定》

在美国 VEP 政策制定和实施的同一时期，国际层面正式开始将网络安全漏洞纳入网络武器范畴管理。2013 年 12 月，41 个成员国参与的多边出口管控体制《关于常规武器和两用物品及技术出口控制的瓦森纳安排》（简称《瓦森纳协定》）修订附加条款，将一些特殊的入侵软件列入其两用物项清单中。为落实《瓦森纳协定》的附加条款，2015年5月20日，美国商务部下属的工业与安全局（BIS）提出实施规则草案《2013 年 < 瓦森纳协定 > 全会决议的执行：入侵和检测物项》，草案界定入侵软件包括“计算机和具有网络功能的设备使用入侵软件而识别漏洞的网络渗透测试产品在内”，拟将入侵软件纳入美国《出口管理条例》（EAR）的管控范围。如果草案施行，美国企业或个人向境外厂商披露安全漏洞是一种出口行为，需预先申请政府许可，否则将被视为非法，美国厂商举办的安全漏洞悬赏计划也不例外。

《瓦森纳协定》和美国 BIS 的新规说明，网络安全漏洞的资源性和武器化趋势已成为国际和国家层面的普遍共识，网络安全漏洞披露规制的制定上升到与国家安全和政治利益密切相关的高度，VEP 政策的秘密施行、2017 年补丁法案的提出和改进进一步印证了这一点。

（三）美国网络安全漏洞披露规则的主要特点

考察美国网络安全漏洞披露规则的具体设计、实践情况和演变趋势，本文认为，可概括出以下特点：

第一，高度重视网络安全漏洞披露问题，很早在法律和政策中分别对网络安全漏洞披露问题进行规定，并根据形势变化不断做出调整，总体呈现从负责任披露到协同披露变革的趋势；第二，网络安全漏洞披露过程中注重充分保护用户知情权，强调政府机构主导下厂商、安全研究人员、用户等利益相关方的利益协调；第三，基于刑法和知识产权法对未经授权的漏洞发现和披露行为予以规制，实践中也注重保护善意漏洞发现和披露者的合法利益和积极性；第四，鼓励政府机构、企业和公众在法定条件和程序下实时共享网络安全信息，授权联邦政府披露合法共享的安全漏洞信息；第五，将安全漏洞作为网络空间战的战略资源和博弈资本，网络安全漏洞披露规则的制定上升到与国家安全和政治利益密切相关的高度；第六，构建国家层面统一的网络安全漏洞披露协调和决策机制，并积极推动从政策到立法的转变。

三、我国网络安全漏洞披露规则体系设计

（一）我国网络安全漏洞披露立法现状

截至目前，我国现有立法对网络安全漏洞披露的规定还不完善，相关规定散见在《刑法》《网络安全法》和《关键信息基础设施安全保护条例（征求意见稿）》等法律法规中。《刑法》第二百八十五条和第二百八十六条规定了未经授权访问计算机信息系统的刑事责任，2016 年某“白帽子”披露世纪佳缘网站漏洞事件更多体现了《刑法》对“白帽子”未经授权的漏洞发现行为而非披露行为的否定评价，且引起了对行为人善恶意动机的学界争议。对恶意披露网络安全漏洞的行为，学界普遍认为，恶意公布、售卖安全漏洞行为因为无限放大了黑客攻击行为而使其本身具有巨大的社会危害性，此种危害性必将随着计算机和网络在社会各个方面使用的更加普遍化和深入化而得到凸显，在这种形势下，应当将此类行为加以法律制约。

《关键信息基础设施安全保护条例（征求意见稿）》第十六条在延续《刑法》第二百八十五条和第二百八十六条规定的基础上进一步提出，任何个人和组织

未经授权不得对关键信息基础设施开展渗透性、攻击性扫描探测，第三十五条在《网络安全法》第二十六条基础上细化，规定“面向关键信息基础设施开展安全检测评估，发布系统漏洞、计算机病毒、网络攻击等安全威胁信息，提供云计算、信息技术外包等服务的机构，应当符合有关要求”，同时授权国家网信部门会同国务院有关部门制定相关规定。虽然该条例目前还处于征求意见稿阶段，但这两条规定从关键信息基础设施安全保护层面强化了安全漏洞发现和披露行为的规制，意义十分重大。

2017 年 6 月 1 日开始施行的《网络安全法》从网络空间安全基本保障法的高度认识到了网络安全漏洞披露的重要性，第二十二条规定了产品和服务提供者对自身漏洞的告知和报告义务，第二十六条对第三方未经授权发布他人系统漏洞行为进行了初步规定，第五十一条强调由国家统一发布网络安全监测预警信息，从产品和服务提供者、第三方和国家三个主体层面规定了我国网络安全漏洞披露的基本要求，但其具体规则设计有待条文中“国家有关规定”和“规定”等方面的进一步细化和完善。

（二）网络安全披露规则的体系设计构想

网络安全漏洞披露作为网络空间治理的关键一环，其重要性在于，一方面，网络安全漏洞的危害性由互联网的迅速传播而被放大，不规范或非法披露会损害用户、企业利益和公共利益，甚至威胁包括关键信息基础设施安全等在内的国家安全；另一方面，通过对网络安全漏洞资源的合法披露、报告和利用，能够及时预警和有效管控网络安全风险，推动网络安全相关产业的创新，同时也能为执法活动和提升国家安全反制能力提供重要的技术保障。本文建议，借鉴美国网络安全漏洞披露规则在内的设计和论证经验，结合我国执法的实践和特点，以协同披露为导向，完善我国《网络安全法》框架下的厂商、第三方漏洞披露平台和政府机构的职责设置，围绕安全漏洞披露主体、披露对象、披露程序和披露的责任豁免进行网络安全漏洞披露规则体系的设计。

1. 网络安全漏洞披露的主体

除了不披露，完全披露、负责任披露和协同披露类型都涉及披露主体。安全漏洞披露主体和漏洞发现者直接相关，漏洞发现者已从早期的厂商扩大到安全研究人员、安全公司、政府、黑客、恐怖组织和“白帽子”等，以上人员均可能在发现安全漏洞后基于不同的动机予以披露。由于网络安全漏洞披露实践中主体的广泛参与和多重角色，因此在构建网络安全漏洞披露规则时应首先明确合法披露主体。本文认为，安全漏洞合法披露主体包括以下几类：

（1）厂商，即《网络安全法》中的产品和服务提供者。厂商对自身的软硬件负有产品责任和安全保障义务，因此是最初始意义上的安全漏洞发现者和最无争议的安全漏洞披露主体。《网络安全法》第二十二条明确了厂商向用户和有关主管部门披露安全漏洞的安全义务。

（2）政府机构。政府机构作为合法漏洞披露主体，可包括两个层次：第一，国家级安全漏洞披露平台。中国国家信息安全漏洞库（CNNVD）和国家信息安全漏洞共享平台（CNVD）承担国家统一的安全漏洞收集、发布、验证、分析、通报、修补等工作，是我国国家级漏洞披露主体代表。第二，安全漏洞披露协调和决策机构。《网络安全法》第五十一条明确了我国网络安全监测预警和信息通报的工作机制，网信部门统筹协调有关部门统一发布网络安全监测预警信息。可考虑依据此条建立我国国家层面统一的跨部门、多机构网络安全漏洞披露协调与共同决策机制，赋予网信部门类似美国 VEP 政策中国家安全局和 2017 年补丁法案中国土安全部的职责，充分发挥“国家网络与信息安全信息通报中心”的作用，主导我国网络安全漏洞披露协调与决策工作。

（3）网络安全服务机构。我国网络安全专业服务快速发展，专业机构开展网络安全产品和服务、网络运行管理等方面的安全认证、检测和风险评估业务，在提升网络安全保障能力方面发挥了重大作用。为进一步发挥网络安全服务机构的作用，《网络安全法》将“网络安全服务机构”纳入责任主体范畴，鼓励企业开展网络安全认证、检测和风险评估工作；《关键信息基础设施安全保护条例（征求意见稿）》赋予网络安全服务机构在关键信息基础设施保护中更多的工作内容，并鼓励其参与关键信息基础设施网络安全信息共享。网络安全服务机构在网络安全漏洞披露中可以协调厂商、漏洞发现者和政府机构的关系，构建漏洞发现与披露的协议范式，可以依法与政府机构、厂商、研究机构共享网络安全信息，同时能够为政府机构的漏洞披露与裁决提供专业的技术支持。近年来，补天漏洞响应平台、漏洞盒子、乌云网等第三方漏洞披露平台在国内兴起，但因商业运作模式、安全漏洞披露机制和透明度等问题的存在，第三方漏洞披露平台目前仍处于法律的灰色地带。本文认为，第三方漏洞披露平台应以成为专业的网络安全服务机构为发展方向，成为符合法律要求的责任主体。

2. 网络安全漏洞披露的对象

网络安全漏洞披露应当有具体的披露对象，具体包括两类：第一，网络安全产品和服务的用户。用户是产品和服务的直接使用者，也是安全风险发生后的直接受害者。依据《中华人民共和国合同法》（以下简称《合同法》）《中华人民共和国消费者权益保护法》（以下简称《消费者权益保护法》）等法律规定，用户拥有对网络安全产品和服务的知情权。美国网络安全披露政策中一直强调保护用户的合法知情权，协同披露类型中更是强调用户利益和安全至上。《网络安全法》也再次明确了用户是安全漏洞披露的对象，其第二十二条要求产品和服务提供者按照规定及时告知用户漏洞风险，并规定了产品和服务提供者违反告知义务的法律责任。第二，政府机构。《网络安全法》第二十二条同时要求产品和服务提供者向有关主管部门报告漏洞。在现行立法框架下，国家网信部门、国务院公安、国家安全、国家保密行政管理、国家密码管理和国家行业主管或监管部门等均有可能是此条规定的“有关主管部门”。本文认为，政府机构基于第二十二条获得的网络安全漏洞信息，不仅构成《网络安全法》第五十一条中监测预警信息的重要组成部分，也可成为我国安全漏洞披露协调和决策机制工作的重要信息来源。

值得一提的是，网络安全服务机构的平台模式，既可能是安全漏洞披露的主体，同时又可能成为安全漏洞披露的对象，在漏洞协同披露的具体设计中起到极其重要的承接功能，一方面通过接收安全漏洞发现者的漏洞信息（自身也兼具漏洞发现功能），另一方面则需要按照《网络安全法》等规定履行披露的相关义务。围绕网络安全服务机构构建漏洞协调披露机制，将成为我国网络安全漏洞治理的关键一环。

3. 网络安全漏洞披露的方式

《网络安全法》第二十二条、二十六条和五十一条提出了我国安全漏洞规制的四项基本要求，即告知、报告、发布和通报。本文认为，告知、报告、发布和通报构成了我国安全漏洞披露的四种基本方式，可对其规定内涵和具体实施进一步细化。第一,《网络安全法》第二十二条规定的“告知”行为对象是用户，指网络产品、服务的提供者基于产品、服务的漏洞“缺陷”向用户承担的初始义务和追责依据。“告知”行为内容包括说明某个产品或服务存在安全漏洞这一事实、漏洞缺陷可能造成的后果及用户可以采取的降低风险的措施、补丁修复或者找到其他解决办法之后的事后信息等。但，这里的用户对象应基于不同利益进行优先性划分，考量涉及国家秘密、关键信息基础设施等不同对象确定告知的范围与次序。第二,《网络安全法》第二十二条规定的“报告”，明确和完整表述为“向有关主管部门报告”，根据《网络安全法》第八条的规定，目前我国形成了网信、工信、公安等部门各司其职并在网信部门统筹协调下开展网络安全保护和监督管理工作的职责布局，此处的“有关主管部门”也包括网信部门、工信部门和公安部门等。“报告”具有向主管部门提交的自下而上性质，报告的形式和内容上应包括对漏洞发现（含检测验证）的报告、漏洞网络安全风险的监测评估报告、漏洞引发的网络安全事件的处置 / 应急报告等。同样，应充分考虑与平衡向主管部门报告、向用户告知以及向社会发布三者的范围与次序。第三,《网络安全法》第二十六条规定的“发布”，具有向社会不特定人公开的特性。此概念对应于传统漏洞披露的“完全披露”类型，一旦发布，将对“告知”与“报告”产生直接影响。因此,《网络安全法》要求无论网络产品、服务提供者，或网络安全服务机构“向社会发布”，均“应当遵守国家有关规定”，强调对前置程序的规范审核。第四,《网络安全法》第五十一条规定的“通报”，具有网络安全信息共享的特性。其启动主体和指向对象都会因共享要素考虑的充分性、完备性与否而具有不同体现。

4. 网络安全漏洞披露的责任豁免规定

网络安全漏洞披露规则的设计应充分考虑漏洞发现者、用户、厂商、政府机构等相关主体的利益平衡，并以保障用户合法权益、社会公共安全、关键信息基础设施安全乃至国家安全为最终目的。总结美国 CISA 的规定可以看出，合法披露是安全漏洞披露的首要原则，其必要前提是目的合法和行为授权。我国安全漏洞披露同样应该限定在目的合法和行为授权的框架内。安全漏洞披露的责任豁免是指在形式上符合漏洞披露禁止规定的行为，由于符合免除责任的规定而从安全漏洞披露规定的适用中排除，以豁免的形式授予相关主体和行为合法性。安全漏洞责任豁免规定具有维护网络安全、推动网络安全产业的创新、实现多方利益平衡的重要价值。安全漏洞披露的责任豁免主要包括两种情形：一是对披露主体的安全研究人员（如“白帽子”等）善意披露安全漏洞行为给予的责任免除规定。美国“惠普起诉 SnoSoft 公司研究者”和“Tornado 起诉员工 Bret McDanel”案均表明，无论是厂商还是法院都开始注重安全研究人员的善意动机，即使厂商出于自身发展利益考虑，也无法否认安全研究人员对网络安全的正面影响。二是针对特定行为，视为授权或授权追认的责任免除规定。如美国国防部 2016 年 11 月发布的《安全漏洞披露政策》明确规定，“安全研究以及漏洞发现行为充分符合政策中的限制与指导规定，国防部不会发起或者支持任何指向的执法及民事诉讼活动，且如果除国防部之外的某方进行执法或者民事诉讼，国防部方面将采取措施以证明行为拥有依据且并不与政策相违背”。

以第一种豁免情形为例，《网络安全法》中未直接明确安全漏洞善意披露行为的责任豁免规定。本文认为，我国现阶段的安全漏洞披露立法仍处于探索阶段，如安全漏洞披露豁免缺乏针对性，将导致法律适用时的不明确，造成豁免规定滥用，产生与不规范披露或非法披露同样的安全风险，因此安全漏洞披露豁免规定应该审慎论证和制定，在立法和技术时机成熟时，可以考虑通过《网络安全法》配套制度设定安全研究人员（如“白帽子”等）安全漏洞善意披露的责任豁免规定。在具体确定豁免条件时，必须基于技术可控的整体判断，合理限制善意披露的界限，避免矫枉过正，扩大适用范围，如至少应综合考虑安全研究人员的背景、所披露漏洞的危害级别、给厂商和用户带来的实际负面影响等因素。

四、结语

“网络的绝对安全不具有技术上的可能性，网络安全的破坏者与维护者之间注定是一个长期博弈的过程”。[①] 网络安全漏洞披露之上集结了政府部门、产品和服务提供者、第三方研究机构、网络安全服务机构、用户、黑客或“白帽子”等多方利益相关者及其协调关系，所有利益相关者均应肩负起应有的法律责任，共同推动网络社会的有序运行。

我国现行立法已提出网络安全漏洞合法披露的基本要求，但仍然缺乏对于规则实现的具体设计，无法为安全漏洞披露行为提供明确指引。美国很早开始从法律和政策层面构建网络安全漏洞披露规制，并根据情形不断调整，呈现从负责任披露到协同披露变革的趋势，现阶段网络安全漏洞披露规则的制定更是上升到与国家安全和政治利益密切相关的高度。本文建议，可参考借鉴美国网络安全漏洞披露规则设计及其实践经验，以协同披露为导向，完善我国《网络安全法》框架下的产品和服务提供者、第三方漏洞披露平台和政府机构的职责设置，围绕安全漏洞披露主体、披露对象、披露方式和披露的责任豁免规定进行网络安全漏洞披露规则体系的论证与设计。

① 马民虎，李江鸿，《我国信息安全法的法理念探析》，《西安交通大学学报（社会科学报）》，2007 年第 27 卷第 3 期，第 74-80 页。

数据治理与安全合规

1. 大数据背景下我国个人数据法律保护模式分析[①]

随着云计算、云存储、物联网等新技术的应用，人们通过社交网络、电子商务平台及移动智能终端等途径搜集、处理的各种数据呈爆炸性增长，在容量、关系和复杂性等方面已超出了传统的处理能力和认知范畴，从而步入了大数据时代。在传统网络数据保护问题尚未得到有效解决的情形下，大数据时代的到来又给个人数据保护带来了更多新的难题与挑战，急需从立法层面予以应对。

一、大数据与个人数据

（一）大数据的内涵与特征

大数据是一个比较抽象的概念，目前尚无确切、公认的定义。最早提出大数据，并认识到其重要性的是全球知名咨询公司麦肯锡。涂子沛在《大数据》中提到:“大数据”指一般的软件工具难以捕捉、管理和分析的大容量数据，一般以“太字节”为单位。美国学者维克托·迈尔·舍恩伯格（Viktor Mayer-Schönberger）将大数据解释为是人们获得新的认知、创造新的价值的源泉，是

① 作者：黄道丽、张敏。发表于《中国信息安全》，2015 年 06 期。

改变市场、组织机构，以及政府与公民关系的方法。大数据将不再苦苦追寻数据之间的因果关系，而是探寻数据之间的相关性，并进行合理的预测。通过大数据分析，药学家可以更便捷地测定药物的交叉反应；商家能及时解读看似杂乱无章的消费者行为，诱导购买；犯罪学家创建了算法犯罪学，用来预防并惩治犯罪。可见，大数据的突出价值在于通过预测获得新知识，以促进决策实现，从而创造新的社会价值。

（二）大数据背景下对"个人数据"的重新审视

个人数据是一个特定的法律概念，与之类似的概念还有"隐私""个人信息"。学理上认为个人数据是指与个人相关的，能够直接或间接识别个人的数据。在欧盟立法中，"可识别性"是判断"个人数据"的最重要的标准。但大数据背景下，"个人数据"需被重新审视。

首先，"个人数据"的范围不断扩大。"可识别性"是个人数据的重要属性，但区分可识别性程度的工具是技术。数据搜集与再识别化技术的应用使得很多价值密度低的数据更易被赋予"可识别性"特征。商业机构通过有效组合和集成互联网用户的消费信息、网页搜集信息、社交网络上的个人信息、智能手机的位置信息以及智能电表使用信息等，可快速对某特定的自然人"塑形"。以智能电表的使用为例：个人生活用电时，每种电器在工作和通电情况下的负荷特征是不同的，智能电表能持续记录这些特征，并予以收集和存储。对这些用电数据的分析，可以知道个人在某一时间段所打开的电器以及进行的活动，进而可以利用长期积累的数据推测人们的生活习惯，如作息时间，这显然已可归属于个人数据的范畴。不难预知，大数据的发展以及相关技术的应用将会使得传统上不可识别的某些数据转化为可识别的数据，从而拓宽个人数据的范围。

其次，个人数据的分类逐渐模糊。学理上以个人数据是否涉及个人隐私为标准，分为敏感性与非敏感性个人数据。敏感性个人数据指涉及个人隐私的数据，非敏感性个人数据是指不涉及个人隐私的数据。法律划分敏感性个人数据与非敏感性个人数据的用意在于区分其保护程度与方式。敏感性个人数据的收集与处理需要法律给予特殊的保护，而特殊保护的方式就是强化数据主体的知情权与控制权。随着新技术的应用，足够大的数据量以及不同来源的数据的有效结合，将会大大增进数据之间的交叉检验和对比分析，从而使得非敏感性与敏感性个人数据产生联系，进而逐渐模糊两者之间的界限。从而提醒人们对传统意义上的某些非敏感性数据是否也应加以特殊保护。

二、大数据背景下个人数据法律保护之困境

在传统立法中的个人数据保护问题尚未得到有效解决的情形下，大数据时代的到来又给个人数据法律保护带来了新的困惑，主要表现为以下方面：

（一）数据主体对数据的控制权严重削弱

数据控制权是指数据主体有权决定其个人信息在何时、何地及以何种方式被收集、处理及利用。数据控制权的削弱表现为数据主体在接收信息上的不对称，即不了解自己的数据何时、何地、被何人、以何种方式进行了处理，主要原因如下：第一，传统数据保护的“匿名化”失效。匿名化指通过技术措施，让所有能揭示个人情况的数据都不出现在数据集里。通过匿名化处理，个人的在线活动及与之相关的搜索记录、图片、地理位置等碎片化数据被广泛地记录与追踪似乎并不能侵犯数据主体的数据控制权。但随着数据来源、数量的增多及数据分析技术的应用，社交网络和互联网公司收集的数据已呈现出很强的身份特征。例如，哈佛大学教授拉塔尼娅·斯威尼（Latanya）研究显示，只要知道一个人的年龄、性别和邮编，并与公开的数据库交叉对比，便可识别出 87% 的人的身份。第二，透明度原则受到冲击。透明度原则是欧盟数据保护的基本原则，指应当告知数据主体其个人数据的处理的基本情况，如在数据收集环节，通过隐私通知形式，告知数据主体数据处理的目的。在大数据背景下，数据主体很难知道数据收集、分析与利用是否基于特定的目的。

（二）数据控制者对数据的垄断不断强化

数据控制者的概念来源于欧盟法，是指单独或与他人联合决定个人数据的

处理目的及条件和方法的自然人、法人、公共机构或其他实体。在大数据环境下，海量的数据往往以聚合形式存在于社交网络平台、电子商务平台及移动智能终端平台，这也意味着一些具有资金与技术优势的大型网络服务提供商更容易实现数据垄断。实现数据垄断的公司会采取措施限制用户移转适用通用格式或结构的个人数据的副本到其他类似公司的信息处理系统，从而达到占有数据资源、规避竞争的目的。大数据的预测价值来源于数据自由与共享，而数据垄断伴随着数据割裂与数据鸿沟，使大数据的社会价值大打折扣，同时也进一步削弱了数据主体对数据的控制权。

（三）数据安全风险和数据监控风险增加

在云计算环境下，数据将被集中存储，并形成一个超大的数据共享中心。这种数据存储的集中化特性使数据保护更加便捷，但也更易产生数据混同、数据丢失或引诱恶意攻击的情况。云计算采用开放接入访问模式，访问节点多而分散，动态性和虚拟性加强，数据传输可能跨越多个国家、地区，使个人数据被非法窃取、攻击、修改和破坏的概率增加。当数据过期并需要删除或销毁时，云服务提供商可因为故意或过失而未完全删除或销毁所持有的数据或备份，数据的安全性便会因此受到威胁。此外，大数据时代的监控可谓无孔不入，这种监控并不仅仅反映在数据的大规模非法收集上（如“棱镜门”事件），还表现在利用数据分析与挖掘技术，将收集到的各类数据进行交叉比对、分析检验，从而将某个特定的主体从数据群中“提取”出来的能力提升。这不仅使数据主体无法充分掌控自己的数据，还会使其受到不公正的待遇。

（四）“通知—同意”规则难以有效执行

“通知—同意”规则是欧美数据保护立法的核心性规则，是指数据控制者和处理者在收集、处理数据时须事先告知用户，并得到用户的明示或者默示的许可。在大数据背景下，“通知—同意”规则的执行力度因难以把控而显得格格不入。以云计算机为例，云服务商为取得数据主体的明示许可，需耗费巨大资金，在其系统软件中设计新的收集数据主体做出同意的方式。数据主体也会因此反复签署数据控制者或处理者为确保数据主体做出明确同意的意思表示而提供的合同，这不利于数据主体顺畅地使用现代化服务。但“通知—同意”规则若不执行或宽松执行则将导致数据主体对个人数据的控制力下降甚至消失，如何趋利避害是完善该规则的关键所在。

（五）责任追究难度加大

在云环境中，个人数据安全风险存在于数据存储、传输、处理及销毁等全生命周期中，涉及政府、数据控制者、数据处理者、数据主体等多方主体参与者，责任主体的多元化使得责任认定难度增加。此外，越来越多的企业聚集成为共同利益集团，在集团内部进行数据的共享，同一数据需要供给多个主体使用，即呈现“多对多”的模式。在这一模式下，由于数据接口的多样性，往往会被多个主体访问和使用，使责任主体难以辨识。

三、大数据背景下欧美个人数据保护立法的回应与变革

权利保障与促进数据自由流动是各国数据保护立法的基本价值功能，如何在尊重各国文化、法律、政治及经济发展实际状况的基础上，将其内化到数据保护法律规则的制定中是最大的难题，也是欧盟和美国数据保护立法最主要的分歧所在。

（一）欧盟个人数据保护立法动向：对个人权利保障的关切

欧盟数据保护法以其综合性、完整性和统一性而备受关注。为应对新兴技术的发展所带来的挑战，欧盟于 2012 年提出了《欧洲议会和理事会关于个人数据处理中个人权利保护及促进个人数据自由流通条例草案》（以下简称《条例草案》），对 1995 年《个人数据保护指令》（以下简称《指令》）做出了诸多变革，主要包括以下几方面：

第一，加强数据主体对数据的控制权。《指令》并未明确个人“同意”是积极同意还是消极同意，而《条例草案》规定，数据主体同意是指数据主体自愿给出的、具体的、有根据的、详细的、表明其意愿的说明，该说明可以通过

声明或明确肯定的行动表示。此外,《条例草案》还增加数据删除权与数据可携权两项创新性权利。第二，增加数据控制者对数据安全风险的防御义务，主要包括数据保护影响评估和设计隐私与默认隐私规则。第三，惩罚措施更为严厉。《条例草案》规定了对数据违法行为的各种罚款，对自然人最高可处 25 万欧元至 100 万欧元的罚款，对跨国企业最高可处其全球年收入的 0.5% 至 2% 的罚款，对无商业利益的个人及雇员人数为 250 人以下的以非数据处理为主业的企业可免除上述行政处罚。第四，改革数据保护机构。“欧盟数据保护委员会”取代了“第 29 条数据保护工作组”，成为欧盟数据保护的咨询协调与监督机构，并为跨国企业的数据处理行为提供“一站式”监管。

（二）美国个人数据保护立法动向：对数据自由与技术进步的关切

为回应大数据发展对隐私保护带来的挑战，美国也在积极推动相关立法与政策变革。2012 年，美国工作报告《网络环境下消费者数据的隐私保护—在全球数字经济背景下保护隐私和促进创新的政策框架》(以下简称《隐私权报告》),《消费者隐私权利法案》随之被提出。该法案进一步强化了通知与同意的法律规则、数据保存与处理的安全责任及事后问责制。2014 年，美国发布全球大数据“白皮书”《大数据：把握机遇，守护价值》。白皮书显示，美国在平衡技术进步与个人数据保护关系中的基本价值取向——对技术进步与经济发展更为关切。

（三）比较与评析

美欧数据保护立法政策的制定受制于各自的文化、法律、经济发展及政治现实，在内容与立法价值的取向上有所不同。欧盟为个人数据保护提供统一、强制性的标准，有利于保障个人权利及数据的自由流通。但若不能协调法律的稳定性、滞后性与技术发展的高速性之间的矛盾，统一立法难以发挥预设的调控效果。美国分散立法与行业自律相结合的个人数据保护模式调动了企业保护个人数据的主动性，增强了个人数据保护的针对性与灵活性，降低了执法成本。但由于缺乏法律强制力约束，数据主体的法律救济不足，难以有效维权。

四、大数据背景下我国个人数据保护法律保护模式的思考

大数据背景下，个人数据的法律保护面临诸多困境，如何确立适合本国国情的数据保护立法政策是问题的关键。我国应从厘清现有数据保护立法政策的滞后性入手，理性定位立法的价值取向，并以此为指引，完善我国个人数据保护的法律模式。

（一）我国个人数据保护制度的滞后性

目前，我国虽没有制定专门性的个人数据保护法，但有与之相关的法律法规。对个人数据直接保护的立法包括《刑法》、《中华人民共和国侵权责任法》（以下简称《侵权责任法》）、《互联网信息服务管理办法》、《全国人大常委会关于加强网络信息保护的决定》等，对个人数据间接保护的立法包括《中华人民共和国宪法》（以下简称《宪法》）、《中华人民共和国民法通则》（以下简称《民法通则》）等。此外，还包括一些针对特殊领域与特殊主体的法律和法规，如《中华人民共和国未成年人保护法》（以下简称《未成年人保护法》）、《中华人民共和国妇女权益保护法》（以下简称《妇女权益保护法》）、《中华人民共和国执业医师法》（以下简称《执业医师法》）、《中华人民共和国传染病防治法》（以下简称《传染病防治法》）等。在云计算、大数据快速发展的技术背景下，我国个人数据保护立法的滞后性显而易见：第一，未建立统一的立法规划与数据保护执法机构，导致现有法律法规对个人数据的保护力度相对较小；第二、现有立法调整范围有限，仅局限于“加害行为”，而并非针对“数据处理行为”，导致无法有效治理数据流转的全生命周期中的安全风险；第三，未建立针对数据主体、数据控制者与处理者的核心权利义务的法律规则，导致个人数据保护仅停留在“下游”阶段；第四，忽视了云计算、大数据快速发展这一时代背景和数据保护的全球化趋势，使跨国企业在“走出去”时障碍重重。

（二）立法的价值取向：权利保障与数据自由流动的价值平衡

我国在数据保护立法中应充分考虑价值平衡这一问题，在基本国情的基础

上，在对“技术的信仰和人身的信仰”之间找到一个平衡的支点：

首先，应理性认识大数据技术背景下的个人数据保护问题。大数据因其强大的“预测”功能被应用于国家安全、社会干预、金融、销售、医疗保健等各个方面，成为国家经济增长与企业盈利的助推器。数据分析与挖掘技术的进步不断扩大数据的“可识别性”的范围，具有人格权属性的个人数据也是一种社会经济资源，因此不能以拒绝或排斥的眼光看待个人数据的商业化利用。其次，应处理好权利保护与权利限制的关系。权利保护是数据保护立法的核心，但对权利保护的过分强调必将克减数据自由流动的机会、增加商业成本，使得大数据的社会价值无法有效发挥。因此，权利限制应成为权利保障的有益补充，当涉及国家安全、国家防御、刑事犯罪、重大公共利益、他人的生命或重要权利时，数据主体的权利应遵循“个案平衡”原则相应克减。再次，应选择或设计成本最低、效率最高的权利保护规则，以促进数据自由流动。

（三）建构符合我国国情的个人数据法律保护模式的思路

1. 确立适合国情的“综合保护”立法模式

立法模式在很大程度上承载着立法者的价值期望。在我国，统一立法、分散立法与行业自律相结合的“综合保护”立法模式是最佳途径：首先，数据处理行为应设定普遍的法律规则，制定统一的个人数据保护法是当务之急。欧盟与我国同属大陆法系国家，其法律体系于我国具有很强的兼容和相洽性，欧盟统一立法模式可为我国提供有益借鉴；其次，还应认识到数据处理行为及个人数据存在差异性，可根据数据类型及处理行为的差异设定特殊的规则，比如在犯罪侦查、医疗、科研等特殊领域或涉及个人敏感数据的行业设立特殊规则；再次，应鼓励和引导行业自律。由于我国缺乏自律传统与自律文化，行业自律最大的弊端是缺乏约束力，可考虑赋予经审查的自律规范以法律效力，或引入激励机制，以保障行业自律的实施效力，使其成为立法的有益补充。

2. 明确基本的个人数据权利

在数据保护立法中，个人权利保护是核心内容。个人数据权利与隐私权是经常容易被混淆的概念，但两者仍有着明显区别：个人数据权利的建立具有高度的技术特征，规定的是如何收集与处理个人数据的规则，兼具人身权与财产权的属性；而隐私权对应新闻自由而产生，以保护人格利益为主，以避免侵害和损害救济为目的。因此我国在数据保护立法中应单独规定个人数据权利，一般包括同意权，获取权，知悉权，删除、修改、补充权。

3. 明确数据控制者的核心义务与责任，增强风险防御能力

数据控制者是指数据保护立法的核心义务主体，可分为商业机构、政府机关与公共机构。目前，各国数据保护立法均将政府与公共机构纳入范围之内，分别适用统一或有差异性的调整方法。我国已有学者提出政府机关处理个人信息的行为属于行政法律关系，理应在规制程度上弱于其他信息处理者。但本文认为，与商业机构相比，政府机关与公共机构掌握公权力，收集、处理的个人数据范围广、内容多，应受到数据保护立法同等的规制。在新技术背景下，不仅应将告知义务、合法获得义务、安全保障义务等纳入数据控制者的义务体系中，还应认识到，将风险规制寄托于惩罚与救济的方法实施成本高、效果有限，对风险应事先防御。可在立法中设立激励机制，鼓励公私机构就拟建的数据处理系统或任何新的大数据项目进行数据安全影响评估，并定期向社会公布这些评估报告。另外，可鼓励高新技术企业将隐私强化技术应用至企业数据处理系统及产品的设计之中，增强企业对数据安全风险的防御能力。

4. 完善“通知—同意”法律规则

大数据背景下的“通知—同意”法律规则难以发挥应有的功效。为应对此难题，欧盟的做法是明确数据主体的“同意”应为“积极同意”，这有利于保护个人数据权利，但也因增加商业成本而饱受诟病。建议我国在数据保护立法中采用“积极同意”与“消极同意”相结合模式。对于统一的数据保护立法应采纳“消极同意”模式。考虑到这种模式所降低的商业成本会变相转移到数据主体身上，故我国在引入消极“通知—同意”规则时应注意两个因素：一是“通知”应是明确、充分、具体的。数据控制者应告知数据处理的机构、目的、种类等核心要素。二是赋予数据主体便捷、经济的反对途径。应规定数据处理者要求数据主体反对的方式必须与数据处理者通知的方式同等便利，不给数据主体增加额外的负担。对于犯罪侦查、医疗、科研等特殊领域或涉及个人敏感数据的

特殊保护规则应采用“积极同意”模式。

5. 健全个人数据保护民事诉讼与行政处罚机制

权利保障与救济是个人数据保护立法的核心。在云计算模式下，侵权主体具有多样性并很难确定，数据主体难以有效维权。我国应逐渐健全个人数据保护的民事诉讼机制，明确建立由被告证明其不应承担责任的举证规则。当数据主体不能确定具体的侵权主体时，由数据控制者与处理者承担连带侵权责任。此外，在大数据时代，个人数据是价值巨大的“金矿”，很多企业会对存储于云端的数据进行商业化利用，数据泄露、非法交易也将成为常态，加大行政处罚的力度是当务之急。也可考虑设立违法行为处罚“公示”制度，将违法企业计入“违法行为黑名单”等方式，来有效遏制侵犯个人信息的违法行为。

6. 有效应对个人数据保护国际化趋势

跨境的数据流动将成为常态。中国仍被欧盟认定为是不能对个人数据提供充分性保护的国家，这将使具有财产价值的个人数据外流易，而流入难，导致企业在国际贸易中始终出于竞争劣势。应对这一问题的最主要方法是与欧盟或相关国家展开双边磋商，建立一个类似于欧美的“安全港协议”。同时，积极参与到个人数据保护的国家合作中，争取规则拟定中的话语权。在国际立法中，应强调将个人数据流动作为经济问题的解决方案，而对个人数据保护在人格权方面的问题适度搁置，以利于纠纷的解决。

五、结语

大数据时代，数据共享和数据收集的规模急剧增长，数据已经成为经济增长和社会价值创造的源泉。快速发展的数据挖掘与利用技术使个人在网络空间逐渐由“匿名”变为“透明”，产生于大机器时代的个人数据保护法律规则亦无法有效应对大数据环境下个人数据保护的新问题，而立法改革成为欧美国家解决上述问题的一剂良药。欧盟《条例草案》在生效与推广之后很可能成为主导世界的数据安全法律治理模式之一。我国需理性认识到数据保护的国际动向与本国立法的滞后性，在对“技术的信仰和人身的信仰之间”需求一个价值平衡的支点，并以此为指引，尽快探索适合我国国情的个人数据法律保护模式。同时积极应对个人数据保护的国际化趋势，积极争取国际规则制定中的话语权。

2. 欧美数据跨境流动监管立法的“大数据现象”及中国策略①

“大数据”概念出现伊始，全球对“大数据”的关注尚停留在“技术促进”层面的欣喜之中。边际成本的不断下降、即时通讯工具的风靡、国家战略和政策的高度重视等多因素聚集，大数据迅速成为信息技术领域最炙手可热的话题。“万维网之父”蒂姆·伯纳斯·李（Tim Berners-Lee）甚至将下一代互联网的本质称为“数据网”（Web of Data），表明数据对社会发展的重要意义。大数据使对数据深度挖掘成为可能，原本无意义或碎片化的数据可以进行关联度分析并加以商业利用，数据的潜在价值通过大数据技术得以充分体现，数据成为分析过去和预测未来的关键因素。

数据跨境流动始于 20 世纪六七十年代，是信息通信技术发展以及国际经济贸易交往的自然过程和重要诉求。大数据环境下，更大规模和复杂的数据跨境流动成为全球常态。据美国国际贸易委员会估计，数据流动使得美国的 GDP 增加了 3.4 至 4.8 个百分点，同时创造了 240 万个就业岗位。美国商界强调，跨境数据流通在维持日常业务运营和产业突破发展方面具有强大的革命性力量。然而，“机会与风险并存”的技术利用悖论在大数据环境下体现得尤为明显。数据跨境过程中产生的不确定性因素严重威胁着数据安全，数据滥用和数据监控成为大数据利用挥之不去的阴霾。

在当今世界严峻的网络安全形势下，全球数据跨境流动监管面临共同的挑

① 作者：黄道丽，何治乐。发表于《情报杂志》，2017 年第 4 期。

战。研究欧盟和美国数据跨境流动监管的立法框架，剖析其所体现的深层次国家需求和利益博弈，对完善我国大数据环境下的数据跨境流动监管立法具有重要的参考意义。

一、数据跨境流动监管立法的多元诉求

1980 年，经济合作与发展组织首次正式提出数据跨境的概念，即指“个人数据的移动跨越了国家边界”。近年来，尽管企业、甚至政府的数据也存在跨境共享的客观事实，但法律意义上的数据跨境仍然仅指个人数据跨境。本文亦仍从个人数据范围研究数据跨境的监管问题。大数据技术的普及在一定程度上促使个人数据跨境成为常态，跨越传统物理国家边界的数据利用削弱了附加于数据之上的“控制权”，这种“控制权”既包括基于数据所有权的数据主体控制权，又包括基于数据主权的国家控制权。数据脱离“控制”，特别是在数据接受国缺乏必要的数据保护能力的情况下，数据将面临未经授权的收集、访问、使用、披露和篡改的风险。因此，国家会通过立法对数据跨境流动实施有效监管，实现不同主体的基本诉求。数据跨境流动的立法监管折射了个人数据安全保护、执法便利提升和国家主权维护等多元诉求。

1. 个人数据安全保护诉求

大数据技术促使个人数据流通和融合的速度加快，经济资源价值不断攀升。个人数据不仅成为企业实现利润最大化的驱动因素，也成为国家关键基础设施的核心组成要素之一。个人数据的价值和重要性决定了其被觊觎的高概率，一方面，有可能被恐怖分子和违法犯罪活动利用。全球数据黑色产业链日益成熟，离境数据被恶意利用和买卖的现象频发，个人数据泄露事件不断发生。另一方面，企业倾向于管理和使用更多的个人数据以占据市场主动权，这对企业个人数据安全保护提出了更高的要求。大数据环境下，“从网络时代对个人信息的精确收集转向基于大数据样本中数据挖掘产生相关个人信息的关联集成，这颠覆

了过去隐私保护以个人为中心的思想。”[①] 企业原本遵循的传统收集公开原则和安全保障原则过于泛化，不能给个人数据保护建筑牢固的安全屏障。构建更合理有效的个人数据安全保护要求并指导企业合规实践成为监管立法的必然诉求。

此外，跨境法域的合规要求和冲突也进一步加剧了个人数据的安全风险，个人数据的完整性和保密性受到前所未有的冲击。个人数据流动和转移次数难以估算，全球范围内个人数据立法碎片化和数据管理规则相对割裂的现状，造成无法为个人数据提供安全可信的在线环境。完善统一规则保障个人数据的安全流动也成为监管立法的必然诉求。

2. 执法便利提升诉求

大数据时代，犯罪技术更加具有隐蔽性，“跳板技术”等新兴犯罪手段可以更加容易地掩盖攻击源头。数据跨境使得大量数据流向境外，执法机关提取有价值的证据需要耗费更多的时间和人力资源，高效甄别数据价值的挑战更大。在跨境数据取证的合作过程中，执法活动会受到预防能力或补救权利不足的实际阻碍，使得域外取证处于被动地位。也就是说，数据离境会增加执法成本。当然，在不同司法管辖区域内的执法活动可以通过司法互助双边协议予以实现，但效果并不明显。为弥补跨国犯罪管辖权不足、提升执法便利，应对数据跨境进行必要且适度的监管，如明确数据跨境前实施强制性备份等要求成为监管立法的必然诉求。

3. 国家主权维护诉求

大数据时代，国家拥有数据的规模、流动、利用等能力将成为综合国力的重要组成部分。包括个人、企业和国家数据等在内的数据早已不仅是国家“软实力”的体现，更关涉军事、国防领域，成为国家主权的重要组成部分。数据对国家主权维护有重要意义，是支撑国家安全与发展的重要战略资源，具有极为重要的主权保护价值。管辖权不明、网络攻击日益复杂猖獗、跨境数据监管失效等因素对国家安全造成了严重威胁。早在 1978 年，由 78 国代表团参加的政府间信息局国际会议就发表报告认为，跨境数据流动“将国家置于危险境地”。

---

① 史为民，《大数据时代个人信息保护的现实困境与路径选择》，《情报杂志》，2013，32（12）：155-160.

信息通信技术如日中天，经济制度、技术水平的差异扩大了各国的数字鸿沟，置身事外和闭关锁国只会造成信息孤岛，扩大数字鸿沟，拒绝数据跨境流动则会使国家被排除在世界网络体系之外。数据跨境流动不可避免，经济价值也有目共睹，然而对每一个国家，尤其是立法不完善和技术不发达的信息化弱国而言，将会直接给国家主权的完整性带来严峻挑战。如何调整数据跨境流动监管机制，解决数据跨境流动过程中的权利冲突以及数据管辖权异议问题，最终实现国家主权维护的目的成为监管立法的必然诉求。

二、欧美数据跨境监管立法的“大数据现象”

随着大数据技术的蓬勃发展，更加凸显的网络社会地缘化特征使得欧美在制定立法时更为谨慎。尽管欧美面临相同的现实问题，但采取了截然不同的立法态度，形成了颇具特色的欧美国家数据跨境监管立法的“大数据现象”。在“棱镜门”等数据滥用事件引发欧盟日益收紧其隐私保护法律政策之际，欧美在跨境数据流动方面的新一轮立法值得高度关注。

1. 欧盟逐渐紧缩数据跨境监管

欧盟一直以来有数据保护立法传统，以苛刻的数据保护合规性要求著称。鉴于数据跨境对数据安全产生的潜在威胁，特别是在“棱镜门”事件披露出大规模外国政府监听丑闻之后，欧盟逐步开始考虑数据脱离欧盟管辖区的实际风险，数据跨境监管日渐严格化。欧盟 1995 年发布的《数据保护指令》(Directive 95/46/EC) 即建立了较高的数据保护标准，明确充分性保护原则。欧盟承认的具有充分数据保护能力的国家仅包括加拿大（对于某些目的)、瑞士、阿根廷等 12 个。在早期，尽管美国并没有达到欧盟的数据保护标准，但考虑到欧盟与美国之间的经济联系密切，且存在着大量数据交换和共享的事实，在商业利益的驱动下，2000 年美国暂时向欧盟妥协，签订了《安全港协议》。《安全港协议》实质上是美国对欧盟所关注的个人信息跨境流通问题的回应，给予收集和使用数据的美国企业更多的责任和义务，是美国分散立法体制对欧盟统一个人数据保护立法模式的退让与折中处理。

《安全港协议》对收集和使用个人数据的企业有严格要求，曾被认为能够比美国法律提供更高的数据保护标准，是保障欧美数据跨境流动安全的桥梁和纽带。然而，近些年美国利用遍布各地、被人们广泛使用的软硬件优势，打着维护国家安全的旗号对世界进行监视和控制，尤其是“棱镜门”事件的曝光使得《安全港协议》形同虚设，破坏了美欧之间的信任。“棱镜门”事件使各国政府对数据安全采取了史无前例的审慎态度，数据离境给国家安全、社会稳定和个人隐私带来的潜在威胁促使各国广泛开始调整立法态度。在“被遗忘权”风靡欧洲大陆和世界人民数据保护意识日益增强之际，奥地利人马克斯·施雷姆斯（Max Schrems）对 Facebook 向美国政府提供了欧洲公民相关数据的诉讼引起欧盟最高法院的高度重视，成为《安全港协议》废止的导火索。2015 年 10 月，欧盟法院作出判决，认为美国以国家安全、公共利益和执法需求为借口漠视隐私保护，《安全港协议》不能约束政府机构的数据审查行为，不能满足充分性保护的原则，因此予以撤销。

在欧盟开始新一轮的数据跨境流动保护协议谈判之际，鉴于在数据保护与国家安全之间的权衡有所差异，新协议的形成被认为可能需要花费较长时间。然而仅在半年之后的 2016 年 7 月 12 日，欧美通过了新的数据跨境协议《欧盟 - 美国隐私盾框架》（Privacy Shield Framework），体现出欧盟解决数据跨境风险、提升数据保护水平的决心。在该协议中，欧盟除重申了知情原则、选择原则、安全原则、数据完整性原则、目的限制原则、访问原则、传输原则和责任原则之外，特别强调了欧美数据跨境传输的透明度管理问题，强制要求建立合规性审查和争议解决机制，对加入隐私盾协议的美国公司也提出了更高的数据保护要求。与此同时，“大数据从根本上改变了搜索和提取信息的方式，但也导致个人信息的曝光超过我们所希望的尺度。”① 欧盟开始深化被遗忘权的法律适用问题。2007 年的《欧盟基本权利宪章》第 8 条中就明确规定“人人均有权享有个人信息之保护”且“人人均有权了解其个人信息，并有权要求销毁其个人信息。”2012 年欧盟《通用数据保护条例》更是在 95 指令的基础上规定了更为全

① 何治乐，黄道丽.《大数据环境下我国被遗忘权之立法构建 - 欧盟 <一般数据保护条例> 被遗忘权之借鉴》、《网络安全技术与应用》，2014（5）：172-173。

面、严格的数据保护措施，其中第 17 条明确提出被遗忘和删除权。该法案颁布后，被遗忘权和删除权在世界范围内引起了极大反响，虽然对其评价褒贬不一，但是并不影响其实际的可操作性。包括谷歌、Facebook 在内的跨国企业都被命令删除用户“有权被遗忘”的数据。2014 年 11 月 27 日，欧盟委员会要求谷歌将被遗忘权延伸至全球。

2. 美国通过信息共享强化数据跨境

与欧盟通过收紧数据跨境政策，提升个人数据保护水平的努力不同，美国更希望通过促进数据跨境维护业已建立的信息优势。美国清醒地意识到在大数据时代，数据利用意味着价值和机遇，也更透彻地理解促进数据跨境流动对国家利益产生的潜在裨益。为此，尽管同样拥有悠久的隐私保护传统，但美国更加重视通过鼓励数据跨境流动确立和固化“数据占有和利用”的优势，最大限度地攫取“数据金矿”。虽然美国跨国企业的市场地位能够为美国掌控数据资源提供便利，但监控丑闻带来的负面影响也迫使美国必须审慎对待通过跨境方式获取数据的合法性问题。并在以下两方面寻求强化数据跨境的策略。

其一是修正和弥补“棱镜门”事件的消极影响，适度作出妥协和让步。以欧美签订《欧盟 - 美国隐私盾框架》为例，首先，与《安全港协议》柔性的约束架构不同，《欧盟 - 美国隐私盾框架》要求加入的企业必须公示相关承诺及隐私政策，并要求企业定期进行自证明审查，通过偏强制性的刚性要求，避免再次出现美国企业无视《安全港协议》的尴尬局面。这意味着美国企业要想获得欧盟数据必须面临更为严格的数据保护合规要求，而且必须证明相关保护措施已经得到了切实履行。其次，《欧盟 - 美国隐私盾框架》确立了更为严格监管机制，并特别强调监管措施执行的及时性和有效性。在美国政府访问欧盟数据的情况下，《欧盟 - 美国隐私盾框架》甚至要求设立专员监督数据跨境的相关情况。事实上迫使美国承认了欧盟数据保护规则的域外效力。再次，《欧盟 - 美国隐私盾框架》赋予了欧盟公民向企业申诉的权利，这意味着欧盟公民首次获得了依据数据保护规则向美国企业主张权利的途径。此外，2014 年 6 月和 2015 年 6 月，美国连续通过两部抑制国安局数据收集行为的法案，希望通过限制政府的大规模数据收集项目重塑信任，以此再次促进美国在全球范围内的数据跨境流动。

其二是通过信息共享立法强化数据跨境。美国在数据跨境问题上的妥协并不是一味地让步。以国家安全为名，要求执法机构与科技公司进行信息共享成为美国避过数据保护屏障的一种选择。2016 年 2 月，苹果公司拒绝协助 FBI 解锁加州枪击案凶犯 iPhone 加密资料事件引起的有关国家安全和个人隐私的争议，导致美国政府和立法机构中"国安安全派"官员重新审视美国相关立法，关于执法机构与科技公司共享数据的呼声不绝于耳。2015 年 10 月，美国通过《网络安全信息共享法案》，无视隐私斗士、公民自由团体等的不满和反对，通过国土安全部建立起企业与联邦调查局和国家安全局之间的密切关联，以"阻止网络攻击"名义收集用户数据和隐私。对于数据跨界中一直争论不休的管辖权问题，该法案确定了"定罪无国界"的惩罚模式，对于盗窃、侵犯美国公民数据的外国人均可定罪。

具体到大数据环境下，美国对大数据这种新技术的异质性、快速集聚特质有更早更深入的理解和运用。早在 2012 年美国就通过《大数据研究和发展倡议》，在将大数据上升为国家意志的同时，动员所有美国民众加入，以期创造巨大的经济和社会效益。近些年，利用大数据战略促进数据共享和交流成为美国政府收集跨境数据的重要手段，2016 年 5 月，美国发布《联邦大数据研究与开发战略计划》，作为 2012 年战略的升级版，要求通过促进数据共享和管理政策来提高数据的价值，提出要了解大数据的收集，共享和使用方面的隐私、安全和道德问题。该计划明确指出，私人领域的数据共享是国家大数据收集的关键环节，然而为了控制和持续数据传播过程中不同利益相关者之间的相互信任，该计划在强调数据共享的同时，也强调安全的至关重要性，明确实施数据共享行动和举措时必须注重对敏感数据的隐私保护。

虽然美国出台该计划的目的没有直接针对其他国家的跨境数据，但数据共享的战略内容表明美国以信息共享的行动方案加强对数据收集的态度。该计划对安全的考虑也单纯是为了避免缺乏隐私保护策略而阻碍数据的收集和潜在的数据共享。在软实力和巧实力成为网络空间博弈资源的大数据时代，美国悄无声息的数据共享策略必然能为其赢得战略优势。然而，在世界人民日益重视隐私保护和"棱镜门"余波尚在的今天，美国的立法态度定会引起新一轮的争议和质疑。

三、欧美数据跨境监管立法“大数据现象”的原因分析

“民主、自由、信任”的新型网络文化在全球蔓延，倒逼政府重新审视安全与自由的关系。在监控活动和恐怖袭击持续并存的大数据时代，偏向“国家主权模式”的美国和致力于“隐私保护模式”的欧盟之间的对立更加鲜明。美国和欧盟在数据跨境流动监管方面有着本质上的观念和范式之差，主要原因在于二者思想观念、文化传统和经济形态方面的差别。

1. 美国政府国家利益至上的观念

海量数据可以提高分析的精确性，预防网络攻击并预测未来。为了占据全球经济市场和政治生活中的控制地位，也为了预防愈发高明的犯罪攻击，美国需要源源不断的数据来分析别国的社会发展形态。鉴于美国发达的通信系统和情报搜集手段，利于大型跨国企业控制的数据进行监控成为美国现在获得数据的主要途径。针对全人类的“9·11”恐怖袭击和“ISIS”事件发生后，美国对互联网社会的治理更加迫切，提出法案试图使监听合法化。这种以维护国家安全和利益为名牺牲个人隐私的行动在美国不是第一次，1941 年珍珠港事件和 2001 年“9·11 恐怖袭击事件”发生后美国发生过类似情况，然而由于美国民众普遍强烈的民主意识，美国政府的计划并未顺利进行。

“棱镜门”事件曝光后，为了平息国内外民众的愤慨情绪，缓解信任危机，美国颁布了一系列法规：2014 年，提出修正 1986 年《电子通信隐私法》，颁布《国家网络安全保护法》明确数据泄露通知政策；2015 年 3 月，通过《消费者隐私权法案（草案）》和《美国自由法案》。在跨境数据的保护方面，2014 年 6 月，美国司法部部长承诺将 1974 年《隐私权法案》扩展到欧盟，加强跨大西洋之间的合作。美国最近两年出台的个人数据保护立法，不仅是平息民众的权宜之计，也体现了美国对民权的关注。然而，相比隐私和自由，特定历史背景下，美国政府更致力于扩大监控以维护国家主权和安全。2015 年《网络安全信息共享法案》允许政府分享企业的网络安全威胁信息，表面看来，这是为了增加预防攻击的能力，避免威胁和侵害，实际是从国家利益出发，获得更多的数据控制权。此法案一经通过立刻引起苹果、推特、Facebook、谷歌等企业的公开反对，认

为这会导致企业失去信任影响其商业发展。欧盟《安全港协议》的废除，逼迫美国大型跨国科技公司调整政策，删除相关个人数据，已经对其运营和收益都产生了负面影响，该法案的出台无疑会雪上加霜。

美国的监听历史由来已久。早在 1978 年，美国就通过了《外国情报监听法案》，界定了情报机构监听的对象和场所。在反恐战争持续进行的 2008 年，美国修订此法案，扩大了监听权利，规定只需有合理理由（超过 51% 的概率）相信监听对象在美国境外，情报机构便可实施监听。"棱镜门"事件和《网络安全共享法案》的出台充分显示了美国对待跨境数据流动的态度，相比个人数据安全而言，美国政府更加重视国家利益，重视网络攻击的预防和其霸主地位的维持，这也是欧盟废除《安全港协议》，导致欧美数据跨境立法冲突加剧的重要原因。

2. 欧盟尊重个人自由的传统

欧盟的个人数据保护立法一向处于国际前沿领域，欧盟 95 指令就强调数据主体的知情同意和控制者的透明度，成为欧盟个人数据保护历史的里程碑，也对全球立法产生深远影响。2007 年的《欧盟基本权利宪章》第 8 条明确指出"人人均有权享有个人信息之保护"，将个人信息保护作为公民的基本人权。为了建立统一的内部法律框架应对新技术的发展，并克服成员国立法保护水平差异给数据经济市场发展造成的障碍，2016 年欧盟正式通过《通用数据保护条例》（以下称 GDPR），提出一系列更为严格的数据保护规则，将提供跨境服务的企业纳入规制范围，扩大了对数据跨境流动的监管范围。该条例开创性地引入被遗忘权，更是震动各国政府和产业界，引起了大数据时代世界各国隐私保护的示范效应，2015 年 7 月 15 日俄罗斯通过的《联邦法律第 264-FZ 号》，就赋予公民类似的被遗忘权。欧盟在 GDPR 中强调，"该数据保护框架依赖执法。个人应当有能力控制自己的数据，法律和实践对于个人应当具有确定性"。随着数据流转中个人数据控制权的削弱，欧盟加紧推进被遗忘权的实际执行力。

2014 年 5 月，欧盟法院通过"被遗忘权"的裁决，判决搜索引擎必须保护隐私，移除公民请求删除的相关链接。2015 年 11 月 27 日，谷歌发布声明将删除一切用于研究目的的数据，以响应欧盟法院的裁决，并满足用户透明度的要求。据估算，谷歌使用了约 1235473 URLs 来满足 348508 份移除信息的请求，其中绝大多数都是从其研究报告中移除的。Facebook，YouTube，Badoo 等知名网站也做出了类似调整。

美国对个人的保护侧重于隐私，但 1974 年颁布的《隐私权法案》没有明确提出隐私的概念，而是以“个人记录”替代。美国的海关与边境安全保护局可以出于国家安全的需要，搜查个人携带的手机、电脑、硬盘等各种设备乃至里面的内容记录，这在欧盟国家中是没有发生过的。欧盟 95 指令已经明确界定了个人数据，GDPR 中又扩大了个人数据的保护范围，更是加入“个人数据违反”等新概念，对“基因数据”和“生物特征识别数据”给予特殊保护。同时，欧盟还出台《欧洲议会和理事会关于数据保护主体在主管当局为了预防、调查、侦查或起诉刑事犯罪或执行刑事处罚时对个人数据的处理和数据自由流动指令的提议》，作为 GDPR 的补充和辅助法案，为个人数据构筑更实际的安全屏障。

3. 监控项目曝光加剧立法冲突

最初成立欧盟是为了制约美国政治上的全球扩张，但又在经济上过分依赖美国，这种冲突和暗合在网络战争中迅速扩大。《安全港协议》的废止使网络立法战争达到了历史巅峰，使得美欧之间的对立明面化，国际局势也深受影响。美国凭借技术上的优势和遍布全球的情报网无视国际社会的共同准则，对《安全港协议》的七大原则表面遵从，实则漠视。“棱镜门”“主干道”“码头”“核子”等四大监控项目暴露了美国占有数据的野心，使得欧美之间的控制与反控制矛盾激化，双方对个人数据保护的不同价值观分歧更加严重。为了限制美国科技巨头将跨境数据交至国家安全局，降低监控给欧盟公民带来的不良后果，欧盟加快推动实施被遗忘权。在“得数据者得天下”的新信息时代，对跨境数据的收集和分析是掌握国际经济动向和政策布局的主要方式，欧盟的新政策势必对“循数管理”的美国产生负面影响，也导致二者的数据跨境立法冲突加剧。

为了缓解监控项目给美国国家战略和政策带来的强烈冲击，美国先后通过《美国自由法案》和《消费者隐私法案（草案）》，承诺会对大规模监控项目实施改革，赋予公民更多隐私权。但奥巴马政府的承诺并未付诸实施，反而以反恐、防止黑客等事由为监控项目辩护。在《安全港协议》废止之际通过的《网络安全信息共享法案》，更是以减轻网络安全威胁名义的企图将高强度的监控合法化，引起跨国企业的不满甚至美国国土安全部的反对，更使得欧美关系雪上加霜。

四、大数据环境下我国数据跨境监管的立法应对

近几年，我国也开始进行大数据发展策略的顶层设计，2015 年 8 月 19 日，国家层面的《关于促进下大数据发展的行动纲要》正式通过，为全面推进我国大数据发展和应用，加快建设数据强国提供了行动纲要。2016 年 11 月 7 日，第十二届全国人民代表大会常务委员会第二十四次会议通过《网络安全法》，提出了关键信息基础设施领域数据跨境的安全评估制度，其中第三十七规定，“关键信息基础设施的运营者在中华人民共和国境内运营中收集和产生的个人信息和重要数据应当在境内存储。因业务需要，确需向境外提供的，应当按照国家网信部门会同国务院有关部门制定的办法进行安全评估。”《网络安全法》被定位为我国网络空间保护的基本法和综合性保障法，本条内容表明并确立了我国对待数据跨境问题的基本立法态度。然而，目前我国关于数据跨境流动的“底层”法律较为零散，总体是严格限制个人数据（2013 年《信息安全技术公共及商用服务信息系统个人信息保护指南》第 5.4.5 节），尤其是敏感数据的跨境流动（2015 年《关于加强党政部门云计算服务网络安全管理的意见》第二条），并倾向于在境内建立数据中心。对于国家秘密，严格限制出境，包括邮寄、托运等行为都会受到刑事责任的追究（2010 年《保守国家秘密法》第四十八条）；对于个人金融和健康信息，也实行严格的禁止出境的监管制度（2011 年《关于银行业金融机构做好个人金融信息保护工作的通知》第六条）；为政府提供服务的信息技术服务是关系国计民生的关键行业，要求通过这些服务产生的数据留存在境内（2012 年《关于大力推进信息化发展和切实保障信息安全的若干意见》），我国力图通过数据本地化留存避免跨境数据可能产生的国家安全和个人隐私风险。在数据跨境流动作为经济引擎的大数据环境下，这种保护措施会加剧信息不对称现象，从而影响我国的国际竞争力。

构建“网络空间命运共同体”，搭建互联互通、共享共治的网络社会治理平台，不仅是我国信息化发展的战略诉求，也是预防数据跨境流动中攻击事件和

降低风险的有效手段。随着“数据网”在世界范围内的逐渐形成,“国际话语权”的争夺日益激烈，美欧之间的冲突也不断升级。观察大数据环境下欧美对数据跨境的立法态度，剖析两者冲突的原因，可以明确我国至少应完善以下方面的立法：

第一，明确管辖权和国际执法地位。数据跨境流动导致信息的存储与权限边界极为模糊，尚未解决的国际管辖权问题日益凸显。美国的《网络安全信息共享法案》403 条明确美国对“国际网络罪犯”的管辖，在跨境数据流动中对被认为参与了侵犯美国或美国公民利益，且已由美国法官签发逮捕令；或者已经被国际刑警组织进行国际通缉的网络罪犯具有逮捕和起诉权。我国的网民和数据流量都冠于全球，数据的资产价值越发凸显，但数据占有和使用相分离的状态削弱了数据主体对数据资源的控制力。为了国家主权和个人数据的安全，应尽快明确数据跨境纠纷的管辖权和执法地位。

第二，提升法律的可操作性。现阶段，我国有关“数据本地化”和个人数据保护的立法不成系统，散见于《宪法》《刑法》《国家安全法》等法律法规中。然而，现有条款的最大弊端便是缺乏操作性，由于法律执行缺乏细化和监督，企业的遵从意识较差。实践中，我国的数据跨境和个人数据保护立法的可操作性与欧盟相去甚远，不仅立法需要完善，法律的可操作性更待提升。应该有专门机关对企业的个人数据保护政策进行审计和评估，促进企业对立法的认同和接受，并制定相应的处罚措施激励其完善相关策略。

第三，加强国际协作。不同国家间的技术水平、文化制度、意识形态等差异扩大了跨境数据流动法律水平的差距，网络社会的互通互联决定了各国必须加强沟通协作才能有效控制安全威胁。国际组织一直以来都重视跨境数据流动的安全和风险应对，早在 1980 年经济合作发展组织就提出了《保护个人信息跨国传送及隐私权指导纲领》，亚太经济合作组织则历时十年构建了跨境隐私规则体系。泛在的数据跨境流动淡化了地缘边界，恐怖袭击和黑客攻击遍布全球。我国应该秉着合作共赢的态度和构建“网络空间命运共同体”的目标，加强国际协作，完善数据跨境流动相关立法，提高满足国际社会期望的个人数据保护能力，消除企业在国际市场竞争中的不利地位。

五、结语

在新技术奔腾、新应用爆炸的数字时代，单纯的个人分享信息的“认知盈余”时代已经被淹没在数字洪流中，取而代之的是跨国界、跨区域的数据流动和共享。打击恐怖袭击、网络黑客等成为国际社会的核心工作，美国企图利用海量数据和信息社会的地位监控全球，增加了跨境数据的复杂性和不可控特征，使得各国的立法行动和态度更为审慎。隐私权是现代社会文明进步的象征和大数据时代“数字公民”的价值观，跨境数据的保护则是维护各国开放、交流、共享的格局，构建全球网络空间命运共同体的基础。在互联、协作、开放和共享成为主题的时代，如何加强国际合作，提高信息弱国的技术水平，增强数据流动性，缩小数据鸿沟；如何寻求有效措施应对恐怖袭击对全球网络治理空间的挑战；如何化解政府威权机制对跨境数据的威胁，平衡安全和隐私的关系成为国际互联网持续健康发展亟需解决的难题。

3. 安全视角下的大数据治理与合规应对①

大数据时代，数据不仅成为重要的商业资源和生产要素，更是国家基础性战略资源。在全球范围内，诸多国家已相继制定或实施大数据战略，大力推动大数据发展和应用。我国也高度重视数据在新常态中推动国家现代化建设的基础性、战略性作用，先后颁布了《促进大数据发展行动纲要》《中华人民共和国国民经济和社会发展第十三个五年规划纲要》等战略性文件，大力促进大数据发展。

与此同时，新技术新应用也不断催生出新风险，数据安全风险日益升级，成为建设产业健康生态、保障社会公共安全和国家安全的重要掣肘。大数据安全已然成为超越个体，关涉国家安全的核心环节。本文将从安全视角出发，剖析大数据治理的安全面向，介绍国内外大数据治理态势，同时分析当前我国互联网企业大数据合规所面临的挑战，为企业合规提供法律、管理和技术层面的综合建议。

一、大数据治理的安全面向

从工业社会到信息社会，社会生产力、生产关系发生了重大变迁。其中一个重要特点在于，网络成为重要的生产工具，数据成为重要的生产资料。传统的信息安全理论重点关注数据作为资料的保密性、完整性和可用性（即“三性”）

① 作者：黄道丽，胡文华，大阿来。发表于《保密科学技术》，2018 年 10 期。

等静态安全。其受到的主要威胁在于数据泄露、篡改、灭失所导致的“三性”破坏。随着信息化和信息技术的进一步发展，信息社会从小数据时代进入到更高级的形态——大数据时代。在此阶段，数据质量和价值通过共享、交易等流通方式得到更大程度的实现和提升，数据动态利用逐渐走向常态化、多元化，个人信息的权属问题和重要数据的识别问题成为这一阶段的主要争议，引发了从个人信息保护到企业数据保护、不正当竞争、著作权、网络（空间）安全等一系列法律问题。

总的来说，数据从静态安全到动态利用安全的转变使得数据安全不再只是保障数据本身的保密性、完整性和可用性，更承载着个人、企业、国家等多方主体的利益诉求，关涉个人权益保障、企业知识产权保护、市场秩序维持、产业健康生态建立、社会公共安全乃至国家安全维护等诸多数据治理问题。

二、安全视野下的大数据治理态势

近年来，国际社会进入了大数据安全立法的快速发展期，内容涵盖个人数据保护、数据本地化与跨境传输、执法数据跨境调取等诸多领域。国内层面，为打造和构建大数据健康发展的安全生态环境，我国正加紧推进和完善相应的制度建设，加强对数据生态的监管和治理。

1. 国际态势：规则体系日趋复杂

（1）个人数据保护领域。20 世纪 70 年代开始，以欧美为代表的西方发达国家就已开始个人数据保护的立法实践。目前，全球已有 100 多个国家颁布了个人数据保护或隐私法，40 多个国家已出台了相应的草案。从立法模式来看，全球的个人数据保护立法可划分为以欧盟为代表的统一立法模式和以美国为代表的分散立法模式。近年来，随着信息技术的发展，全球领域又掀起了个人数据保护立法改革浪潮。2018 年，以欧盟正式施行的《通用数据保护条例》（General Data Protection Regulation，简称“GDPR”）和美国加州颁布的突破性立法《加州消费者隐私法》为代表，全球个人数据保护整体水平日益提升，监管力度日趋增强。

（2）数据本地化和跨境传输领域。当前无论是基于执法便利还是基于保障国家安全的考量，数据本地化和跨境传输已经成为全球数据监管的一大重点。除信息化水平较低的非洲外，绝大多数国家均已实施了不同程度的数据本地化政策。具体来看，欧盟通过 GDPR 及隐私盾协议等建立了以个人数据保护为基础的数据跨境传输体系。例如，根据 GDPR 的规定，一般情形下，个人数据仅能向经欧盟委员会认定为“为个人数据提供充分保护”的第三国传输。美国方面，对外，美国坚决反对数据本地化，主张数据在全球市场的自由流动。对内，美国也针对部分数据实施本地化要求。2015 年，美国国防部规定所有为该部门服务的云计算服务提供商须在境内储存数据。2016 年，美国国家税务局发布规定要求税务信息系统应当位于美国境内。

（3）执法数据跨境调取领域。犯罪数据全球化存储趋势导致执法部门跨境获取数据的需求日益增加。执法数据的跨境调取直接关系一国的数据主权、司法主权，成为各国制衡与博弈的新焦点。2018 年 3 月，美国总统特朗普签署了《合法使用境外数据明确法》（Clarify Lawful Overseas Use of Data Act，又称“云法案”），以解决美国政府如何合法获取境外数据及外国政府如何合法获取美国境内数据问题。该法适用长臂管辖原则，明确美国执法机构有权直接调取美国境外数据。在美国现行的司法协助程序之外，该法提出了“执行协议”模式，允许与美国签订协议的国家直接向美国境内的企业调取数据。2018 年 4 月，为应对云法案对本区域人权保障以及司法主权等带来的冲击，欧盟委员会表示拟制定新法，以便执法及司法当局获取电子证据。与云法案类似，欧盟将不以数据存储位置作为管辖权的决定因素，只要满足相关条件，欧盟成员国的执法或司法当局可直接向在欧盟境内的服务提供商要求提交电子证据，无论数据存储地位于欧盟境内还是境外。

整体来看，随着数据重要性的日益凸显，关涉利益的日趋多元，各国立法规范逐步增多，监管效力不断增强。各国的立法目标不仅在于个体权益的保障，更是关涉国家主权、国家利益在国际空间的博弈和角逐，争夺数据话语权，积极推行符合本国利益诉求的国际社会数据规则体系，扩张本国法律的适用范围，提升执法行为的域外效力，这已成为当前国际的立法趋势。

2. 国内态势：监管体系逐步完善

目前，我国大数据安全领域顶层制度设计已经基本完成，配套制度正在不断推进，相关执法实践也逐步走向常态化，诉讼案例逐渐丰富。整体来看，我国的大数据安全监管体系正在逐步完善。

立法层面，近年来，我国不断通过修改现行法或颁布新规定等举措加强对网络安全生态的治理，内容覆盖个人信息保护、数据跨境与本地传输等领域。个人信息保护方面，自 2003 年国务院信息化办公室部署个人信息保护法立法研究工作，到 2018 年十三届全国人大常委会将《个人信息保护法》正式列入立法规划，我国对于个人信息保护立法研究已经历经了 15 年。在这期间，我国《全国人大常委会关于加强网络信息保护的决定》《消费者权益保护法》《刑法》《电信和互联网用户个人信息保护规定》等法律法规中均对个人信息保护做出了规定。2017 年，个人信息保护列入了《中华人民共和国民法总则》（以下简称《民法总则》）、《网络安全法》。整体来看，我国个人信息保护立法层级逐步提升，体系逐渐完善，保护力度逐渐向国际看齐。在数据安全保障方面，数据本地化与跨境传输方面，我国《网络安全法》正式从立法层面确立了关键信息基础设施中的个人数据和重要数据的本地化存储和跨境传输原则，并正在推动《个人信息和重要数据出境安全评估办法》《信息安全技术 数据出境安全评估指南》等诸多配套规范的进程，以提高该规定的可操作性。

执法层面，《网络安全法》实施后，相关执法全面铺开，处罚案例相继涌现。除常规性执法外，主管部门还开展了多项专项行动和执法检查。2017 年底全国人大常委会开展对《网络安全法》及《全国人大会常委会关于加强网络信息保护的决定》的“一法一决定”执法检查，公安部多次组织了打击侵犯公民个人信息罪的专项行动，2018 年部署全国公安机关开展为期一年的打击整治网络违法犯罪“净网 2018”专项行动。司法层面，民事诉讼方面，我国先后出现了朱烨诉百度隐私权侵权案、周盛春诉阿里巴巴案、任甲玉诉百度案等。刑事诉讼方面，《中华人民共和国刑法修正案（九）》施行以来，各级公检法机关依据修改后的刑法规定，严肃惩处侵犯公民个人信息犯罪，案件数量显著增长。2015 年 11 月至 2016 年 12 月，全国法院新收侵犯公民个人信息刑事案件 495 件，审结 464 件，生效判决人数 697 人。

三、安全视野下的大数据合规挑战

整体来看，无论是国内还是国际领域，大数据安全的监管态势均呈现出不断增强的趋势。随着法律监管态势的不断增强，大数据安全成为企业合规的重要内容。一方面信息技术日新月异的发展不断冲击着传统的数据合规机制；另一方面，国内外法律监管态势的复杂性也为数据合规带来了诸多挑战。

1. 新技术冲击传统合规体系

当下，云计算、物联网、移动互联网等新技术新应用使得数据收集变得无处不在。通过数据分析和数据挖掘等信息技术，非个人数据的聚合可形成具有识别性的数据，从碎片化的、不具有敏感性的数据中也可以分析出敏感的信息，海量数据的聚合甚至可以分析出关涉国家安全的信息。这一系列现象导致个人数据与非个人数据、敏感数据与非敏感数据、国家秘密与非国家秘密等边界逐渐模糊，合规边界也随之变得难以界定。

与传统技术采用的集中式存储不同，云计算、移动互联网等采用的分布式存储使得传统的网络安全边界变得模糊，传统网络环境下的统一的、集中的安全管理模式已经不能适应新环境下的数据安全需求。此外，大数据技术发展催生出新型高级的网络攻击手段，例如针对大数据平台的高级持续性威胁（APT）攻击和大规模分布式拒绝服务（DDoS）攻击时有发生，导致传统检测、防御技术无法有效抵御外界攻击。整体来看，新技术新应用一方面催生着新威胁形态，为数据合规带来新风险；另一方面，导致传统数据合规策略的有效性降低甚至失效。

2. 全球化监管带来合规难题

国内层面，目前虽然我国网络安全方面的顶层制度设计已经基本完成，《网络安全法》的颁布也在很大程度上填补了立法空缺，但在整个网络安全领域我国仍存在着立法不足的情形，例如个人信息保护方面。在具体实施方面，作为网络安全基本大法的网安法配套制度尚不健全，可操作性仍有待加强。此外，作为新实施的法律，网安法的执法案例尚不充足，执法尺度仍需进一步探索和统一。整体来看，尚不完善的规则设计和执行机制难以为企业数据合规提供有效指引。

国际层面，通观国际立法趋势，不难发现数据已成为国际空间竞相争夺的战略性资源，美欧等诸多国家已经纷纷出台举措抢占国际空间数据规则的制定权，建立以本国或本区域利益为中心的数据规则体系。随着国际博弈的加剧，国际法律冲突也逐渐走向常态化。网络和数据的跨国界性往往使得企业需要应对不同规则体系的合规，大大增加了企业合规的复杂性。在国际法律冲突的情形下，企业合规将陷入两难境地。例如，欧盟 GDPR、美国云法案与我国《网络安全法》第三十七条的冲突可能会导致企业在数据出境方面面临巨大的合规困境。

四、安全视角下的大数据合规应对

面对大数据安全合规的诸多挑战，企业应当从法律、管理、技术三个角度建立起一套全面的，以法律为依据、以管理为核心、以技术为支撑的数据安全合规体系。

1. 法律层面：加强国内外立法研判

目前，我国正处于数据安全立法和实践的发展期，同时也是探索期。在此阶段，诸多数据安全相关法律以及配套制度陆续制定或出台。为及时有效的应对，企业应当持续跟进相关立法动态，同时关注研究相关的执法案例，加强与行业部门、监管部门的沟通与协作，以准确把握立法要旨，掌握合规要点。

此外，随着数据在全球范围内的自由流动，对于数据的监管突破原有的属地管辖已成国际立法趋势。数据保护已不再是一个单一的国内法问题。对于诸多跨国企业或者有意于提供国际数据服务的企业而言，数据合规工作则不仅需要着眼于本国立法，还需以全球化的视野关注国际立法动态和趋势，提前做好立法研判和业务布局。

2. 管理层面：完善数据安全内控机制

完善的内控机制是数据安全合规的重要环节。企业应当建立完善的、标准化的、覆盖数据全生命周期的数据安全管理机制。

首先，重视数据本身的安全。数据安全不仅包括数据的静态安全，而且包括数据的动态安全。因此，企业应当建立起对数据全生命周期使用情况的监控、审计、评估机制。根据数据的类型、重要性、敏感度、面临的风险程度等因素的不同，进行数据分级分类，以采取适宜的安全保障措施，建立起完善的安全事件应急响应机制，以及时有效地应对数据安全事件。

其次，重视系统安全和供应链安全。数据安全不仅包括数据本体的安全，系统和供应链的安全也将直接影响位于该系统中的数据安全。企业在系统设计之初，或者采购过程中就应当将数据安全因素考虑在内。

此外，重视人在数据安全管理中的重要性。无论是数据丢失事件和数据泄露事件，不难看出，诸多数据安全事件的发生是由人为因素导致的。员工的合规意识是最终决定企业合规成败的关键，应自上而下，以人为本。数据安全管理问题上，人是最大的风险，也是最好的尺度。因此，在数据安全管理机制的建设中，企业应当强化权限管理，明确数据安全管理的角色和责任，加强人员数据安全知识的培训，建立起完善的数据安全组织机制和人员管理机制。

3. 技术层面：提升数据安全防护能力

面对快速更新迭代的新技术，传统的数据安全防护措施已经暴露不足。为有效应对，企业应当加强对前沿数据安全防护技术的研发。通过加强防病毒、防攻击、防泄漏、数据加密、脱敏、漏洞发现和修补的技术，提升网络安全态势感知能力、加强网络系统的抗灾、减灾和恢复能力，建立起一套有效的从平台到数据，从运行安全到数据安全的技术防护体系。

4. 数据安全管理地方立法的“天津方案”①

作为数字化转型的核心要素和关键因素，数据对经济发展的重要性不言而喻。伴生的数据安全问题亦愈发凸现，给个体权益保护、产业健康发展甚至国家安全带来诸多风险。数字经济时代数据安全问题纳入法治化轨道极具必要性和迫切性。当前，我国数据安全顶层制度设计正在加速推进。《个人信息保护法》《数据安全法》纳入 2018 年人大常委会立法规划。2019 年国家互联网信息办公室相继发布《数据安全管理办法（征求意见稿）》《个人信息出境安全评估办法（征求意见稿）》等多部《网络安全法》体系的下位配套文件，大力推进国家层面的数据治理规则构建和具体制度设计。

新时代、新形势和新业态背景下，国家层面的立法推进面临着诸多难题。这一方面来自数据安全问题本身的复杂性，数据安全问题横跨数据与安全两大领域，涉及个人、企业、国家多方法益，关涉安全与发展多种利益，同时还须考量区块链、人工智能、5G 等新技术新应用对传统法律规则的冲击，其立法难度之大、要求之高自不待言；另一方面也来自我国先前经验的不足性。相较于欧美等国家或地区，我国的数据相关立法起步较晚，基于法律传统、文化差异、产业发展水平等因素的不同，国际经验借鉴也有诸多局限性。尤其是近年来国际社会围绕数据资源的角逐日趋激烈，国际数据安全立法在互相融合的同时，诸多方面亦有明显分立。这些都为设计一套既能对接国际最佳立法实践又符合本国国情，既能为个人权益、数据经济、国家安全等系列利益保驾护航，又能为我国在国际数据规则制定中占据话语权、主动权的数据安全立法体系带来了

① 作者：黄道丽。首发网信天津，今日头条转载，2019.7.11。

诸多挑战。

在此背景下，天津市互联网信息办公室从本市数据安全保护的形势需要和工作实际出发发布了《天津市数据安全管理办法（暂行）》（以下简称《办法》）。通过《办法》推进地方立法的先试先行，对于探索国家数据安全立法最佳实践，积累国家顶层制度设计经验具有重要现实意义。

《办法》确立积极防御是数据安全管理方针之一，承继了 2003 年《国家信息化领导小组关于加强信息安全保障工作的意见》（27 号文）、《2006-2020 年国家信息化发展战略》将积极防御作为国家信息安全战略方针的精神实质，体现了对数据作为“国家基础性战略资源”定位的安全保障态度，回应了国内外网络空间数据安全态势发展的新特点，也与《办法》第 4 条“主动策略和有效措施”的有限域外管辖措施形成强有力的呼应。

作为第一部数据安全的省级专门性地方立法，《办法》与网络安全等级保护、关键信息基础设施保护、个人信息和重要数据出境评估、密码应用和密码管理、数据安全应急等国家层面的基本制度作了衔接，并结合标准要求，进行了不同程度的细化规定。2017 年 7 月 5 日，全国人大常委会正式向社会发布《中华人民共和国密码法（草案）》（以下简称《密码法（草案）》），我国密码法治化进程实质性展开。《办法》中密码应用和密码管理的规定体现了《密码法（草案）》对密码管理使用的新要求，呼应了立法规定，也可见其实时性。在监管机制层面，《办法》明确了互联网信息主管部门负责统筹协调下的公安、保密、密码、通信管理等部门的职责分工，加强了各部门之间的协同。

《办法》确立了以安全与发展并重、管理与技术兼顾的原则，建立了数据从采集到传输、存储、发布、外包、共享、销毁全生命周期，从数据到物理设施全方位的安全保障机制。《办法》还创设性地引入了“数据运营者”概念，明确了数据安全负责人，并建立起了数据运营者的义务框架；创设性地规定了数据安全信息备案制度、系统资产登记制度，为加强数据安全的可控和可溯源性提供了制度支撑。数字经济时代，强调数据完整性、保密性、可用性等静态安全已无法完全实现保障国家安全、社会公共利益等目标，数据非法利用带来的安全风险更加值得关注。《办法》适应了这一发展需求，不仅关注数据的静态安全，更是在重要数据界定、使用过程安全可控合规、数据服务安全人员管理等多处体现了对数据动态利用安全的关注。

值得注意的是,《办法》所设定的天津地区，在数据产业方面有其特点，2019 年以来先后制定印发了《天津市促进大数据发展应用条例》《天津市大数据发展规划（2019—2022 年）》《天津市促进数字经济发展行动方案（2019—2023 年）》等制度文件，对全市大数据产业发展做出规划。《办法》的制定亦以实现“促进大数据发展应用”为立法目的之一，因此立法能否在繁荣与规范数据产业中取得平衡，实现区域数据资源聚集也显得非常重要。如《办法》第十一条数据安全信息备案制度的时限要求、动态变更和管理指导等在实施后如何落地与细化问题。基于此,《办法》在实施后应增强立法评价的密度和灵活性，真正体现其先行先试的风范作用。

5. 全球数据本地化与跨境流动立法规制的基本格局①

一、数据本地化与跨境流动立法的全球化

数据是数字经济时代的基本要素。经济全球化格局下，电子商务、云服务等跨境服务日益频繁，数据跨境流动逐渐走向常态化，成为影响全球经济贸易的重要因素。与此同时，“棱镜门”事件和全球数字基础设施攻击事件的频发凸显了数据跨境的诸多安全风险。如何有效平衡个人隐私保护、国家安全保障等安全利益与数据跨境流动所产生的经济价值的冲突成为各国面临的共同难题。在此背景下，一方面，倡导数据自由化，减少贸易壁垒成为各国新一轮多边、双边谈判的重要议题；另一方面，基于维护国家安全和社会公共秩序、保护个人隐私、提升执法效率、促进本土产业发展等方面的考量，各国推动数据跨境监管的规则制定，掀起有关数据本地化的立法浪潮，应对数据跨境可能引发的安全风险。

在数据本地化立法方面，据美国信息技术与创新基金会 2017 年 4 月统计，除信息化水平较低的非洲外，绝大多数国家均已实施了不同程度的数据本地化政策（如图 2 所示）。该图中浅灰色部分表示没有数据本地化要求的国家或地区；中灰色部分表示对于 1~2 种类型数据跨境有限制的国家或地区；深灰色部分表示对于 3 种以上类型的数据跨境有限制的国家或地区。综观各国立法，数据

① 作者：黄道丽，胡文华。发表于《信息安全与通信保密》，2019 年第九期。

本地化体现为不同的法律合规性要求，包括禁止数据离境、数据本地留存副本、数据离境前实施安全评估、要求数据中心建在本国境内等。

图 2　全球数据本地化与跨境传输立法现状图

在数据跨境流动立法方面，各国有关跨境数据流动的规则主要集中于个人数据以及金融、医疗等特殊领域。1973 年《瑞典数据保护法》在全球范围内首次通过法律限制个人数据跨境流动。欧盟 1995 年《个人数据保护指令》(Directive on the protection of individuals with regard to the processing of personal data and on the free movement of such data，以下简称“95 指令”）系统规定了个人数据保护要求，限制成员国向非成员国的跨境数据流动。2016 年通过，2018 年实施的《通用数据保护条例》（General Data Protection Regulation，GDPR）继承了 95 指令的境内外数据流动规制的二元划分机制，将数据跨境流动分为欧盟境内成员国间、欧盟与其境外国家两个层次。对内禁止成员国借数据保护名义限制个人信息在欧盟境内的自由流动。对外则予以限制，但在汇集各国和地区做法基础上，提出了多种合法的数据跨境流动方式，包括充分性决定机制、有约束力的公司规则机制、标准合同条款机制、行为准则机制、认证机制、国际协议等。此外，在数据主体同意、企业追求合法利益、为履行合同义务所必须等例外情形下，数据也可向欧盟境外第三国传输。对于非个人数据，为消除欧盟成员国数据本地化的限制，实现欧盟“单一数字市场”战略，2018 年《欧盟非个人数据自由流动条例》(Regulation on a framework for the free flow of non-personal data in the European Union) 强调除非公共安全理由，原则上不禁止数据的跨境流动。在美国，为保障云计算服务的安全，《联邦政府云计算战略》规定可以对数据进行控制并且制定相关政策确定数据应储存在何处。2015 年美国国防部规定所有为该部门服务的云计算服务提供商须在境内储存数据。2016 年美国国家税务局发布规定要求税务信息系统应当位于美国境内。此外，美国还在外资安全审查机制和合同机制中对进入基础设施市场的外资所掌握的数据加以跨境流动方面的限制。

我国对政府信息安全、国家秘密、征信业、互联网地图服务、网络借贷、个人金融和人口健康等领域产生的特定相关数据规定了不同程度的本地化要求和跨境限制。2016 年，《网络安全法》确立了关键信息基础设施中个人信息和重要数据的本地化存储和跨境传输评估法律制度。2017 年 4 月，国家互联网信息办公室发布《个人信息和重要数据出境安全评估办法（征求意见稿）》，构建了适用于所有网络运营者的个人信息和重要数据出境安全评估制度。时隔两年之后，2019 年 6 月国家互联网信息办公室发布《个人信息出境安全评估办法（征求意见稿）》。相较前一份征求意见稿，该办法将个人信息出境与重要数据出境要求加以区分，个人信息出境规范更加重视个体权益保障的立法定位。可以看出，下位配套规范在致力于落实《网络安全法》本地化与跨境流动制度要求的同时，也在根据现实情况不断调整实施路径和监管设计。

在国际组织层面，世界贸易组织（WTO）《服务贸易总协定》电信服务附件中明确了成员国要允许数据跨境传输的要求，但也规定了例外措施。经济合作与发展组织（OECD）《关于隐私保护与个人数据跨境流动的指南》(Guidelines on the Protection of Privacy and Transborder Flows of Personal Data) 要求成员国避免限制个人数据跨境流动，但也规定了数据控制者有责任证明采取了适当安全措施（实际包括跨境安全保证）。亚太经济合作发展组织（APEC）的《隐私框架》(Privacy Framework) 与《跨境隐私规则体系》(Cross—Border Privacy Rules) 规定了企业可以通过认证方式证明符合跨境传输安全要求。跨太平洋伙伴关系协定（CPTPP）规则在电子商务、电信和金融服务等章节的规定与 WTO 做法则一脉相承。

二、全球数据本地化与跨境流动立法的差异比较

随着数字经济全球化程度的加深，以及全球互联网的日益融合，跨境数据流动已经成为时代发展的必然要求。但与此同时，隐私保护问题、数据主权问题、国家安全问题使得各国在此问题上存在诸多分歧，不同主权国家规制传统与制度环境的差异导致跨境数据流动的规制冲突日益严重。各国数据本地化与跨境流动监管立法的差异主要体现在数据本地化要求程度不同、重点管制的数据类型不同以及数据跨境流动的监管机制不同。

1. 数据本地化要求程度不同

以欧盟和美国为例，欧盟从人权保护的历史传统出发，将数据权作为一种基本人权，创建了严格限制个人数据跨境流动，以提升数据权保护水平的立法范式。美国基于其信息产业的优势地位以及对数据自由流动的依赖性，奉行以市场为主导，以行业自律为中心的个人数据保护政策，通过签订双边或多边协议，促进数据跨境，维护业已建立的“数据占有和利用”优势，获得最大的经济利益。并以“数据贸易保护主义”为由反对和打击他国的数据本地化政策。2014 年，美国贸易代表办公室针对加拿大的数据本地化立法，发布报告指责该立法阻碍美国出口贸易；2017 年针对中国向 WTO 提交文件，敦促中国暂缓实施阻碍数据跨境流动的政策；2018 年则要求印度软化其本地化立场。

欧美之外，其他国家推行的本地化程度也有所不同。韩国《个人信息保护法》（Personal Information Protection Act）原则上仅要求经数据主体知情同意即可向境外传输；俄罗斯《关于信息、信息技术和信息保护法》（Federal Law No. 149-FZ on Information, Information Technologies and Data Protection）、《俄罗斯联邦个人数据法》（Federal Law No. 152-FZ On Personal Data）则要求个人数据应当在境内存储，且还要求信息拥有者、信息运营者应当在俄罗斯建立数据中心，

但在俄罗斯境内存储副本即可，不要求仅能在俄罗斯境内存储；印度尼西亚《信息与电子交易条例》（Information and Electronic Transaction Regulation）要求电子系统运营者将其数据中心、灾难恢复中心设于印度尼西亚境内；印度《个人数据保护法草案 2018》（Personal Data Protection Bill 2018）、《印度电子商务国家政策框架草案》（Electronic Commerce in India: Draft National Policy Framework）则对个人数据及其他数据规定了广泛的数据本地化要求，且对印度政府认定的"关键个人数据"以及电子商务平台、社交媒体、搜索引擎等产生的数据要求仅能在印度境内存储。

2. 重点管制的数据类型不同

关于数据跨境流动政策的讨论最早始于个人数据保护法律领域。这一点以欧盟最为典型。但随着数据跨境流动的复杂性增加，诸多国家在个人数据之外，也开始重视其他种类的数据。

例如，韩国《空间数据的建立、管理法》（Act on the Establishment,Management, etc. of Spatial Data）、《金融控股公司法》（Financial Holding CompanyAct）、《信息通信网络的利用促进与信息保护等相关法》（Act on Promotion of Information and Communications Network Utilisation）等对个人数据之外的地理和空间数据、金融数据，以及与国家安全、主要政策、国内开发的尖端技术或设备相关的重要数据进行重点管制；印度《公共记录法 1993》（The Public Records Act, 1993）以及尚在制定中的《印度电子商务国家政策框架草案》针对 IOT 设备在公共空间收集的团体数据以及电子商务平台、社交媒体、搜索引擎等产生的数据加以特别管控；美国针对政府云服务数据、重要技术数据，澳大利亚针对个人健康数据，加拿大针对银行金融数据，荷兰针对公共数据，芬兰针对会计数据加以重点管制。

3. 数据跨境流动的监管机制不同

目前，数据本地化和跨境流动的主要监管模式可划分为事前监管和事后问责机制（但不应机械地理解为一国的监管模式只采用一种机制）。事前监管机制主要是指事前对一国或组织的数据保护水平进行评估，仅在该国或组织能够提供充分保护水平的前提下，才允许数据跨境传输。欧盟的数据保护充分性认定为事前监管的典型代表。目前该机制已被俄罗斯、印度、巴西、马来西亚等国吸收借鉴。事后问责机制是指原则上不事先限制数据的跨境流动，但在数据跨境流动违反安全保障要求，对个人、企业或国家造成损害的情形下，需承担相应的责任。这一点以美国为代表，并在美国主导的 OECD《关于隐私保护与个人数据跨境流动的指南》以及 APEC《隐私框架》中均建立了问责机制。《加拿大联邦个人信息保护与电子文件法》（Canadian Federal Law Personal Information Protection and Electronic Documents Act）也采用了事后“问责制”的管理模式，在原则上允许数据跨境流动的前提下，对数据控制者的数据安全管理责任做出规定，要求其承担在数据跨境的整个过程中的安全责任。

三、全球数据本地化与跨境流动立法的共性分析

“数据本地化”已经成为国际趋势，这种国家政策立法的趋势反映出各国对于数据价值越来越深刻的认识，无论是从“数据主权”的国家战略层面，还是“数据经济”的产业发展层面，抑或是“数据隐私”的个人保障层面，数据本地化以提升数据主体对数据的控制力为核心内容，用以固化互联网和信息技术的国家边界。总体来说，各国数据本地化与跨境流动立法的共性主要体现在区分数据类型，分类管控；多种监管机制并行，灵活适用；多利益攸关方合作，寻求共识。

1. 区分数据类型，分类管控

数据本身所承载的经济价值日益凸显，但不同类型的数据价值、承载的利益以及所面临的风险有所不同。各国整体信息技术发展阶段、行业发展、企业商业模式、区域国情和历史发展等综合国情各不相同，虽然出于隐私保护、经济发展、国家安全、数据主权等诸多相同因素的考量，各国设置了不同的本地化和跨境流动规则，但尚没有一个国家是对所有类型的数据跨境流动加以限制，而是根据数据类型的不同，考量敏感阈值等因素，加以区分管控。

例如，印度《个人数据保护法草案 2018》区分了一般个人数据、敏感个人数据和关键个人数据。敏感个人数据包括密码、财务数据、健康数据、官方标

识符、性生活、性取向、生物数据、基因数据、宗教或政治信仰等；关键个人数据则由印度政府确定后公布。对这两类数据的本地化和跨境设置了更严格的要求，体现了印度通过实现数据本地化进而实现数据价值本地化这一治理逻辑链。印度尼西亚《信息与电子交易条例》修订草案将电子数据划分为战略性电子数据、高电子数据、低电子数据。战略性电子数据是指对公共利益、公共服务、国家行政连续性、国防和安全有战略影响的数据，例如情报数据、人口数据或印尼公民数据，以及国家防御和安全数据。高电子数据是指对电子数据所有者及其相关领域利益影响有限的数据，例如企业金融数据或业务数据。低电子数据是指战略电子数据和高电子数据之外的数据，例如企业人力资源管理信息和公共信息。修订草案的同时针对这三种数据分别规定了不同的要求。韩国《信息通信网络的利用促进与信息保护等相关法》明确限制重要信息向国外流出，规定政府可要求信息通信服务提供者或用户采取必要手段防止任何有关工业、经济、科学、技术等的重要信息通过信息通信网络向国外流动，这类的重要信息包括以下内容：（1）国家安全与主要政策相关信息；（2）国内开发的尖端技术或设备相关内容的信息。

2. 多种监管机制并行，灵活适用

鉴于数据本地化与跨境流动所关涉的复杂面向，各国基于本国或地区的情况，采取了不同的监管措施。一方面设置了通用的数据跨境流动机制，另一方面为了有效结合各行业和领域的特殊性，相应地制定了一些替代措施来处理特殊场景下的数据跨境离境情况。即对不同类型的数据跨境，采用不同的管控方式进行管理。如前所述，欧盟《通用数据保护条例》在充分性决定机制的基础上，又设计了包括标准合同条款、有约束力的公司规则、行业准则机制、认证机制等多种替代措施。此外，还规定了数据主体同意、企业追求的合法利益、为履行合同义务所必须等多种例外情形。此类规定也被巴西、印度等国所效仿。美国方面，美国通过国内立法、外资审查机制、合同以及国际双边或多边协议，积极构建符合美国利益的数据本地化与跨境流动规则体系。

3. 多利益攸关方合作，寻求共识

随着数据跨境流动和本地化立法分歧与摩擦的增多，数据本地化与跨境流动已成为各国博弈和利益角逐的重要领域。在数字全球化时代，尤其是在数据本地化和跨境流动领域，简单的单边主义已经不能适应时代的需求。国际多边规则成为各国主张和推行符合本国利益诉求，同时寻求国际共识的重要渠道。当前，WTO《服务贸易总协定》、OECD《关于隐私保护与个人数据跨境流动的指南》、APEC《隐私框架》与《跨境隐私规则体系》，及 TPP 规则为规范数据跨境流动的重要国际规则。不难发现，在分歧巨大的当下，加强国际合作，推进共识，成为各国数据本地化和跨境领域的重要措施之一。

例如，欧盟修订后的《第 108 号公约》特别新增了国际合作条款，强调在数据领域国际合作的重要性，并通过充分性认定机制，积极推进欧日、欧韩等国的数据流动双边协议，构建欧盟的数据跨境流动同盟圈。美国方面，双、多边贸易协议已成为美国推进其数据流动政策的主要渠道。自 2002 年以来，美国已与澳大利亚、智利、摩洛哥、阿曼、秘鲁、新加坡、中美洲诸国、巴拿马、哥伦比亚、韩国等签订了双边自由贸易协定，推行数据贸易自由化的原则。在美韩自由贸易协定的跨境服务一章，新设相关条款禁止数字贸易壁垒，特别是本地化要求。为降低个人数据跨境传输的安全风险，欧盟废除了欧美之间运行多年的《安全港协议》（Safe Harbor Principles），2016 年重新签署了《欧盟 - 美国隐私盾协议》（EU-U.S. Privacy Shield）。2018 年 9 月，美国、墨西哥、加拿大签订协议（USMCA）对数据跨境与本地化做出了规范。此外，美国还通过亚太合作组织（APEC），积极推进《APEC 跨境隐私规则体系》（CBPRs）的实施，通过推进“数据日内瓦公约”（Geneva Convention on the Status of Data），推行美国的数据流动政策。

四、展望

随着各国对于数据价值越来越深刻的认识，数据本地化作为战略理念日益受到国家重视，这种重视并不是一味地强调数据本地化的适用问题，而是将数据本地化视为一个利益平衡过程。很多国家推动数据本地化政策都面临较大的国际压力，数据跨境监管的规则制定与实施争议仍在继续。事实上，离开安全谈纯粹的流动，对所保护的法益而言将是危险的，而一味限制流动，保障安全，对数字经济的发展也会是冲击。

本文认为，基于现有的数据类型、敏感阈值划分和存储机制所产生的监管差异与共性构成了全球数据本地化与跨境流动规制的基本格局，反映了深层次的国家需求和利益博弈。可以预见的是，未来相当长时间内围绕数据跨境传输的角力仍将持续，但从更宏观的尺度上，数据跨境流动也是寻求跨境网络安全信息共享机制的基石，因此国际数据跨境流动的整体合规性仍有待于国家层面的双边或多边协议、合作等形式的顶层构建，在部分国家、个别领域实现率先突破。

6. 欧盟 GDPR 的中国影响研判

大数据时代，对数据的控制将是国际政治中最终权力的来源，而个人数据保护法直接关系到数据权力的分配，因此，制定个人数据保护法不仅是保护公民个人数据权利的需要，更是各国提高数据资源利用率，参与全球化竞争的战略需要。2016 年 4 月 14 日，欧盟通过了史上最严的个人数据保护法—《通用数据保护条例》（以下简称“GDPR”），GDPR 在 95 指令的基础上增设了一系列的数据主体权利，同时也大幅度强化了数据控制者的义务。为保护境内个人数据，促进欧盟区域经济发展，GDPR 还将适用范围扩展至“未在欧盟境内设立营业地，但向欧盟提供商品或服务”的机构。这一系列举措大大提升了欧盟个人数据保护水平，并将其规则管辖范围扩展至全球。2016 年 5 月 24 日，该条例生效。根据规定，GDPR 从生效到适用有两年的过渡期，于 2018 年 5 月 25 日开始正式实施。

一、制定背景、制定过程及最新进展

（一）制定背景

1. 建立数字单一市场，刺激数字经济发展

为迎接数字革命为欧洲带来的机遇，2015 年 5 月 6 日，欧盟提出了“数字单一市场”（Digital single market）的详细规划，以保障欧洲民众和企业能够无

障碍地、公平地访问在线商品和服务，同时打破监管壁垒，将 28 个成员国市场转化为单一的欧盟市场，以促进欧洲数字经济增长潜力的最大化。

为推进欧洲数字单一市场的建立，欧盟亟需一个统一的、适用于全部成员国的数据保护框架。但 95 指令并不能实现该目标。从法律效力来看，95 指令并不属于"条例"，不能直接适用于成员国，而是需要成员国将其转化为国内法，这样才可落实。从 95 指令的实施情况来看，欧盟各国对于数据保护保护水平参差不齐，甚至存在冲突的情况。这一方面加大了企业的合规成本，另一方面也不利于欧洲民众的个人数据保护。

在此背景下，GDPR 作为欧盟推进数字单一市场、刺激欧洲数字经济发展的重大举措应运而生。

2. 重建欧洲民众对数字经济的信任

随着网络和信息技术的发展，个人信息数据化现象更加普遍，数据收集和共享的规模也不断扩大。经自然人之手，越来越多的个人信息被公之于众。个人对其数据的控制力进一步弱化，数据处理者的数据处理能力进一步加强。

与此相应地，间谍、数据泄露等传统风险不断加大，数据歧视、人格物化等新型问题不断凸显。在此背景下，产生于互联网早期的 95 指令已不能为个人数据提供充分保护，欧洲民众对于数字经济的信任逐渐降低。欧盟表示 92%的欧洲人担心手机应用程序在未经他们同意的情况下收集他们的数据。89%的人表示他们想知道智能手机上的数据何时与第三方共享。欧盟亟需通过数据保护改革，加强个人数据保护水平，重建欧洲民众对数字经济的信任。

（二）制定过程

2012 年 1 月 25 日，欧盟委员会提出了欧盟数据保护规则全面改革方案（GDPR 提案发布）。

2013 年 10 月 21 日，欧洲议会公民自由、司法和内务委员会（European Parliament Committee on Civil Liberties, Justice and Home Affairs，简称"LIBE"）进行了定向投票。

2015 年 12 月 15 日：欧盟议会（European Parliament），理事会（European

Council）和委员会（European Commission）三方就 GDPR 进行磋商，产生了一项联合提案。

2015 年 12 月 17 日，欧盟议会的 LIBE 委员会投票支持联合提案。

2016 年 4 月 8 日，欧盟理事会通过。

2016 年 4 月 14 日，欧盟议会通过。

2016 年 5 月 4 日，GDPR 的正式文本在欧盟官报上发布。

2016 年 5 月 24 日，GDPR 生效。

2018 年 5 月 25 日，GDPR 实施。

（三）最新进展

2018 年 1 月 24 日，欧盟委员会发布了《更有力的保护、新机遇——欧盟委员会关于一般数据保护条例适用指南》（Stronger protection, new opportunities - Commission guidance on the direct application of the General Data Protection Regulation as of 25 May 2018）。该指南旨在在欧盟《通用数据保护条例》（简称“GDPR”）实施之际，总结过去两年过渡期的经验，为之后条例的实施提供有效指引。该指南总结了为促进 GDPR 的实施，欧盟层面以及第 29 条数据保护工作组的努力，并对接下来的工作做出了安排。

该指南指出，GDPR 通过赋予数据主体对其个人数据更多的控制权，规定更高的透明度要求、更强有力的防止数据泄露措施以及更严格的惩罚机制，为个人数据提供更好的保护。同时通过建立欧盟境内统一的数字化市场，条例也为企业带来了新的机遇。

指南指出，为促进 GDPR 的顺利实施，欧盟层面，欧盟委员会在过去两年里积极支持成员国数据保护机构的工作，与利益相关方合作，并积极创建欧洲数据保护委员会。第 29 条工作小组为促进 GDPR 的适用，已经发布了一些适用指南，包括数据可携权指南、数据保护官员指南、数据保护影响评估指南等。接下来，成员国将需要建立国家层面的个人数据保护立法框架；新成立的欧洲数据保护委员会也将于 2018 年 5 月 25 日全面运行；欧盟委员会将继续与欧洲经济区（EEA）其他成员国合作，致力于将 GDPR 纳入 EEA 协议；欧盟委员会将向利益相关者，特别是公民和中小企业提供信息，提高其对 GDPR 的认识。

除了该指南，欧盟还分别针对公民、企业发布了一系列的文件以帮助其理解及准确适用 GDPR，将 GDPR 中的重要部分转化成操作性更强的指引规则，以给予义务主体更好的遵从规范。

二、适用范围

GDPR 在很大程度上扩展了 95 指令的适用范围（见表 4），使其在全球范围内的影响加大。GDPR 与 95 指令的不同之处体现在以下方面：

1. 将适用对象由数据控制者扩展为数据控制者和数据处理者两类；

2. 将适用对象扩展至未在欧盟境内设立机构，但为欧盟境内的数据主体提供商品或服务且涉及个人数据处理的机构。

欧盟对此加以扩展的原因主要在于，欧盟认为，欧盟境内企业需要遵守欧盟法，承担高水平的个人数据保护义务。但根据 95 指令的规定，欧盟境外的企业向欧盟境内提供商品或服务，无需承担欧盟法上的义务。这造成了不公平的竞争环境。

表 4　　GDPR 与 95 指令适用范围比对表

GDPR	95 指令
在欧盟境内设立机构的数据控制者或数据处理者，无论数据处理行为是否发生在欧盟境内	在成员国境内设立机构的数据控制者
未在欧盟境内设立机构的数据控制者或数据处理者，但为欧盟境内的数据主体提供商品或服务且涉及个人数据处理的，无论该商品或服务是否需付费；或者个人数据处理行为涉及对欧盟境内民众实施行为监控的。（扩大了适用范围，对我国腾讯、阿里等在欧洲开展业务的企业会产生直接管制影响）	
未在欧盟境内设立机构，但在依据国际公法应适用欧盟成员国国内法的地方设有机构的数据控制者	未在欧盟境内设立机构，但在依据国际公法应适用欧盟成员国国内法的地方设有机构的数据控制者
	未在欧盟境内设立机构，但为了数据处理目的使用了成员国境内的自动化或其他设备的，除非使用该设备仅为在欧盟境内传输数据

三、主要内容

为保护境内个人数据，促进欧盟区域经济发展，GDPR 将适用范围扩展至“未在欧盟境内设立营业地，但向欧盟提供商品或服务”的机构。这一系列举措大大提升了欧盟个人数据保护水平，并将其规则管辖范围扩展至全球。总体来说，GDPR 具有适用范围广、保护数据种类多、数据处理程序严格、处罚严厉等特点。

GDPR 为个人数据保护和个人数据流通制定了基本框架，下面重点介绍个人数据保护框架和数据跨境传输机制。

（一）个人数据保护框架

1. 保护原则

个人数据保护方面，GDPR 确立了数据处理的基本原则，建立了数据主体的权利机制，义务机制。主要包括合法性原则、公开透明原则、目的限制原则、数据质量原则、最小化原则、个人参与原则、责任原则、安全保障原则。

关于合法性原则，根据 GDPR 的规定，数据主体的“同意”是个人数据处理的首要合法性依据，但不是唯一的合法性依据。除此之外，还包括“为追求合法利益所必须”“为保护数据主体的重大利益所必须”“为履行合同所必须”“为履行法定义务所必须”“为保护公共利益所必须”五个合法性基础。

为提升数据处理透明度，GDPR 规定数据控制者应向数据主体提供与其相关的数据处理信息。根据数据来源不同，应当提供的信息的内容和时间要求也有所不同。对于直接从数据主体处获取个人数据的行为，GDPR 规定应当提供的信息包括数据控制者身份及联系方式、数据保护专员、数据处理目的及合法性基础、数据接收者、数据跨境传输、数据存储期限、数据主体权利、同意的可撤回、数据不提交的可能后果、自动化决策信息等。提供信息的时间为“获取个人数据时”。对于从数据主体以外的第三方获取个人数据的行为，除上述信息外，还需提供相关个人数据的种类、数据来源等信息。提供信息的时间根据具体场景有所不同。

2. 权利机制

GDPR 强化了数据主体的权利，体现在完善现有权利、新增新权利。现有权利的完善包括访问权、更正权、反对权，新增新权利包括被遗忘权（删除权）、限制处理权、数据可携权。

（1）访问权。数据主体有权访问其个人数据是否被处理、处理目的、种类、数据接收者、存储期限、数据来源、自动化决策等信息，还有权获得正在处理的个人信息的副本。

（2）更正权。数据主体有权更正错误的信息，有权要求完善不完整的信息。

（3）反对权。数据主体有权在特定情形下反对相关的个人数据处理行为。反对权的适用场景和法律效果可以分为两类。场景一：直销——数据主体有权反对以直销为目的的个人数据处理行为，包括与直销相关的个人数据分析行为。法律效果：不得再基于该直销目的进行数据处理。场景二：个人数据处理的合法性依据是公共利益或者是官方授权的，或基于追求合法利益的。法律效果：对数据处理的合法性依据和数据主体的权利自由进行利益平衡，根据优先保护级确定个人数据处理行为能否继续。

（4）被遗忘权（删除权）。数据主体有权在数据处理不再必要；数据处理是基于数据主体的同意，但数据主体撤回同意；数据主体行使反对权，且数据处理没有更优的法律基础；数据处理为非法；为履行法定义务须删除；涉及为儿童提供信息社会服务的情形下，要求数据控制者删除与其相关的个人数据。被遗忘权的限制内容包括言论和信息自由、公共利益、法定义务、诉讼、科学历史研究或统计等。

（5）限制处理权。数据主体有权在个人数据准确性核实期、数据主体行使反对权后的利益权衡期、数据处理行为非法但反对删除数据、基于数据处理目的数据不再必要，但为诉讼所必要的情形下对数据处理行为加以限制。

（6）数据可携权。数据主体有权在数据控制者基于数据主体的同意或履行合同所必须，对个人数据进行自动化处理的情形下，行使数据可携权。根据数据可携权，数据主体有权获取与其有关的个人数据；将个人数据传输至其他数据控制者，不受原数据控制者的阻碍；在技术允许的条件下，要求数据控制者直接将数据传输至其他控制者。

3. 义务履行机制

与 95 指令不同，GDPR 对于个人数据的保护从侧重于事后救济转变为事前预防和事后救济并重。新增了一系列事前预防机制。相应地，针对数据控制者或处理者增设了诸多新义务，包括通过设计保护隐私（privacy by design，简称 PDP）、设置数据保护专员、数据保护影响评估、数据泄露通知义务。整体来看，事前预防机制包括通过设计保护隐私、设置数据保护专员、数据保护影响评估、安全保障义务。事后救济机制包括数据泄露通知义务。

（1）通过设计保护隐私

通过设计保护隐私（privacy by design）是指数据控制者在处理数据时需要实施必要的技术手段，如匿名化，以及实施数据保护原则。数据控制者应该实施适当的技术来确保在默认情况下只有必要的个人数据才能被收集使用。未经用户的同意，这些数据是不可以被访问收集的。GDPR 首次把 PDP 理念作为法律条款写进法律，企业应把隐私保护作为一项基本原则嵌入业务的各个环节，包括产品和服务的研发阶段。

（2）设置数据保护专员

设置数据保护专员的义务主体是数据控制者以及数据处理者，须设置数据保护专员的情形如下：①公共机构或单位进行数据处理；②核心业务涉及大量地处理特殊类型的数据和与违法犯罪记录有关的数据的；③核心业务是数据处理，该数据处理涉及对大规模的数据主体进行定期的、系统的监控。

数据保护专员的地位：可直接向最高管理层报告，可兼任没有利益冲突的其他职务。

（3）数据泄露通知

数据泄露通知的义务主体是数据控制者（不包括数据处理者，数据处理者发现数据泄露应当通知数据控制者）。

表 5　　数据泄露通知

通知的对象	监管机构	通知数据主体
通知的条件	原则上均须通知	数据泄露会对个人的权利和自由带来较高风险

续表

通知的对象	监管机构	通知数据主体
通知的例外	数据泄露对个人的权利和自由不会带来风险	针对泄露的数据，数据控制已采取相应的技术和组织保护措施，尤其是使得数据可不被未经授权的访问的保护措施，例如加密技术； 数据控制已采取措施使得高风险已经不存在； 通知会给数据控制者带来不合理的负担。可以通过替代措施（例如大众传媒）来实现告知
通知的时间	72 小时内	立即
通知的内容	泄露性质、种类、数量； 数据保护人员的相关信息； 可能的后果； 采取的防控措施	数据保护人员的相关信息； 可能的后果； 采取的防控措施

（4）数据保护影响评估

表 6　　数据保护影响评估

需进行评估的情形	数据处理行为可能会对个人的权利和自由带来高风险
义务主体	数据控制者
评估时间	进行数据处理前
评估内容	1. 数据处理目的及数据控制者追求的合法利益 2. 处理行为的必要性和相称性 3. 对数据主体的权利和自由的影响 4. 安全保障措施

4. 监管机构

欧盟针对《条例》的实施，设置了三种机制，分别为公共监管机构的监管机制、制定行为准则和实施认证的自律机制、以数据保护专员为核心的内部管理机制。这里主要阐述监管机构的职权。

（1）监管机构的职责

第 57 条全面系统地列举了监管机构的法定职责（见表 7）。

表 7　　监管机构的职责

监督、促进 GDPR 的适用	关注影响个人数据保护相关事物的发展；调查 GDPR 的适用情况，记录违法行为及相关措施等
提高相关主体的认知	提高数据主体对数据处理风险、规则、保障措施、权利的认知，提高数据控制者对其义务的认知
提供咨询、立法、行政意见	为数据处理活动提供事先咨询意见，向国家议会、政府以及其他立法、行政机构、团体提供立法和行政措施的意见

续表

处理投诉	处理数据主体提出的投诉，实施调查并作出反馈
授权与批准	授权合同条款，批准公司约束机制，鼓励起草行为准则并给予批准，鼓励建立数据保护认证机制并批准相关认证标准
合作与协助	与其他监管机构分享信息，互相提供帮助，帮助欧盟数据保护委员会的活动

（2）监管机构的权力

GDPR 第 58 条对监管机构的权力范围作了明确规定，包括以下内容：

①调查权

命令数据控制者或处理者提供所需信息；访问违法行为涉及的所有个人数据及必要信息；进入其实施违法行为的场所并调查所有处理数据的设备和工具。

②矫正权

向数据控制者或处理者发出警告、训斥，命令其更正行为，消除影响。具体包括通知数据控制者或处理者存在违法行为并命令其采取补救措施；命令其尊重数据主体的法定权利、提供必要信息；命令其更正、消除违法处理的数据；甚至可以做出临时性或终局性的限制，比如禁止处理数据，禁止向第三国转移数据；撤销认证机制发放的认证；处以罚款。

③授权与建议权

授权认证机构；批准认证标准；授权合同条款；批准公司约束规则；主动或根据请求，就有关个人数据保护的问题向国家议会、成员国政府或其他政治机构以及公众发表意见。

④受保护权

行使权力受合理保护，包括司法救济、正当程序。

⑤司法参与权

监管机构可以对数据控制者或处理者的违法处理行为提起诉讼。

5. 法律责任

GDPR 授予了欧洲监管机构强大的执法权力，对于违反 GDPR 的企业，处罚分为两个级别：

（1）处以 1000 万欧元的行政罚款，或相对人是企业时则处以其上一财政年度全球营业总额 2% 的行政罚款，二者竞合取较高者。这些行为主要包括违反该法规定的数据控制者和处理者的义务，违反认证机构和监管机构的相关义务。

（2）处以 2000 万欧元的行政罚款，或相对人是企业时则处以其上一财政年度全球营业总额 4% 的行政罚款，二者竞合取较高者。这些行为主要包括违反数据处理原则（包括同意的条件），违反数据主体权利，违反数据跨境的相关规定，其他情况。

由以上处罚措施可以看出，相对于数据控制者的义务，GDPR 更加注重保护数据主体的权利，对违反数据主体权利的行为处罚是违反义务行为的两倍。

（二）数据跨境传输机制

欧盟虽没有在立法上明确规定数据应当在本地存储，但通过 GDPR 以及其他严格的个人数据保护规范，实际上严格限制了个人数据向欧盟境外第三国传输。例如，根据 GDPR 的规定，一般情形下，个人数据仅能向经欧盟委员会认定为“为个人数据提供充分保护”的第三国传输。

1. 充分性决定（Adequate Decision）

数据转移的目标国的个人数据保护水平被欧盟认定为提供“充分保护”的，个人数据可传输至该国。关于是否满足“充分性保护水平”，GDPR 在 95 指令的基础上规定了更多的考量因素，尤其强调不仅需要考量该国的成文法，还需要考量执法和司法的情况。

2. 有约束力的公司规则（Binding Corporate Rules, BCRs）

GDPR 正式明确了符合其规定的 BCRs 法律地位，并详细规定了该规则获得认可的程序和内容标准，使得 BCRs 成为又一有效的数据跨境传输方式。

3. 标准合同条款（Standard Contractual Clauses）

GDPR 规定了数据控制者和数据处理者之间的合同应当至少包含的内容，如数据处理的目的、期限、个人数据的类型、数据主体的类别以及双方的权利业务。

四、GDPR 的中国效应

（一）国家层面：冲击我国数据安全管理的现实效果

大数据时代，对数据的控制将是国际政治中最终权力的来源，而个人数据保护法直接关系到数据权力的分配。因此，制定个人数据保护法不仅是保护公民个人数据权利的需要，更是各国提高数据资源利用率，参与全球化竞争的战略需要。GDPR 出台的政治考量因素十分明显，从人权视角出发完善其原有的个人信息保护框架，增强了用户乃至企业对立法的认同感，达到了国家权力在全球扩张的实质性结果，成为欧盟数字经济发展的战略性助力，其立法水平可谓极高，立法效果十分明显。

长期以来我国基础性的数据、个人数据和隐私保护立法缺位。大数据应用的迅猛发展使得传统的数据安全问题出现了新的态势。近几年《全国人大常委会关于加强网络信息保护的决定》《国家安全法》《网络安全法》等基础性法律不断出台，相关配套措施不断完善，相关执法实践逐步走向常态化，但总体数据安全管理效果还不明显。

《网络安全法》是我国网络空间基本法，目前是我国法律层面规范个人信息保护、数据安全等最为全面的法律。GDPR 与《网络安全法》在管辖范围、权利机制、义务履行机制和数据跨境传输机制方面的巨大规范差异性，已经对我国个人信息保护、数据本地化跨境等数据安全管理实施效果造成了直接冲击。

（二）国家层面：冲击我国执法机构的执法效力

数据领域一国立法的监管影响会对其他国家或地区产生影响已为常态，国家间的数据利益博弈导致的不断升级的法律冲突为国家执法活动带来了巨大挑战。

GDPR 通过适用长臂管辖原则将诸多中国企业纳入其管辖范畴，又通过设置高水平的保护规则导致中国企业面临巨大合规风险。最终通过完善的监管机制，保障落实其监管权限。三大举措相辅相成，极有力地促进了欧盟监管机构对中国企业的监管实质影响的扩大。而这直接导致的后果为，欧盟的监管机构将有权依据 GDPR 对中国企业，即使未在欧盟境内设立机构的企业行使其监管权。其中，依据调查权，欧盟的数据监管机构有权要求该企业提供其履行职责所需的所有信息，欧盟方面的程序法甚至赋予执法人员进入中国企业的经营场所、相关设备或工具进行个人数据保护事件调查。

欧盟调查权的落实将直接冲击我国《网络安全法》第三十七条个人数据和重要数据出境制度的实施，同时也对我国数据主权造成潜在的威胁。可以预见的场景是，一方面，欧盟基于调查权要求获取在华企业的数据或进入其设备系统的访问权限。另一方面，我国依据《网络安全法》确立的数据出境评估制度而要求数据不予出境，或基于捍卫数据主权的考量，要求企业对于欧盟调查权的行使要求不予执行。该法律冲突的产生，将导致企业需在 GDPR 的遵从和《网络安全法》的遵从之间做出选择，鉴于 GDPR 高额的罚款机制，企业极可能选择遵守 GDPR 的规定，进而降低我国执法机构的执法效力。

（三）企业层面：增加我国企业的合规成本，冲击现行商业模式

作为欧盟乃至全球范围内个人数据水平最高的立法，GDPR 通过强化知情同意规则的要求、新增被遗忘权、数据可携权等新权利，增设数据泄露通知、数据影响风险评估、数据保护专员等义务，加大违规处罚力度，全面提升了个人数据保护水平，为企业合规提出了更多的要求。因欧盟出台的政策而实际上受到影响最大的都是国外的互联网巨头，尤其以美国和中国企业为代表。

鉴于 GDPR 所确立的域外效力，GDPR 的落地实施将对我国境内相关企业的业务开展带来冲击，对企业的信息系统和数据管理能力提出了巨大的挑战。为遵守 GDPR 的规定，企业的合规成本将大幅度增加。尤其是对于计划向欧盟开拓市场的中小企业，GDPR 带来的业务冲击甚至是致命性的。虽然 GDPR 对雇员人数少于 250 人的企业或组织给予特别义务豁免，但豁免范围非常有限。面对高难度的合规工作以及高昂的罚款，该等中小企业的生存发展环境将极为不利。

此外，GDPR 新增的数据权利将对现行互联网商业模式带来巨大冲击。尤其从国内互联网企业的实际情况来看，在掌握大量用户的个人信息之后，通过对用户行为的分析而产生收益，这是目前互联网企业主流的盈利模式。但根据

GDPR 的规定，对于个人数据收集的知情同意要求更为严格，使得大量的用户数据难以被收集。另外，GDPR 对自动化决策行为也作出了限制，明确用户可以拒绝该自动化决策。在此规定下，以往简单的，通过获取用户个人信息并进行数据分析进而提供精准服务的模式将面临极大的合规成本。而该合规成本最终可能转嫁至用户，进而也将导致现行互联网服务以免费模式为主走向付费模式为主。

五、我国数据安全管理面临的主要问题

（一）个人信息保护工作形势严峻

2017 年 12 月 24 日，全国人民代表大会常务委员会执法检查组关于检查《网络安全法》《全国人大常委会关于加强网络信息保护的决定》实施情况的报告显示，“一法一决定”关于用户个人信息保护的多项制度落实得并不理想：有 52.1% 的受访者认为，法律关于“网络服务提供者和其他企业事业单位在业务活动中收集、使用公民个人电子信息，必须明示收集、使用信息的目的、方式和范围”的规定执行得不好或者一般；有 49.6% 的受访者曾遇到过度收集用户信息现象，其中 18.3% 的受访者经常遇到过度采集用户信息现象；有 61.2% 的人遇到过有关企业利用自己的优势地位强制收集、使用用户信息，如果不接受就不能使用该产品或接受服务的“霸王条款”；有 52.5% 的人认为执法部门保护用户信息的成效一般或者不好。不少人反映，在发现本人信息被泄露或者被滥用后，举报难、投诉难、立案难现象比较普遍。许多受访者反映，当前免费应用程序普遍存在过度收集用户信息、侵犯个人隐私问题，但几乎没有受到任何监管和依法惩处。检查发现，有的互联网公司和公共服务部门存储了大量公民个人信息，但安防技术严重滞后，容易被不法分子窃取和盗用。一些单位内控制度不完善或不落实，少数为牟取不法利益铤而走险，致使用户信息大批量泄露。当前在一些地方，利用网络非法采集、窃取、贩卖和利用用户信息已形成黑色产业链。从公安部门近期破获的案件看，用户信息泄露呈现渠道多、窃取

违法行为成本低、追查难度大等特点，而且违法分子使用的手段不断升级，因用户信息泄露引发的诈骗案件增多，给人民群众财产安全造成严重危害。

（二）国家数据安全保障体系尚未健全

2017 年 12 月 8 日，国家大数据战略进行第二次集体学习时再次强调，要切实保障“国家数据安全”。可以看出，国家大数据战略下的“国家数据安全”同时涉及关键信息基础设施安全、关键数据资源安全、企业数据和个人信息安全，并最终指向国家安全、社会公共利益和企业、个人合法权益。总的来说，我国数据安全保障体系尚未健全，目前正在论证、研制等过程中。

《网络安全法》第三十一条规定建立关键信息基础设施保护制度，授权国务院制定关键信息基础设施的具体范围和安全保护办法。关键信息基础设施安全保护办法是法律中唯一明确规定“由国务院制定”的行政法规，也是网络安全法律体系的重中之重。根据《网络安全法》，《关键信息基础设施安全保护条例（征求意见稿）》已于 2017 年 7 月 10 日正式向社会公开征求意见。《网络安全法》第三十七条《个人信息和重要数据出境安全评估办法（征求意见稿）》和《信息安全技术数据出境安全评估指南（征求意见稿）》整体构成了我国跨境数据流动的法律框架体系。

我国《网络安全法》构建的数据本地化规定引发了较为强烈的国际反应。2017 年 9 月 25 日，美国向 WTO 贸易服务委员会提交了针对中国《网络安全法》的文件，重点针对中国《网络安全法》第三十七条所规定的数据跨境安全评估制度。在该份文件中，美国认为中国《网络安全法》所采取的针对个人信息和重要数据跨境进行安全评估的措施会严重阻碍数据自由流动，对外国供应商产生不利影响。为此美国希望中国在相关事宜未解决之前，暂缓发布和实施有关数据跨境安全评估的最终措施。这份文件与 2016 年 8 月 10 日以美国商会（American Chamber of Commerce）为首的 46 家外国团体针对我国《网络安全法（草案）》和保监会发布的《保险机构信息化监管规定》发出的联名意见函，以及 2017 年 5 月 15 日 54 家国际商业机构发出的意见类似，主要认为《网络安全法》及其配套措施的实施将损害贸易自由，并对信息社会产生影响。

（三）数据安全执法体制有待进一步理顺

按《网络安全法》第八条的规定，目前我国形成了网信、电信、公安等部门各司其职并在网信部门统筹协调下开展网络安全保护和监督管理工作的职责布局。从法律责任条款中具体处罚的监管机构规定来看，除第六十三条、第六十四条和第六十七条明确规定由公安机关实施处罚外，其余处罚条款均未明确处罚监管机构，一律概括为“有关主管部门”。2017 年 12 月 24 日，全国人民代表大会常务委员会执法检查组关于检查《中华人民共和国网络安全法》《全国人大常委会关于加强网络信息保护的决定》实施情况的报告显示，网络安全监管存在，权责不清、效率低下等问题尚未有效解决。一些地方网络信息安全多头管理问题比较突出，在发生信息泄露、滥用用户个人信息等信息安全事件后，很难及时有效解决。鉴于此，如果不能合理定位，准确厘清部门之间的职责，等级保护制度和关键信息基础设施保护制度落实过程中也会产生执法不协调问题；通信行业监管和行政执法力量不足，执法力量与当前网络安全事件频发多发的严峻形势不相适应。

（四）对大数据分析和应用等新技术带来的冲击准备不足

2017 年 11 月，运动应用 Strava 基于 GPS 信息，公开了其十亿用户位置的热力图。基于该公开信息分析，泄漏了包括秘密军事基地等信息。 而在大数据分析和应用普遍化之前，不太可能出现如此奇特（数据聚合与意外关联）而严重的国家安全威胁事件。

随着政府数据开放、企业数据聚集和个人信息发掘的持续深耕，未来在数据应用上会产生非常丰富的关联点，这些节点可能带来创新应用，也可能带来挑战。

境外的谷歌、苹果等跨国企业利用其长期的技术和人才储备，不断推动数据分析的算法和学习迭代，这些丰富的技术和人才能力一方面给执法带来了挑战，另一方面更推动了执法的发展——例如典型的《云法案》便是各方在技术、管理和立法层面博弈的综合体现。通过这些冲突与妥协针锋相对的个案碰撞，事实上各方，特别是执法机关的能力“被迫”得到了极大提升。

六、GDPR 的中国应对

作为数字经济治理的集大成者，同时也是个人数据保护的重要依据，GDPR 既是我国企业走出去的合规参照，也是我国数据治理的借鉴对象。对此，我国政府、企业、行业应多方着力，共同应对。

（一）国家层面：批判借鉴

第一，尽快出台专门的个人信息保护法。在个人数据保护方面，近年来，我国通过《网络安全法》《民法总则》等一系列的法律提升个人信息保护水平。但整体来看，目前我国尚未出台专门的个人信息保护法，相关规定较为分散、缺乏体系化和系统性。随着我国数据产业的发展，我国也亟需一部统一的、专门的个人信息保护法。

第二，个人数据保护兼顾个人数据保护和数据自由流动的双重价值目标。虽然 GDPR 对 95 指令进行了大幅改革，大大地提升了个人数据保护水平，但需注意的是，GDPR 仍然秉承了 95 指令的二元立法目标：提升个人数据水平和促进个人数据的自由流动。从具体的规则设计来看，GDPR 一方面加强了知情同意规则的要求，另一方面也明确了同意并非数据处理的唯一合法性基础。此外，从权利的设计上看，GDPR 虽然新设了一系列的权利，但数据主体享有的并不是绝对权利，GDPR 中多出涉及利益平衡的理念，规定了诸多但书、克减条款，对义务和责任予以适当豁免。这些体现了 GDPR 在促进数据保护和自由流动之间谋求平衡。考虑到我国当前数据产业的发展，同时也考虑到我国个人数据保护的现状，我国的个人数据保护相关立法中也应当兼顾个人数据保护和数据自由流动的双重价值目标。

此外，结合本国国情，切忌原搬照抄。GDPR 作为个人数据保护立法的集大成者，为各国个人数据保护立法提供了有益的参考。但同时也需注意，GDPR 诸多规定尚不明确，需要进一步的细化，其具体的落地实施情况仍待观察。另外，鉴于我国个人数据保护水平的现状以及数据产业发展情况，采用 GDPR 如此高的个人数据保护标准是否适宜，也需要审慎考量。

第三，进一步加大个人信息保护监管力度。目前侵犯公民个人信息犯罪呈高发态势，接下来，需要进一步加大侵犯公民个人信息罪的打击力度。此外，除刑事犯罪外，信息过度采集、违法违规采集的问题较为突出，信息滥用和数据泄露现象也日益普遍。因此，除刑事打击外，也要加强日常的行政执法监管力度，推进执法检查的常态化。

第四，普遍提升信息系统安全防护水平。目前许多单位信息系统安全防护水平还不够高，部分拥有大量公民个人信息的单位安全防护能力不足，安全测评和技术监测缺位。传统企业安全防范意识淡薄，安全投入较少。此外，面对安全问题，我国对新型技术掌控能力不足，与国际先进水平还存在一定差距。企业层面，需要加强企业的网络安全防护意识和防护能力，增强企业的社会责任感，严格落实国家网络安全等级保护制度，加强数据采集、存储、传输、应用全生命周期的安全保护；国家层面，要加大自主核心技术的研发投入，增强我国网络核心技术实力。

第五，增强公民个人信息保护意识。广大民众作为个人信息被侵犯的直接和潜在受害人，应该增强自我保护意识。在网络社交、网络购物等活动中，都应当提高警惕性和辨别能力，注重保护个人信息。政府层面，要持之以恒抓好全民个人信息保护意识教育和技能培训，用好各类平台和媒体，扩大覆盖面，提高影响力，使个人信息保护意识深入人心。

（二）国家层面：研判与反制

GDPR 对中国企业的监管与《网络安全法》第三十七条的数据出境将产生直接冲突，影响我国数据主权。数据本地存储、评估、再出境是跨境数据监管的标准行为。在应对策略上，我国应与美国《云法案》涉及的数据出境机制一并考虑，如出台中国的云法案。

当前的另一主要问题是我国目前没有境外管辖的反制实践（约谈除外），GDPR 实施后已经有相关案件进入执法和司法程序。当然这一方面是 GDPR 的跨境影响力问题，另一方面也对我国执法、司法机构的法律技术提出了更高要求。

除了宏观层面的应对、反制外，在未来假定的中欧“备忘录”框架下，需要对 GDPR 的所有条款逐条进行解释与澄清，在自主、可信、互认的基础上，确保不存在理解差异、主权争议、执法适用冲突等重大问题。

（三）行业层面：充分发挥协调指导作用

GDPR 实施后，全国信息安全标准技术委员会发布了《网络安全实践指南——欧盟 GDPR 关注点》，为我国企业的 GDPR 合规工作提供了有益的指引。但鉴于 GDPR 的复杂性，仅仅依靠该文件并不能满足企业合规的需求。未来，行业层面仍需继续推进 GDPR 的合规指引工作。

此外，随着 GDPR 的实施，欧盟必将以此为抓手向全球扩张其影响力，并为世界个人信息保护法树立新的标准。然而，虽 GDPR 通过欧盟自身市场的吸引力配之以严苛的罚则，使之具有一定的域外威慑力。但欧盟方面要进一步扩大其域外执行力仍面临诸多挑战。基于此，行业层面，应当积极加强与中欧监管机构的沟通协调，及时掌握中欧相关监管机构的最新动向，为企业 GDPR 合规争取有利形势。

（四）企业层面：提高合规能力

随着中欧贸易往来的持续深入，中国企业在欧开展的业务日益扩大，包括银行、电子商务、互联网等诸多涉及个人数据处理的业务，这意味着我国诸多企业也将成为 GDPR 规制的对象。此类企业需高度重视开展 GDPR 的合规工作，提升自身的合规能力，以免承担高额的违规成本。

具体而言，首先，企业应当梳理涉欧市场业务及各业务处理的个人数据内容，对企业所有个人数据生命周期的管理和利用的现状及合规情况进行全面梳理。其次，鉴于 GDPR 的合规需要强大的技术、产品、财务、法务、运营团队支撑，涉及法务、内部管理流程、产品设计等诸多部门，企业需要建立内部多部门协作机制，以实现能力、流程、机制全面优化。另外，优化隐私政策，增加透明度以及完善内控机制，设置数据保护专员、做好数据安全保障和数据泄露应对策略等也是企业提升合规能力，降低合规风险需重点关注的问题。

此外，随着数据在全球范围内的自由流动，对于数据的监管突破原有的属地管辖原则已成为国际立法趋势。可以预见，随着数据经济在全球范围内发展，全球数据合规审查将成为必然趋势。GDPR 对中国企业的冲击提醒企业应及时跟进全球立法动态，以全球化的视野为企业的发展战略和合规工作做好预判。

七、公安机关在数据安全管理上的职责与任务边界

（一）在《网络安全法》分配职责下的数据安全职责

按《网络安全法》第八条的规定，目前我国形成了网信、电信、公安等部门各司其职并在网信部门统筹协调下开展网络安全保护和监督管理工作的职责布局。从法律责任条款中具体处罚的监管机构规定来看，除第六十三条、第六十四条和第六十七条明确规定由公安机关实施处罚外，其余处罚条款均未明确处罚监管机构，一律概括为“有关主管部门”。第八条同时规定有关法律、行政法规也是监管机构实施监管的法定依据。《人民警察法》第六条规定公安机关的人民警察监督管理计算机信息系统的安全保护工作。《计算机信息系统安全保护条例》第六条规定“公安部主管全国计算机信息系统安全保护工作”。《计算机信息网络国际联网安全保护管理办法》第三条规定“公安部计算机管理监察机构负责计算机信息网络国际联网的安全保护管理工作”。公安机关是以上法律和行政法规授权的网络安全主管部门，理应是其他法律责任规定的处罚实施主体。

公安机关的数据安全职责主要体现在几个方面：

1. 在关键信息基础设施保护领域，目前的监管格局是公安部与网信办的双牵头机制。实际上公安机关的职责不是被弱化，而是在增强。特别在《关键信息基础设施安全保护条例》的立法和审议过程中，对根据公安机关的执法特点、优势所在已经进行了“优化”。

2. 等保制度领域，从信息安全等级保护到网络安全等级保护，公安机关处于核心监管的地位。

3. 个人信息保护方面，从电子数据证据到《治安管理处罚法》、刑法的最终

适用，公安机关的特定应能得到相应体现。

4. 内容监管上，目前的监管职责实际上在公安部与网信办之间已经各有侧重地进行了分工。

从数据（信息安全）技术保护的宏观层面，上述任一领域或方面都涉及数据全生命周期的安全、保障与规范等的监管问题。这些最终取决于公安机关自身的数据分析能力。

（二）既有法律依据的适用性与衔接问题

行政执法与刑事司法形成行政执法机关与司法机关打击犯罪的合力，《网络安全法》致力于完善“两法衔接”机制，开始探索网络安全行政执法权与刑事司法权的有效衔接。如《网络安全法》第六十三条规定的从事危害网络安全的活动中的窃取网络数据，提供专门用于从事危害网络安全活动的程序、工具的行为，与《刑法》第二百八十五条第二款规定的非法获取计算机信息系统数据罪，提供侵入、非法控制计算机信息系统程序、工具罪相衔接。第六十三条规定的为他人从事危害网络安全的活动提供技术支持、广告推广、支付结算等帮助，与《刑法》第二百八十七条之二中规定的帮助信息网络犯罪活动罪相链接。第六十四条规定的窃取或者以其他非法方式获取、非法出售或者非法向他人提供个人信息的行为，与《刑法》第二百五十三条之一规定的侵犯公民个人信息罪相衔接。第六十七条规定的设立用于实施违法犯罪活动的网站、通讯群组，或者利用网络发布涉及实施违法犯罪活动的信息，与《刑法》第二百八十七条之一规定的非法利用信息网络罪相衔接。行政执法与刑事司法，在适用对象、范围、强度和最终法律效果上都存在不同。行政处罚与刑事制裁之间的衔接一直是我国司法实践的难点。执法对象的客观行为决定了行政执法与刑事司法的衔接关系，违反《网络安全法》而引起的行政处罚和刑事制裁之间的衔接值得执法实践中强化和案例化。

整体而言，数据保护是贯穿行政执法到刑事司法的清晰路径，利用好现有法律法规政策，作为能够对数据全周期实现全过程监管的执法机关，公安机关显然可以大有作为。

（三）常态化主动执法

从目前国内的行政执法启动和刑事司法触发机制看，尽管各地《网络安全法》均有第一案，但整体上主动执法的数量并不多，主要起到警示、宣传贯彻作用；而传统的网络、电信数据泄露引发诈骗案件，从“技术含量”上看亦不高。对应对 Facebook 等大数据、大事件无法起到警示、演练和应对的效果。

因此要在个案中提升公安机关数据安全执法能力，除了最基本的具备企业级的（大）数据分析能力的基础保障外，应通过常态化执法、定期或不定期执法检查等形式锻炼和提升人员能力。《网络安全法》等实体法到两高一部电子数据证据司法解释等程序“法”，已经提供了多种法律法规等适用的选择，确保有法可依。

（四）降低硬性执法成本

对于执法相对人而言，从《网络安全法》《反恐怖主义法》到《刑法》均设定了至少在形式上极为严格的安全义务和法律责任，公安机关广泛的介入和监管职责的体现，可能不仅在于严格执法，更应注重自身指引、规范的角色，一方面缩小技术能力差异，同时更要降低硬性执法成本。具体的角色可以包括网络空间安全命运共同体构架下的执法者与执法对象关系；利用网络安全服务机构，以采购、培训等方式提升公安机关执法能力；通过公共安全标准等系列的持续起草、升级，推进合规与执法的标准化。

（五）发挥在网络犯罪跨国执法等领域的优势

一是在对等职能部门设立或联席机制下，与其他主管、监管机构各取所长，优势互补；二是充分利用 GDPR 规定的除外条款，如对个人虚假信息的 GDPR 保护排除，比例原则的适用范围，以及包括第 23 条等对第三国强制性法律适用的允许，等等，在“公共利益 / 安全”等概念上达成个案认同，为后续的常态化积累互信和经验。

7.《数据安全法（草案）》的立法背景、立法定位与制度设计

黄道丽　原　浩　胡文华

摘要　《数据安全法（草案）》出台于我国国家通信信息技术发展应用从量变到质变的特定时期，承担了“以安全保发展、以发展促安全”的历史使命。作为数据安全领域的基础性法律和国家安全法律制度体系的重要组成部分，《数据安全法》针对数据这一非传统领域的国家安全风险与挑战，完善国家数据安全协同治理体系，明确预防、控制和消除数据安全风险的制度、措施，确立国家行为的正当性，提升国家整体数据安全保障能力。鉴于数据安全问题的复杂面向，厘清立法定位，明确需要重点解决的问题，处理好与现行法及正在审议中的立法等衔接协调，是保障《数据安全法》科学立法的必由之路。

关键词　数据安全　基础性法律　立法定位　制度设计

引言

作为数字化转型的核心要素和关键因素，数据对经济发展的重要性不言而喻。伴生而来的数据安全问题亦愈发凸显，给个体权益保护、产业健康发展甚至国家安全带来诸多风险。网络攻击、侵入等外部威胁与安全漏洞、缺陷、人的因素等内部脆弱性叠加共振，任何组织 100% 数据安全的目标都是不可实现的。2019 年底以来，席卷全球的新冠疫情和经济危机推动国际形势乃至国家秩

序重建变化趋势加剧。与公共卫生保持社交距离要求截然相反的是社会对高度互联数字世界的强烈依赖，网络世界和物理世界加速融合，无处不在的安全需求与泛滥的数据安全风险则形成鲜明对比。疫情后世界和全球化未来不稳定性与不确定性前所未有的凸显。我国正加快供给侧结构性改革，加快培育数据要素市场，稳定传统产业的同时科技创新驱动“新基建”发展。新时代、新形势、新发展和新业态背景下，数据安全问题纳入法治化轨道极具必要性和迫切性。

一、立法背景：没有数据安全就没有国家安全

数据是国家基础性战略资源，没有数据安全就没有国家安全。当前，我国数据安全顶层制度设计加速推进。2015 年《国家安全法》第 25 条明确提出“实现网络和信息核心技术、关键基础设施和重要领域信息系统及数据的安全可控”。作为网络安全综合性立法，2017 年《网络安全法》将数据安全纳入网络安全范畴，基于网络安全保障目的为个人信息保护与数据安全的部分重要、核心制度奠定了基础。2018 年《数据安全法》《个人信息保护法》纳入人大常委会立法规划。2019 年国家互联网信息办公室相继发布《数据安全管理办法（征求意见稿）》《个人信息出境安全评估办法（征求意见稿）》等多部《网络安全法》体系的下位配套文件，大力推进国家层面的数据治理规则构建和具体制度设计。2020 年《民法典》明确个人信息、数据、网络虚拟财产等属于合法权益。执法实践层面，围绕个人信息非法采集和滥用、数据三性破坏等活动的数据安全专项治理行动空前有力。地方层面围绕数据跨境、数据安全保障、数据开放、数据权等问题积极先试先行，典型如《天津市数据安全管理办法（暂行）》《贵州省大数据安全保障条例》《深圳经济特区数据条例（征求意见稿）》《中国（上海）自由贸易试验区临港新片区总体方案的通知》《海南自由贸易港建设总体方案》等。2020 年 7 月 3 日，历时 3 年制定时间的《数据安全法（草案）》正式向社会公开征求意见，备受关注。

新时代、新形势、新发展和新业态背景下，国家层面的数据安全立法推进面临着诸多难题。第一，数据安全问题本身复杂性凸显。数据安全问题横跨数

据与安全两大领域，囊括数据静态安全与动态利用安全两大面向，涉及个人、企业、国家多方法益，同时还须考量区块链、人工智能、5G 等新技术新应用对传统法律规则的冲击。第二，我国先前经验相对不足。相较于欧美等国家或地区，我国的数据相关立法起步较晚，基于法律传统、文化差异、产业发展水平等因素的不同，国际经验借鉴也需进行根植于国情的本土化改造。近年来，国际社会围绕数据资源的角逐与博弈日趋激烈，以欧盟《通用数据保护条例》（GDPR）、美国《加利福尼亚州消费者隐私保护法》(CCPA) 等国际数据安全立法在互相融合的同时，诸多方面亦有明显分立。第三，数据安全立法演变为全球范围内的利益协调与主权斗争工具。以美国《合法使用境外数据明确法》（Cloud 法）以及相关国家的效仿或配合、欧盟《通用数据保护条例》（GDPR）为代表，立法趋势表现为争夺数据话语权，积极推行符合本国利益诉求的国际社会数据规则体系，扩张本国法律的适用范围、提升执法行为的域外效力。随着近年来中国综合国力的提升，数据安全成为个别国家针对中国专门立法的重要关切，部分数据相关的立法条款更是成为个别国家抑制我国新技术新应用发展的重要借口，以此营造不利于我国的舆论氛围，挤压我国产业的国际发展空间。第四，数据安全治理“中国方案”亟待突破。作为当前全球第一数据资源大国和全球第二大数字经济体，中国人工智能、5G 等新技术新应用场景越来越丰富，在某些领域和问题的规范与引导上已无成熟的国际经验可循。数据安全治理“中国方案”一直在探索，亟待突破和确立，为中国企业走出去、推进全球数字化进程、增进全球人民数字福祉贡献大国力量。第五，数据权利保护的基础性问题尚未解决。现下正值我国国家通信信息技术发展应用从量变到质变的特定时期，国家层面的立法承担了“以安全保发展、以发展促安全”的数字经济支撑使命。在中央将数据定位为生产要素的背景下可以预见，未来数据的流通与共享将更加常态化，而现阶段以数据法律权属、数据法律性质为代表的诸多基础性问题还没有解决，部分已经确立的规则也未能在安全和产业发展之间找到一个很好的平衡点。第六，立法衔接与协调问题亟待考量。如何与国家安全领域的《国家安全法》《网络安全法》《密码法》《出口管制法》以及制定中的《个人信息保护法》等进行衔接与协调是国家层面立法体系安排中需要考虑的重要问题。

就研究视角来看，数据领域基础性法律问题的解决还需要不断探索，加强数据权利的本质、内涵、外延、客体、分类的研究，为数据权利保护提供底层支撑，在此基础上，完备的国家立法应覆盖数据主权维护、数据权利确认、生命周期保护、供应链条监管、跨境传输审查、境外要素（资本、技术、产品、人员、服务）审查、数据主体监管、数据滥用禁制等数据权利法律制度。

二、立法定位：数据安全领域的基础性法律

科学的立法定位是搭建立法框架与设计立法制度的前提条件。立法定位对于法的结构确定起着引导作用，为法的具体制度设计提供法理上的判断依据。与社会各界对《数据安全法》明确解决问题措施的预期有所差异，草案立法说明将《数据安全法》定位为“数据安全领域的基础性法律”，这一自身立法定位决定了其以下特点：

第一，该法是安全保障法。该法以公权介入数据安全保护，提供认识数据安全问题、处理数据安全威胁和风险的法律路线。具体来说，以其对数据、数据活动、数据安全的界定为出发点，厘清不同面向的数据安全风险，构建数据安全保护管理全面、系统的制度框架，以战略、制度、措施等来构建国家预防、控制和消除数据安全威胁和风险的能力，确立国家行为的正当性，提升国家整体数据安全保障能力。

第二，该法是基础性法律。基础性立法的功能更多注重的不是解决问题，而是为问题的解决提供具体指导思路，问题的解决要依靠相配套的法律法规。这也决定了其法律表述上的原则性和大量宣誓性条款。但与此同时，预设好相关接口、整体立法语言的表述粒度均衡等也应特别注意。

第三，该法是数据安全管理的法律。数据安全作为网络安全的重要组成部分，诸多安全制度可被网络安全制度所涵盖。在数据安全管理上，与《网络安全法》充分协调，避免制度设计交叉与重复带来的立法资源浪费、监管重复与真空、产业负担是《数据安全法》制定过程中需重点关注的问题。

就安全保障法来说，作为数据安全领域的基础性法律和国家安全法律制度体系的重要组成部分，草案第 1 条明确立法宗旨之一为“维护国家主权、安全

和发展利益”，这与《国家安全法》第25条国家网络与信息安全保障“主权、安全和发展利益”的宗旨一致。草案虽将数据界定为“电子或者非电子形式对信息的记录”，对数据这一概念做了最大化解释。事实上，随着信息化、网络化、数字化的发展，无论是电子数据体量、影响的增长还是“传统”非电子数据向电子数据的转化都呈不可逆趋势，能带来“数据这一非传统领域的国家安全风险与挑战”的更多是电子数据。草案将数据安全定义为“通过采取必要措施，保障数据得到有效保护和合法利用，并持续处于安全状态的能力”，这与《国家安全法》对国家安全、《网络安全法》对网络安全的概念界定相似，都落脚到保障持续安全状态的能力，安全状态既包括了数据的静态安全保障（防止因数据泄露、篡改、灭失所导致的保密性、完整性和可用性破坏），也包括了数据的动态利用安全保障（包括不限于加工、使用、提供、交易等环节的依法有序自由流动）。草案为数不多的创设性法律责任条款第42、43和44条中，第42条既是对违反静态安全保护义务的行政处罚，第43和44条是针对非法交易、非法处理这两大动态利用不当的行政处罚。

三、制度设计：数据安全治理的四梁八柱

在我国数据产业正处于高速发展的当下，数据安全风险、安全保障能力均在不断发展、演变。尚不稳定的国际政治、经济等形势也成为影响数据安全制度设计的重要变量。在缺乏成熟经验与范例，又异常敏感的情况下，《数据安全法》应厘清自身定位，明确自身需要重点解决的问题，重在构建起数据安全治理的四梁八柱，明确预防、控制和消除数据安全风险的制度、措施，确立国家行为的正当性，这里仅对草案的一些制度规定简单予以评析。

数据安全监督管理体制。首先，草案第6条和第7条出现中央国家安全领导机构与国家网信部门两处“统筹协调”的职责分工。虽然第7条将国家网信部门的统筹职责划定在“网络数据”范畴，但随着我国信息化、数字化进程的快速推进，如此制度设计，未来中央国家安全领导机构与国家网信部门在数据安全领域的统筹协调职责将出现更多的重合，既不科学也不严谨，会造成理解

和实施上的困难。其次，各地区各部门承担数据安全监管工作。数据安全监管工作具有较高的专业技术要求，行业主管部门对本行业的数据安全工作的指导和监督，受限于其工作重点、关注领域、专业能力、信息来源，难以代替数据安全职能部门的专业性监管。这一难题在动用国家之力对数据实行分级保护和重要数据目录确定的责任落实中会表现更为明显。持续了三年有余的《网络安全法》关键信息基础设施认定工作历程可作为参考。再次，第 7 条第 1 款的主体责任规定明显不适合合并于职责分工这一条中，建议另行放置。

分级分类和重要数据重点保护制度。草案第 19 条规定了数据分级分类和重点数据保护制度。首先，鉴于数据同样是影响网络安全等级保护制度中定级、关键信息基础设施认定的重要因素，此处的数据分级与等保、关保是否采用同样的分级标准、如何协调需要进一步明确。近年来，《工业数据分类分级指南（试行）》、《证券期货业数据分类分级指引》、《个人金融信息保护技术规范》等各部委发布的指引性文件及行业标准，对特定行业的数据分类分级具体标准进行了非常有帮助的尝试。其次，“重要数据保护制度”是本法的重要制度之一。重要数据也是《网络安全法》的重要概念，需注意保持不同法律文本同一概念内涵和外延的一致性。重要数据概念、认定机制、保护方式、法律责任应当在本法中予以确立。针对维护国家核心利益和国家安全需要，应明确对基因、生物、医疗、地理等类别数据实施重点保护。鉴于“重要数据”一般具有攸关国家安全的高度敏感性，立法中应限制重要数据认定权授予、设置严格认定程序、强化认定结果监督。若“重要数据”将其交由各地自行决定，不仅可能不当扩大或缩小重要数据范围，还可能导致数据跨地区流动和处理引发法律规避。建议由中央国家机关划定重要数据的类型，各地区在上述划定范围内有权确定本地区重要数据目录，在不同地区出现冲突的情况下，可上报中央国家机关决定。最后，鉴于重要数据处理者需要履行更多的义务，政府部门认定是否属于重要数据之后应当给予相关主体提出异议的权利和渠道。

数据跨境安全流动规则。数据跨境作为影响数据安全的重要因素，应当属于《数据安全法》的重要规范对象。草案总则第 10 条明确提出要“促进数据跨境安全、自由流动”，但正文目前并未明确具体的规则。虽然第 23 条的数据出口管制、第 33 条的境外执法机构的跨境数据调取涉及数据出境问题，但无法涵盖一般商业场景下的数据跨境流动问题。数据跨境流动规则的设计需充分研判以下因素，实现跨境的破局和流动性价值：①各国数据跨境的基本政策框架，找寻不同框架下的政策、法律差异，以及形成这些差异的缘由；②不同的跨境政策，其后也有不同的技术能力、算法认同的支撑，应从历史沿革和技术演化的长期过程充分考究逻辑、统计、生物等不同学科对数据技术和算法的影响，以及当前和未来的发展趋势；③尝试局部、先行的区域或双边的数据跨境流动框架，在数据分级分类的前提下，可以进行某些行业、领域数据的跨境流动，避免数据流动性停滞导致的单一性，以及创新不足问题。

数据安全审查制度。草案第 22 条确立了数据安全审查制度，但未明确该制度的实施主体、实施机制、审查内容等。当前我国已通过《国家安全法》《网络安全法》《外商投资法》等法律法规建立起了网络安全审查、外商投资审查等在内的国家安全审查体系。关于网络安全审查，从 2020 年颁布的《网络安全审查办法》第 9 条的规定可看出，产品和服务使用后带来的重要数据被窃取、泄露、毁损的风险属于网络安全审查的内容之一。在此背景下，网络安全审查、外商投资审查与数据审查审查存在一定的交叉。如何处理数据安全审查与前述审查制度的关系，包括审查机制、审查内容、审查标准等需要重点考量。

数据出口管制制度。草案第 23 条建立的数据出口管制制度与《出口管制法》及数据出境安全评估制度之间的配合及衔接问题。当前《出口管制法》尚在制定中，从 7 月 3 日全国人大网公布的二次审议稿来看，目前的版本在第 32 条对信息出口管制做出了仅原则性的规定。此外，《网络安全法》《数据安全管理办法（征求意见稿）》及《个人信息出境安全评估办法（征求意见稿）》规定了重要数据及个人信息的数据出境安全评估要求。本条建立的数据出口管制制度与《出口管制法》及数据出境安全评估制度之间的配合及衔接需要通盘考虑。

境外执法机构数据调取的阻断机制。草案第 33 条规定了境外执法机构获取我国境内数据的报告和批准机制。本条是对美国 CLOUD 法为代表的执法数据跨境获取体系威胁国家主权的阻断。2018 年 10 月我国通过的《国际刑事司法协助法》中第 4 条第 3 款规定被视为对 CLOUD 法的直接回应。但鉴于该条款规定抽象，也未设立相应的罚则，可操作性不足。草案第 33 条应为阻断提供充足而有力的规定。首先，建议将“境外执法机构”扩展至“境外机构”。从现实情况来看，境外要求提取数据除执法机关外还有其他组织，对其提供数据同样会对我国的国家安全带来隐患。其次，建议增加法律责任。本条缺乏对应的法律责任，一方面难以切实落实阻断，另一方面法律责任的落空会让企业依据CLOUD 法做“礼让分析”中缺少“不一致的法律要求”实质性依据。

此外，草案第 20 条、第 21 条所确立的国家数据安全风险评估、报告、信息共享与监测预警机制、数据安全应急处置机制也与《网络安全法》监测预警与应急处置一章的规定高度重合，需做好配合与衔接。

四、总结

在技术日新月异的今天，如何有效地利用法治资源，在产业技术政策中确立以技术创新为核心的法治目标，是企业获得生命力和国家谋求长足发展的基础性保障。中国特色社会主义法治体系加速构建，《数据安全法》将与《国家安全法》《网络安全法》《密码法》、制定中的《个人信息保护法》和二次审议稿阶段的《出口管制法》等共同构建起一个横向内部体系更加协调、外部辐射范畴更为广泛，纵向制度、原则、规则更为立体化的国家安全保障体系。鉴于数据安全问题的复杂面向，《草案》存在各种问题和争议，如数据主权维护机制、与其他基础性立法的有效衔接、数据要素资源利用与数据安全协同治理的平衡考量、引进来走出去的法治营商环境构建、制度设计的合理性与可操作性、条款完整性和结构平衡性的立法技术问题等，这一方面须得各界人士脚踏实地的研究、调研和论证，为草案多提建设性意见；一方面有待有关部门加速《数据安全法》及其下位配套制度的设计、规划、协调工作，推动数据安全治理“中国方案”不断完善；另一方面基于国家统一层面的立法实施执法检查、立法影响评估等工作也是国家治理现代化与中国特色社会主义安全法治体系构建的必然要求。

电子数据取证与协助执法

1. 电子数据证据的可采性与证明力①

2016 根据刑事诉讼中出现的新问题和实践需要,《刑事诉讼法》(2012 年版)第四十八条将“电子数据”首次纳入法定证据种类中，与视听资料同列为第八种刑事诉讼证据，电子证据在刑事诉讼中取得了独立的法律地位。在此之前，我国三大诉讼法没有将电子数据作为独立的证据种类，而是根据电子证据的某些特征，在相关法律和司法解释中给出了比较模糊的规定，从而导致在司法实践中只能通过对电子数据进行公证转化为书证，或申请司法鉴定转化为鉴定结论来使用电子数据，电子证据的效能和广泛应用被严重限制。此次刑事诉讼法将电子数据引入法律条文，是我国证据种类立法的巨大进步，电子证据在司法实践中的应用必将得到进一步的推动。

一、电子数据可采性与证明力的认定

《刑事诉讼法》(2012 年版)并没有进一步明确电子数据证据的概念、证明规则、证明力的认定标准等基础和关键问题，电子证据的可采性和证明力认定

① 作者：黄道丽，金波。发表于《中国司法鉴定》，2012 年 06 期。

这两大根本性难题在现有法律层面没有得到解决。在我国，要完全确立电子数据的证据地位不仅需要修改刑事、民事和行政诉讼法中的相关规定，对视听资料和电子数据的法律地位进行清晰的划分，还需进一步在其他法律规范中配套规定相应的“电子证据条款”，如电子数据证据的定义、形式、可采性条款和证明力的认定条款等，保障电子数据的取证、举证、质证和采信活动的规范。现行可以参照的电子证据配套条款主要有2010年最高人民法院、最高人民检察院、公安部、国家安全部和司法部联合发布的《关于办理死刑案件审查判断证据若干问题的规定》，其第二十九条规定，“对于电子邮件、电子数据交换、网上聊天记录、网络博客、手机短信、电子签名、域名等电子证据，应当主要审查以下内容：（一）该电子证据存储磁盘、存储光盘等可移动存储介质是否与打印件一并提交；（二）是否载明该电子证据形成的时间、地点、对象、制作人、制作过程及设备情况等；（三）制作、储存、传递、获得、收集、出示等程序和环节是否合法，取证人、制作人、持有人、见证人等是否签名或者盖章；（四）内容是否真实，有无剪裁、拼凑、篡改、添加等伪造、变造情形；（五）该电子证据与案件事实有无关联性。对电子证据有疑问的，应当进行鉴定。对电子证据，应当结合案件其他证据，审查其真实性和关联性。”该条款首次对我国电子证据在刑事案件中的审查判断、电子数据取证和电子数据鉴定做出了原则性的规定，要求审查电子数据取证、处理与展示的过程以及内容的完整性，这有助于电子证据可采性和证明力的认定。

电子数据要作为证据使用，应具备两个条件：第一，电子证据必须符合法律上的要求和标准，即证据能力或可采性，其基本内容一般包括三个方面，即真实性、关联性和合法性。电子证据具备了可采性，意味着电子证据符合了法律规定的采用标准，应在审判中得到采信。第二，从事实认知角度，电子证据必须与案件有一定的联系，即证明力，其基本内容包括两个方面，即可靠性和完整性。

电子证据真实性认定包括两方面：第一，电子证据形式上有无被修改的情况，包括电子证据存储介质、基于的平台、软件和传输技术等内容；第二，电子证据的内容是否真实，有无拼凑、伪造、修改等情况。电子证据关联性认定即看证据是否与待证明的案件事实有本质性的联系且对案件事实有证明作用。

关联性认定与证明力紧密联系在一起，关联性越强则证明力越强。电子证据合法性认定包括三方面：第一，取证主体是否合法。取证的主体必须经过严格的资质认证。第二，取证程序是否合法。取证应该遵循法定的程序。第三，取证工具是否经过认证。取证过程中所使用的软硬件工具须达到相关标准要求的水平。

电子证据可采性认定这一法律问题解决后，随之而来的是电子证据的证明力认定问题，这是一个事实与逻辑问题，包括电子证据可靠性认定和完整性认定两方面。电子证据可靠性认定主要看电子证据的真实程度，从电子证据生命周期的生成、存储、传送和收集环节对其可靠性进行认定。电子证据完整性认定主要看该证据的内容是否被增加或删减，这往往需要提供可比对的电子证据原件样本进行检验。

二、电子数据取证的规范化

随着鉴定结论在侦查取证、法院审判等环节的广泛使用，国际上司法机构对鉴定技术标准和方法的规范性进行证明的需求日益迫切。1993 年美国最高法院用 Daubert 科学证据标准替换了 1923 年开始使用的 Frye 标准。Daubert 科学证据标准要求采用以下四种方法来检验专家证言（包括鉴定结论）是否具有可采性和可靠性：一是专家证言的内容是否能通过科学方法来加以检测；二是作为专家证言基础的理论或技术是否已发表，并且经受住同行严格复查的检验；三是看作为专家证言基础的研究方法或技术的出错概率有多大；四是看就作为专家证言基础的技术、方法和理论而言，在某个特定的科学领域中，有多少学者能加以认同和接受。在 State of Washington v. Hayden, 950 Pa.d 1024（February 18, 1998, Washington Court of Appeals）等案件中，美国法院即以 Daubert 证据标准来检验电子数据鉴定的方法和过程，评估电子数据的证据能力。

我国刑事诉讼中电子证据法律地位确立后，刑事案件中的电子数据不再需要通过鉴定活动转化为证据形式，但是，电子数据取证的技术规范化、过程标准化、工具专业化等因素将直接影响到取证结果的有效性和电子数据的证据力。电子数据取证结果的可行性和有效性一方面依赖于是否能应对最新的计算机信息技术，融合、采用最新的技术解决处理正在发生或即将发生的问题；另一方面依赖于如何规范化操作与发展，使获得的电子证据在法律体系下具有法律效力。

电子数据的易受损特性对收集证据、审查判断证据都提出了严格的程序要求。根据这样的特点，GA/T976-2012 电子数据法庭科学鉴定通用方法中的原则包括以下内容：（1）及时原则：证据数据的获取具有时效性，一旦确定对象后，应尽快提取证据，防止证据变更和丢失。（2）依法原则：鉴定应依法进行，确保鉴定主体、客体和程序的合法性。第一，证据的主体必须符合有关法律的规定。第二，证据的形式必须符合有关法律的规定。第三，证据的提取方法和收集程序必须符合法律的有关规定。（3）备份原则：对可以制作副本或镜像的原始电子数据存储介质应制作副本或镜像。对于含有计算机证据的介质应制作副本，原始媒体应存放在专门的房间由专人保管，复制品可以用于计算机取证人员进行证据的提取和分析。（4）证据原始性原则：获取、分析证据数据时不能改变其原始性。（5）环境安全原则；证据数据应妥善保存，以备随时重建、试验或者展示。（6）监督原则：整个证据数据获取、分析、鉴定过程应受到监督和控制，确保鉴定结果准确、有效。电子数据取证的规范化保证了电子证据的可追溯性，包括电子数据载体实物的可追溯性、人员的可追溯性、设备的可追溯性和取证分析过程的可追溯性。

三、电子数据鉴定的专业化与深度化

理论界认为，司法鉴定既是一种科学技术活动，又是一种诉讼证明活动，它具有“形式上的司法活动与实质上的科学技术活动二者兼而有之的性质”。2005 年《全国人大常委会关于司法鉴定管理问题的决定》也将“司法鉴定”定义为“在诉讼中，鉴定人运用科学技术或者专门知识对诉讼涉及的专门性问题进行鉴别和判断并提供鉴定意见的活动。”而根据我国刑诉法的规定，鉴定人是诉讼参与人的一种，因为接受当事人的聘请或有关机关的委托就与案件有关的专门性问题提供专业意见，保证法官可以最大限度地查明事实真相，并做出公正判决。因此，司法鉴定既有保障案件真实发现的工具价值，又承载着实现公正和效率的程序价值。

电子数据鉴定，作为司法鉴定的一种，是指经过资格认定的专业人员基于计算机科学原理和技术，接受当事人的委托，按照符合法律规定的程序，发现、固定、提取、分析、检验、记录和展示电子设备中存储的电子数据，找出与案件事实之间的客观联系，确定其证明力并提供鉴定意见的活动。在我国，电子数据鉴定活动由经司法行政部门批准，面向社会从事电子数据鉴定业务的第三方司法鉴定机构实施。电子数据鉴定的结论包含对电子证据真实性、可靠性和完整性等方面的审查判断，可以弥补侦查、检察、审判人员专业技术方面的不足，满足电子证据认定的法律要求。

实践中，随着电子数据取证工作的规范化，原有电子证据固定、保全等基础的鉴定工作将逐步向侦查机关前端转移。鉴定机构的主要业务将向电子数据的完整性、真实性判断，用户操作、软硬件相似性、系统功能等专业检测与深度分析转变。这些专业化的检验与分析为审判者提供对电子证据的专业认知，从而进一步提升电子数据的证明力与可采性。这对鉴定机构的鉴定能力提出了更高的要求，而高水平的电子数据司法鉴定机构将迎来更好的发展机会。

四、结束语

在我国现有刑事诉讼法律体系下，电子数据取证与鉴定的规范化、专业化与深度化发展有助于延伸审判者对电子数据专业问题的认识能力，进一步提升电子数据的可采性与证明力。电子数据司法鉴定机构应加强与科研机构、行业组织、公安、检察、法院系统的沟通和合作，将技术研究和法律法规研究相结合，借鉴吸收国际先进标准化成果，制定技术规范和法律标准，促进设备、人员和技术等能力的提升，积极推进电子数据取证与鉴定的规范化工作。

2. 电子数据取证与鉴定法治化的中国实践[①]

2016年在我国，网络犯罪已占犯罪总数的近三分之一，而且每年还在大量增加。当前我们面临的最现实安全威胁主要来自网络空间。积极应对新形势下的网络空间威胁，必须提升网络执法与调查能力，加快推进国家治理体系和治理能力现代化。作为国家网络犯罪执法与调查能力建设的核心内容之一，电子数据取证与鉴定为执法机关依法打击刑事犯罪提供有效的证据支撑，无论是法定权益保障还是网络违法犯罪治理，无论是国家空间主权维护还是国内网络安全保障，电子数据取证与鉴定都是不可或缺的重要支撑。

电子数据取证与鉴定，也被称之为“计算机取证”（Computer Forensics），是指经过资格认定的专业人员基于计算机科学原理和技术，按照法律规定的程序，发现、固定、提取、分析、检验、记录和展示电子设备中存储的电子数据，找出与案件事实之间的客观联系，并出具检验结果或鉴定意见的活动。2019年2月1日正式施行的《公安机关办理刑事案件电子数据取证规则》将这一活动具体划分为三个阶段，即收集、提取电子数据，电子数据检查和侦查实验，电子数据检验与鉴定。

相较于美国FBI实验室1984年就开始对计算机取证进行研发，我国电子数据取证与鉴定工作开始相对较晚，2001年从入侵取证反“黑客”开始引入计算机取证的执法概念。计算机取证实践方面主要依靠侦查机关在刑事司法领域依法收集电子数据，并打击网络违法犯罪。2005年《全国人民代表大会常务委员会关于司法鉴定管理问题的决定》以法律形式对司法鉴定管理体制做出了重大

① 作者：黄道丽。发表于《中国信息安全》，2019年05期。

调整，经司法行政部门批准的第三方司法鉴定机构开始面向社会从事电子数据司法鉴定业务。2016 年作为中国网络空间安全基本保障法的《网络安全法》诸多核心制度设计涉及电子数据的要求，电子数据取证与鉴定在网络安全行政执法领域得到进一步的运用与发展。

一、刑事司法领域电子数据取证与鉴定法治化的历史沿革

在我国，1999 年《中华人民共和国合同法》、2004 年《中华人民共和国道路交通安全法》和 2005 年《中华人民共和国电子签名法》中开始有个别条款涉及电子数据。2012 年后，民事、行政和刑事领域的三大基本诉讼法相继将电子数据确定为法定证据种类，在司法诉讼活动中发挥越来越重要的作用。我国电子数据取证与鉴定的立法规定也主要散见于以三大诉讼法为主干的法律规范体系中，其中刑事司法领域的法治沿革如下：

2005 年公安部《计算机犯罪现场勘验与电子证据检查规则》（公信安[2005]161 号）对电子证据的范围、保护电子证据完整性、真实性和原始性的方式、电子证据检查等作了详尽规定，并明确了相关工作记录。这是我国以《刑事诉讼法》《公安机关办理刑事案件程序规定》《公安部刑事案件现场勘查规则》为上位法依据的第一部电子数据取证规则文件，对公安机关规范计算机犯罪现场勘验与电子证据检查工作具有很强的操作性。

2005 年《公安机关电子数据鉴定规则》是公安机关电子数据鉴定的专门性规范文件，明确规定了鉴定人的权利和义务、鉴定回避、委托、受理、鉴定程序、鉴定文书等内容。

2005 年《全国人民代表大会常务委员会关于司法鉴定管理问题的决定》确立了我国司法鉴定管理体制的统一框架。该决定要求侦查机关根据侦查工作需要设立的鉴定机构，不得面向社会接受委托从事司法鉴定业务，人民法院和司法行政部门不得设立鉴定机构；根据该决定的规定，无论是侦查机关取证机构还是作为社会第三方的电子数据司法鉴定机构都必须进行计量认证或实验室认可，建立完善的质量管理体系，保障电子数据取证与鉴定的质量。

2006 年公安部颁布《公安机关鉴定机构登记管理办法》和《公安机关鉴定

人登记管理办法》两个部门规章，明确划分了各级公安机关鉴定机构开展检验鉴定项目的范围，明确规定鉴定机构及鉴定人必须取得鉴定资格方可开展鉴定工作。

2006 年最高人民检察院颁布《人民检察院鉴定机构登记管理办法》《人民检察院鉴定人登记管理办法》和《人民检察院鉴定规则（试行）》，明确了人民检察院鉴定机构、鉴定人登记管理和鉴定人的权利和义务、鉴定回避、委托、受理、鉴定程序、鉴定文书等内容。

2008 年《关于进一步完善司法鉴定管理体制遴选国家级司法鉴定机构的意见》（政法 [2008]2 号），明确了侦查机构内设鉴定机构和鉴定人管理模式、侦查机构内设鉴定机构从事鉴定业务和国家级司法鉴定机构遴选等问题。

2010 年最高人民法院、最高人民检察院、公安部、国家安全部和司法部联合发布《关于办理死刑案件审查判断证据若干问题的规定》，其第二十九条首次对我国电子证据在刑事案件中的审查判断、电子数据取证和电子数据鉴定做出原则性的规定，要求审查电子数据取证、处理与展示的过程以及内容的完整性。

2011 年《最高人民法院、最高人民检察院关于办理危害计算机信息系统安全刑事案件应用法律若干问题的解释》（法释〔2011〕19 号）规定了《刑法》第二百八十五和二百八十六条危害计算机安全案件的定罪量刑标准，明确了侵害计算机系统安全类案件中的电子数据取证要点。

2013 年《刑事诉讼法》以部门法的形式明确了电子数据的独立证据地位，但并未对电子数据的收集提取、审查判断等做出专门规定。2013 年 1 月 1 日起施行的《最高人民法院关于适用 < 中华人民共和国刑事诉讼法 > 的解释》（法释〔2012〕21 号）第九十三条和九十四条，在五部委《关于办理死刑案件审查判断证据若干问题的规定》第二十九条规定的基础上，对电子数据的审查判断做出了进一步完善。

随着网络犯罪持续增长，并逐渐成为危害公共安全的突出风险，电子数据收集和审查判断成为侦查实践活动中的基础性、普遍性工作，电子数据证据规则的技术和实践基础不断充实、丰富。在这样的背景下，2014 年最高人民法院、最高人民检察院、公安部《关于办理网络犯罪案件适用刑事诉讼程序若干问题的意见》（公通字 [2014]10 号）专设一章对电子数据取证人员资质与技术要求、电子数据取证原则、收集提取电子数据的笔录制作要求、电子数据的移送规则和电子数据的鉴定与检验等问题作了进一步明确。

2016 年 9 月，为推动公检法三部门对电子数据的证据规格、证据效力和证明力等问题形成统一的判断标准，增强前述已有规定的操作性，提高司法实践中电子数据证据的规范性、可采性，最高人民法院、最高人民检察院、公安部首次就电子数据制定专门性规定，联合发布了《最高人民法院、最高人民检察院、公安部关于办理刑事案件收集提取和审查判断电子数据若干问题的规定》（法发〔2016〕22 号）。该规定以《刑事诉讼法》为依据，沿用了法释〔2011〕19 号、法释〔2012〕21 号和公通字 [2014]10 号中关于电子数据收集、提取、移送、审查的相关规定，同时针对司法实践出现的新情况、新问题，第一次采用列举加定性的方式对“电子数据”的概念进行了界定，全面提出电子数据收集提取、审查判断的具体方法。

2017 年 2 月，公安部发布《公安部关于发布 < 公安机关鉴定规则 > 和鉴定文书式样的通知》（公通字 [2017] 6 号），对 2008 年 6 月 1 日起施行的《公安机关鉴定规则》进行了修订，规定了鉴定人、鉴定流程、鉴定文书等内容。

2019 年 2 月，为各地公安机关更好地执行两高一部的法发〔2016〕22 号文件精神，公安部发布并施行《公安机关办理刑事案件电子数据取证规则》。该规则进一步明确了公安机关电子数据取证的相关程序、条件和范围等内容，覆盖了电子数据取证的阶段划分、原始存储介质的扣押封存、电子数据现场取证规范、无见证人时录像规范、登记保存的适用情形、网络在线提取和远程勘验的区别、网络在线提取的适用范围、冻结电子数据的程序和期限问题等司法实践中亟需回应的问题，规定了相关规定的工作记录。在委托公安部指定的机构出具报告的其他事宜上，该规则与 2017 年《公安机关鉴定规则》作了衔接。同时规定，公安部之前发布的文件与该规则不一致的，以该规则为准。

综上可见，十多年来，随着我国信息化的不断深入，办理刑事案件、网络犯罪案件司法实践的不断迭代和演化，我国刑事领域电子数据取证与鉴定法治化不断沿革，聚焦电子数据的法律地位、证据能力规范与发展、电子数据的证明力、电子数据取证与鉴定质量管理、鉴定机构能力建设和规范化等核心问题，形成了以《刑法》《刑事诉讼法》等为顶层设计，以部门规章、两高司法解释和大量规范性文件等为实体制度和程序支撑的体系化立法架构，走出了一条既与国际接轨，又不乏中国特色的电子数据取证与鉴定法治之路，为推进“以审判为中心的刑事诉讼制度改革”奠定了坚实基础。

必须注意的是，电子数据取证与鉴定领域呈现法律规则与技术规范深度交融的特性。电子数据的可采性和证明力认定是司法实践中无法回避的首要问题，电子数据取证与鉴定的意义之一在于如何提高电子数据的可采性和证明力认定。电子数据取证与鉴定法治化的历史沿革事实上也是在不断回应或力图解决这一根本问题。在我国现有刑事诉讼法律体系下，电子数据取证与鉴定的标准化、规范化、专业化与深度化发展，有助于延伸侦查机关、人民检察院、人民法院对电子数据专业问题的认识能力。进一步提升电子数据的可采性与证明力，也是刑事法律发展的内在要求。法律与技术的交叉属性则决定了电子数据取证的技术规范化、过程标准化、工具专业化等因素将直接影响到取证结果的有效性和电子数据的证据力。具体来说，电子数据取证结果的可行性和有效性一方面依赖于是否能应对最新的信息技术，融合、采用最新的技术解决处理正在发生或即将发生的问题，另一方面则依赖于如何规范化操作与发展，使获得的电子证据在法律体系下具有法律效力。

二、行政执法领域电子数据取证与鉴定的立法支撑

行政执法与刑事司法是当前我国网络空间安全治理的两大合力。2017 年 6 月 1 日，作为我国网络空间安全基本保障法的《网络安全法》正式施行，标志着我国网络空间法制化进程的实质性展开，也成为国内外持续关注的焦点立法。在网络安全监管体制上，《网络安全法》第八条明确规定网信、电信、公安等部门各司其职并在网信部门统筹协调下开展网络安全保护和监督管理工作；在网络安全关键控制点上，《网络安全法》明确了网络空间主权原则，关注网络运行安全和网络信息安全。网络运行安全分别从系统安全、产品和服务安全、数据安全以及网络安全监测评估等方面设立制度，网络信息安全规定了个人信息保护制度和违法有害信息的发现处置制度。除了网络安全等级保护、个人信息保护、违法有害信息处置等成熟的制度规定外，产品和服务强制检测认证制度、

关键信息基础设施采购的国家安全审查制度和数据本地化制度等都具有相当的前瞻性，成为《网络安全法》的亮点；在网络安全行刑衔接上，《网络安全法》致力于完善“两法衔接”机制，与《刑法》以及相关司法解释一起，实现了网络安全行政执法权与刑事司法权的有效衔接。

回顾正式实施后历程，一方面，《网络安全法》相关的制度规定、制度规定、行业规划、国家标准等配套规定的制定工作仍在持续进行；另一方面，网信、电信、公安等网络安全监管机构不断加大执法力度，如公安机关实行“一案双查”制度，在对网络违法犯罪案件开展侦查调查工作的同时，同步启动对涉案网络服务提供者法定网络安全义务履行情况的监督检查。与此同时，网络安全监管机构也在强化执法规范化，如 2018 年 11 月 1 日施行的《公安机关互联网安全监督检查规定》（公安部令 151 号）是规范公安机关互联网安全监督检查工作的重要部门规章。从执法行动和实施效果来看，包括网络安全等级保护、关键信息基础设施保护、个人信息保护、违法有害信息治理等在内的基本法律制度已经开始在全社会形成常态化的行政执法检查活动，电子数据取证与鉴定成为以上网络安全行政执法活动的有力支撑。网信、公安、工信等网络安全监管机构均在构建或完善网络安全行政执法取证队伍或机构，提升行政执法领域的电子数据取证与鉴定能力。《网络安全法》框架下的电子数据取证与鉴定呈现从境内静态取证向跨境动态取证的扩展趋势。

首先，2018 年以来，执法数据的跨境调取成为各国利益博弈与制衡的新焦点，扩展本国法律的适用范围、提升执法行为的域外效力成为当前国际的立法趋势。《网络安全法》以维护网络空间主权，强化关键信息基础设施保护为目的，通过第五条和第七十五条规定为跨境数据取证乃至主动防御确立了国家立法基础。随着未来国际博弈的进一步加剧，数据本地化和出境评估、我国对境外数据调取等相关规定的完善，我国执法机关将面临跨境数据取证实际取证技术能力的现实考验。

其次，《网络安全法》行政执法工作中，信息内容取证成为新常态。2017 年 5 月 2 日国家互联网信息办公室发布《互联网信息内容管理行政执法程序规定》，专设第四章“调查取证”，对执法人员和执法程序、电子数据定义、电子数据收集提取要求、电子数据司法鉴定、电子取证工作记录等作了详细规定。

最后，在《网络安全法》执法规范化的统一要求之下，电子数据取证与鉴定的行政执法程序要求愈加明晰。网络安全行政执法中，监管机构往往借鉴相对成熟的刑事司法领域中电子证据收集与提取、电子证据审查与判断的规则，实施行政执法中的电子数据取证与鉴定工作。事实上，行政执法取证与刑事案件取证实际存在证据要点和证据要求、量化情节等方面的差别，对标《刑法》形式要求的基础上实现差异化，细化包括《网络安全法》在内的行政执法量化认定等要求，可能是深化《网络安全法》行政执法的未来方向之一。此外，如何解决网络安全行政执法中海量电子数据即时批量鉴定、见证人员不足等证据效力补强问题也是这一领域电子数据取证与鉴定非常值得研究的方向之一。

综上可见，《网络安全法》诸多核心制度设计涉及电子数据要求，一系列下位配套和相关规定为电子数据取证规定的完备性和有效性提供了支撑。《网络安全法》体系下，执法规范化深入建设、行政机关执法能力提升等现实需求为电子数据取证与鉴定带来了新的机遇与挑战。

三、未来与展望

“大数据”时代背景下，移动互联网、云计算、物联网、人工智能等新技术正得到更深层次的运用，网络安全攻击方式和违法手段不断翻新，跨地域、跨国界、涉众型等新型犯罪案件层出不穷，网络安全成为影响事关国家安全和国家发展、事关广大人民群众工作生活的重大战略问题。可以预见的是，随着新技术、新应用催生信息化带来的违法犯罪手段不断迭代和演化，网络空间安全精准治理的需求日益强烈，我国电子数据取证与鉴定持续面临着跨境数据调取国际规则不统一、取证分析能力不足、证据规则相对滞后、取证标准相对缺失等现实挑战。国家治理和问题导向的双轮驱动下，电子数据取证与鉴定的规则完善、技术发展、标准制定、行业规范、鉴定服务等也将面临更大的发展机遇和提升空间。

3. 协助执法制度的时代张力及其构建[1]

2013年爆发的美国国家安全局监控丑闻，一度引发世界各国和民众的监听恐慌，国家安全与个人隐私的冲突使协助执法制度的时代张力凸显无疑。一贯被作为协助执法制度内涵核心的合法拦截和数据留存规定也因可能存在的隐私风险而被极力限制。欧盟法院于2015年10月做出裁定，美国与欧盟在2000年敲定的《安全港协议》无法充分保护欧洲的个人数据，必须予以撤销。《安全港协议》被撤销的动议源于爱尔兰公民在美国监听丑闻后的起诉，其目的在于对抗美国对欧洲公民个人隐私的监控。2016年4月联邦调查局（FBI）诉苹果公司强制要求解密一案将协助执法制度中的价值冲突上升至白热化。随着恐怖主义新威胁促动安全和隐私价值位阶的动态调整，信息化发达国家据此调整国内立法，加强通信监控能力，以有效防范和打击恐怖主义等犯罪活动；同时为尊重人权，在有关网络监控立法中兼顾隐私和产业利益，尽量减少情报收集对民众隐私的侵犯。研判国外立法的发展变化，对我国协助执法制度的完善有着现实意义。

一、协助执法的概念厘定及其必要性

如英国首相特蕾莎·梅（Theresa Mary May）所言，“技术进步使得执法机

① 作者：黄道丽，何治乐。发表于网络空间安全蓝皮书《中国网络空间安全发展报告（2017）》，社会科学文献出版社，2017年11月出版。

构开展活动显得非常吃力，网络空间成为了法外之地。”信息网络新技术发展演变对执法机构的执法能力提出了新的挑战，各国执法机构开始考虑寻求相关网络服务运营主体的协助，通过立法确定强制性的协助执法义务。

（一）协助执法的概念厘定

传统法律意义上的协助执法制度是指执法机构在进行侦查和刑事调查时，相关的单位和个人有义务提供执法便利。鉴于网络的普及发展和对基础设施的渗透影响，协助执法一般被理解为通信协助执法。因此，提供执法便利应当从广义理解，即有助于侦查和调查的协助行为都应当包含在协助执法的范畴之内。通信协助执法首先是针对通信服务提供者和电信设备制造商等。1994 年，美国发布《通信协助执法法》，第一次将“通信协助执法”确定为法律概念，该法要求某一指定电信部门通过对其系统进行设计或更新，从而确保有权机关获取监控信息。协助执法是公民、机构和组织等应尽的法律义务，是追查犯罪、维护公共和国家安全的必要手段，传统的方式一般是检举、揭发、协助调查等。随着信息技术的发展，传统的协助方式已经不能满足新型犯罪预防的需要，出现了应对新技术发展的两种新形式，一种是要求互联网服务提供者配置接口以获取数据（被称之为“合法拦截”），另一种是根据法律法规，将用户的通信数据或活动过程数据保留一定时间（被称之为“数据留存”），通过对实时数据和存储数据的综合获取以协助执法。

合法拦截（lawful interception）（动态）和数据留存（data retention）（静态）成为各国常用和主要的协助执法方式。合法拦截又叫合法监听，是利用信息技术对互联网服务提供者等主体的通信数据进行实时收集，并及时记录的侦查措施，目的是帮助执法机关查明犯罪事实。合法拦截由执法（侦查）机关直接实施或由拦截主体提供协助，对于被拦截主体而言，其实施过程是秘密的，拦截主体应当满足法定的保密义务。数据留存旨在建立一个复杂的国家级监管计划，是为了维护国家安全、社会公共利益而要求互联网服务提供者将用户的相关数据（一般包括位置数据、身份信息等）留存一定的时间，帮助执法权力机关调查犯罪证据。因此，本文阐述的协助执法为网络环境下的广义协助执法，可界定为协助主体（包括互联网服务提供者、通信服务提供者等）对其软硬件设备进行特殊设置，以达到执法权力机关对犯罪嫌疑人或其他对象的监听控制，主要方式是合法拦截和数据留存等，以协助预防和侦查犯罪、反恐怖主义等维护国家安全的行为。

（二）协助执法制度的必要性

在现代社会还未证明普遍监控将产生不利的隐私影响之际，有别于“棱镜门”事件的数据留存和合法拦截更加不能被指控必然会给隐私问题带来负面效应。即使微软和苹果等大型科技公司起诉 FBI 的事实激化了国家安全与个人隐私的争论，但将协助执法所代表的公权力与个人私权利置于天平两端是不科学的，也不符合技术革新对相应立法构建的需求。

关于协助执法侵犯隐私权的争论不仅存在于学界和业界中，在立法层面也很激烈。2014 年 4 月，欧盟废除《数据留存指令》，认为其严重干扰了公民的隐私权和个人资料保护权。欧盟最高法院指控英国政府强迫电信和互联网服务提供者保留电话数据和互联网使用记录的行为违反了隐私相关法律。尽管最高法院建议英国取消其本国的《数据留存法》，但并未得到响应，英国政府反而在 2016 年又颁布了被称为“窃听宪章”的史上最严协助执法法《调查权力法案》。这从侧面反映出，在网络攻击、网络恐怖主义频发的信息技术时代，明确具体地规定通信运营者的协助执法义务具有紧迫性和现实意义。

从打击高科技犯罪和反恐的境内外执法实践看，协助执法行为和证据不仅受限于司法部门严格的形式要件审查和排除，而且现有法律规定在适用于具体案件时更处于无法涵盖主流商用技术的主要协助形式和内容的尴尬境地，应对技术更新的趋势预判和感知亦无从谈起。协助执法通过合法拦截和数据留存的动静态结合方式，预先为执法机构布置执法环境，建立紧急状态下的应急预案机制，成为各国情报机关、执法机构、国家安全机关侦查的主要手段。

1. 帮助调查犯罪，提高侦破效率的有力武器

在利用数据进行管理的新型政府发展时期，数据被用于医疗、金融、教育、能源等关键基础设施领域，以便改善社会发展方式，提高政府的政务能力。数据挖掘和分析技术的精准预测确实给社会带来了颠覆性变革，但正如硬币的两

面，在不成熟的社会环境中，新技术的产生必然伴随着不可预知的安全风险，在数据驱动发展的全新局面下，危害网络安全的违法和犯罪活动也成倍增长。利用互联网犯罪的成本低、传播快、互动性高、影响范围广等特点，色情信息、暴力言论、知识产权侵犯、煽动分裂言论等问题充斥着网络的每个角落。

传统的刑事犯罪已经开始转战线上，网络犯罪分子往往具有较强的技术能力，能够轻易抹除痕迹以躲避追查，执法机构的执法能力受到前所未有的挑战。数据因其对生活的渗透性存在，被用于几乎每一项严重的刑事犯罪或国家安全调查，包括网络反恐、间谍、破坏计算机信息系统等。执法机构受制于技术能力和资源限制，使得单独证据的追踪和复现面临障碍，无法快速有效识别犯罪嫌疑人。协助执法通过动态的合法拦截和静态的数据留存，可以帮助执法机构快速取得侦查依据，有效克服证据溯源的困难，提高案件的侦破率，对惩罚犯罪、维护社会稳定具有直接的推动作用，对激发企业创新、促进产业发展具有间接的提升效能。

2. 打击恐怖主义，维护国家安全的重要手段

相比刑事犯罪而言，恐怖组织具有极强的组织性和纪律性，所进行的恐怖活动不仅会造成社会冲突和公众内心的强烈动荡，暗杀、袭击等活动更会直接影响国家的政治形态。与传统恐怖主义相比，现实与虚拟无缝对接、边界和距离逐渐模糊的网络社会成为恐怖分子掩盖身份和从事恐怖活动的必要场所。网络的匿名性和复杂性增加了攻击节点和作战单元，恐怖主义行为更多地干涉别国政治，同时带来财产损失、人员伤亡的一系列负面连锁反应。美国政府将恐怖主义视为对国家安全的真正威胁，“网络珍珠港”被认为普遍存在。需要集合社会力量（尤其是拥有高技术水平的网络服务提供者）预先布置执法环境，合法拦截和数据留存能够帮助建立执法活动的快速反应机制，是网络反恐的必要手段。

美国 2001 年“9·11 恐怖袭击事件”、马德里 2004 年火车爆炸恐怖袭击事件、伦敦 2005 年公共交通恐怖袭击事件中，恐怖分子均使用了网络通信进行有效动员、组织和实施，而有关安全机构事先难以有效监控。2015 年 11 月，法国巴黎发生的恐怖袭击事件中即有证据显示，恐怖分子用游戏机内通讯功能绕过了执法机构对传统网络工具的监控，并成功发动导致了严重伤亡的袭击。2013 年“棱镜门”泄露的文件也显示，恐怖分子也在运用游戏的虚拟会议功能进行联络。

针对上述严峻的网络反恐形势，各国也作出了相应的立法应对，自 1994 年美国国会通过《通信协助执法法》之后，美国有关执法机关建议，基于反恐的需要，必须尽早对互联网上的通信联络进行监视和监听。美国联邦通信委员会（FCC）在 1997 年 10 月开始执行《通信协助执法法》，同时发布了立法倡议通知。欧盟理事会在马德里恐怖袭击后发布了打击恐怖袭击的相关声明，将立法措施列入计划内，要求理事会“对服务提供者存留流量数据进行规制的建议”进行考查，强调这些建议“应该以在 2005 年 6 月采用为目的而优先考虑”。此外，在 2015 年法国、德国、英国等国均强化了本国的通信监控立法。

二、国外协助执法制度的立法现状和趋势

（一）立法现状

信息化发达国家基本都有规制协助执法义务的专门性立法，且颁布时间较早。美国 1994 年颁布了《通信协助执法法》，规定电信运营商有根据监听令状和其他法定的许可向执法机关提供协助监听的义务；2001 年颁布《爱国者法案》，以防止恐怖主义为目的扩张了美国警察机关的权限。欧盟 1995 年颁布《欧盟理事会通信合法拦截决议》，规定各国的执法机关有权对电信运营商及网络服务商提出协助监听的法律要求，执法机关可以要求运营商在使用加密技术的情况下，提供监听的通信初始信息。英国 2000 年颁布《调查权管理法案》，通过该法案，一旦发生对国家安全或预防、侦查犯罪活动产生威胁的任何情况，国务大臣可以签发令状授权相关权力机关监听邮政服务或公共电信系统。澳大利亚 2006 年颁布《电信拦截法修正案》，规定除了按照本法案实施的监听，通过该系统的其他监听行为都属于犯罪，并明确了实施合法监听的条件和情况。这其中不乏时间已到期或引起争议的法律，但大部分仍在施行并出现了新的修正案，如美国《爱国者法案》在 2015 年到期停摆后即被新的美国《自由法案》所替代，其通

信监控的内容几乎未变。近几年，随着网络攻击和恐怖主义的频繁发生，澳大利亚、美国、英国等国通过新的立法或修订旧法扩大协助执法义务，帮助执法机构调查犯罪和防控恐怖主义。

1. 澳大利亚《电信（监控和接入）修正（数据留存）案》

2015 年 4 月 13 日，澳大利亚对《电信（监控和接入）修正（数据留存）法案》，对 1979 年的《电信（监控和接入）法案》及 1997 年的《电信法案》进行修正。在合法拦截方面，规定澳大利亚安全情报组织、国家警察部队、澳大利亚犯罪委员会等 20 多个机构可以在没有令状的情况下查看通信元数据，但这样的申请必须由高级官员或官员批准。在数据留存方面，要求电信运营商对特定类型电信数据负有法定留存义务，留存期限为两年。通信数据（元数据）包括电话呼叫和互联网数据，电话呼叫包括来电显示；通话的日期、时间和持续时间；通信位置或使用通信的路线；电话被分配的唯一标识符。网络数据包括发送电子邮件的地址；电子邮件的发送日期、时间和接收人；电子邮件的附件大小和文件格式；互联网服务提供商（ISP）持有的账户详细信息，例如账户是否已激活或暂停。服务提供者必须使用加密措施保护元数据的可信性，确保其免受未经授权的干扰和访问。

针对大部分 ISP 没有能力或构建数据留存系统成本过高的情况，2016 年 8 月，澳大利亚政府拨款 1.28 亿澳元作为数据留存的补偿款，通过资金支持的方式减轻守法企业的遵从成本，尤其强调对小型提供商的政策支持。获得资助的包括 180 个 ISP，大部分 ISP 获得了实施成本 80% 的补偿金，ISP 在签署资金协议时将立即获得其资金的 50%，以便帮助企业实现合规。

2. 美国《自由法案》

“斯诺登”事件给世界人民带来的隐私恐慌，使得批评矛头一致指向美国，美国遭遇空前的信誉危机。2015 年 6 月 2 日，美国通过《美国自由法案》，修改了前一天过期的《爱国者法案》的一些内容，被认为是对“棱镜门”等监控丑闻的正式回应，也是 1978 年美国确定情报监控制度之后最重要的改革法案。该法案保留了广泛的合法拦截行为，同时对披露数据和透明度进行了调整，可以看出美国政府对协助执法的需求和认可，也体现了对隐私的尊重，因此该法案被描述成“平衡的方法”，被称为：“该法案确保了我们的情报和执法能力。”《美国自由法案》允许电话公司大量收集美国公民的元数据，然后由美国国家安全局访问。“电话详细记录”美国会话识别信息（包括呼出或接收电话号码、国际移动用户识别码或国际移动站台设备识别码）、电话卡号码、呼叫时间或持续时间。识别信息不包括通信的内容、用户或客户的姓名、地址、财务信息、全球定位系统信息。为了限制情报机构对隐私的不必要干扰，该法案对外国情报监控法院进行了改革，允许其指定个人或组织担任法庭之友协助审查，包括提供技术专业知识。法案需要法庭之友提供促进对个人隐私和公民自由保护的法律论点，或与情报收集或通信技术相关的其他法律论点或信息。《美国自由法案》允许谷歌和 Facebook 等公司披露政府执法请求的信息，从而提高透明度。按照该法案，自其公布起 180 天内，电信机构应该建立有关电话数据的留存制度，并向相关政府部门备案，该制度发生调整应及时汇报。此外，在获得外国情报监控法庭认可并拿到调令的情况下，本国情报执法机构可以要求电信运营商上缴相关数据。

3. 俄罗斯《反恐法修正案》

2016 年 6 月 24 日，俄罗斯通过了《“反恐法”和在个别法律法规中确立反恐和社会治安补充措施的修正案》（简称《反恐法修正案》），对《反恐法》《俄罗斯联邦行政处罚法》《俄罗斯联邦信息、信息化和信息保护法》、《通信法》等法律予以修订。《反恐法修正案》修订了《俄罗斯联邦行政处罚法》，在第 13.31 章增加 21 节，“在互联网传播信息的组织者，如果其不履行向联邦安全权力执行机关提供对收到、传递、送达和处理的电子信息进行解码的必要信息的义务，将对公民处以 3000 至 5000 卢布的行政罚款，对公职人员处以 30000 至 50000 卢布的行政罚款，对法人处以 800000 至 1000000 卢布的行政罚款”；《反恐法修正案》补充 2006 年《俄罗斯联邦信息、信息化和信息保护法》第 41 条，规定“在互联网上传播信息的组织者，如果在接收、传递、送达和处理互联网用户电子信息时使用了电子信息附加加密，或者为互联网用户提供了电子信息附加加密的可能性，必须向联邦安全权力执行机关提供必要的接收、传递、送达和（或）处理的电子信息的解码信息”。对《俄罗斯联邦信息、信息化和信息保护法》第

31 条进行了补充，规定“在互联网传播信息的组织者必须按照俄联邦法律规定的情形，向国家侦查机关或者俄联邦安全机关提供本章第三条规定的信息”。其第 3 条规定为“在互联网传播信息的组织者在俄罗斯境内必须保存:（1）关于互联网用户接收、转交、送达和（或）处理语音信息、文本、图像、声音、视频和其他电子信息事实数据，以及这些用户的信息，自行为实施一年以内;（2）互联网用户的文本信息、语音信息、图像、声音、视频以及互联网用户的其他电子信息，自信息接收、传递、送达和（或）处理起保存至六个月。保存上述信息的程序、期限和规模由俄联邦政府规定。”

同时，《反恐法修正案》增加 2003 年《通信法》第 64 章第 11 条规定，“通信运营商必须为国家侦查机关或者俄联邦安全机关提供规定的通信用户的信息、使用服务的信息和其他的上述国家机关履行法定职责必需的信息”；同时，对《通信法》第 64 章第 1 条作出修订，“通信运营商在俄罗斯境内必须保存:（1）有关通信用户接收、传递、送达和处理语音信息、文本信息、声音、视频或其他信息的事实数据，自行为实施三年以内;（2）通信用户的语音信息、文本信息、声音、视频或其他信息的数据，在接收、传递、送达和（或）处理六个月内。保存上述信息的程序、期限和规模由俄罗斯联邦政府规定。”

《俄罗斯联邦信息、信息化和信息保护法》和《通信法》分别对互联网传播信息的组织者和通信运营商规定了不同的数据留存期限，这是立法者考虑到两者的性质、规模、财力等区别做出的不同规定。

4. 英国 2016 年《网络安全战略》和《调查权法案》

2016 年 11 月 1 日，英国提出《网络安全战略》。密码技术是保护敏感信息和国家安全的基础，且私营部门（企业）的技术和能力对于发展密码技术很重要。战略提到英国政府非常支持加密技术，因为加密可以保护公民的私人数据或知识产权，但与此同时，英国也需要确保恐怖分子和罪犯不能借助加密来营造一个“安全空间”。英国政府希望和行业合作来建立一个完善的法律框架和监管体系，警察和情报部门可以访问恐怖分子或罪犯间的通信内容。必要时，英国政府将要求企业对相关信息进行解密，而企业也需要配合政府进行解密。

2016 年 11 月 29 日，英国通过《调查权力法案》（被戏称作“窃听宪章”），旨在进一步理清执法机构在通信及通信数据的拦截、获取、留存及设备干扰等方面的权力，使得权力的运行更加清晰透明。该法案为英国情报和执法机构实施有针对性的通信拦截、通信数据的批量收集、通信的批量拦截引入新的权力，并重申了现有权力。允许警察和情报机构实施针对性的设备干扰，即以黑客攻击形式侵入计算机和设备系统中获取数据，以及在涉外调查中，允许为了国家安全事务而进行大规模的设备干扰。“设备干扰”系指执法部门可以针对特定对象的电子设备通过技术手段或黑客攻击形式侵入对方的计算机和设备系统中，从而获取数据。在合法拦截方面，规定了批量拦截令状，赋予可以对“涉外通信”进行批量拦截的权力，其中“涉外通信”的内涵广泛，这是确定了“域外通信的管辖权”。在数据留存方面，有权机关可以发布留存通知，要求针对特定通信进行数据留存，留存通知要求留存数据的期限不能超过十二个月，即期限只要在一年内，都可以对通信服务提供者提出留存要求。特定公共机构的高级官员可以赋予相关执法人员通信数据的获取权，但授权的行使需要满足法定条件。

（二）协助执法制度的内容特点和趋势

1. 延长数据留存期限

数据留存可以帮助执法机关获得恐怖分子或犯罪分子的个人数据，协助侦查取证机关尽快掌握犯罪行为人的行踪，能够切实有效的预防犯罪，及时惩治犯罪行为。各国普遍承认数据留存的刑事调查价值，但数据留存的期限是一直以来备受争议的问题，留存期限直接关系到企业对数据库的投入和维护成本，国外协助执法法律制度都会规定数据留存期限，不同的是期限长短的设置。欧盟 2006 年《数据留存指令》颁布后，欧盟成员国都将其转化为国内立法。关于数据留存的期限，大部分规定为六个月或一年，例如英国、芬兰、荷兰、法国、西班牙、意大利（限于互联网接入、电子邮件和电话数据）规定为一年时间，卢森堡、立陶宛等国家规定为六个月。分析可知，经济实力强的国家一般技术和企业发展较快，数据留存期限相对较长。近两年的立法将期限规定为两年（澳大利亚）或三年（俄罗斯）的行为，虽然与国家的整体发展关系密切，但也充分说明数据留存的重要意义和国家的强力支持态度。

2. 重视网络服务提供商的成本补偿

协助执法的数据留存方式需要互联网服务提供商的技术配合，建立并维护数据库更需要承担巨大的经济成本。虽然成本暂时无法用精确的数字计算，但依据美国一家机构的调研估算得出，遵从英国反恐和犯罪相关法案的协助执法要求，建立并维持数据留存体系的正常运行需要企业支出 500 万 ~600 万英镑（留存期限为一年），若留存期限为两年的国家，则本国的互联网服务提供商需花费更多。这对于互联网企业，尤其是处于发展初级阶段的中小企业来说是更加沉重的负担。英国 2009 年《数据留存法》第 11 条规定了国务大臣对公共通信提供者因遵守协助执法制度所支出的任何费用进行补偿的权力，但需事先通知国务大臣并征得同意，国务大臣拥有审计的权力。欧盟其他成员国在转化欧盟指令时，很少有国家涉及成本补偿问题，补偿制度也不明确。澳大利亚 2016 年专门发布资金支持政策，拨款 1.28 亿澳元对履行协助执法义务的企业进行资助，并且明确了每家企业的资助金额，这不仅能够提高企业协助调查的积极性，也保证了政策的透明度。

3. 明确协助执法主体的责任

法律的惩罚机制具有教育和评价的基本功能，能够起到重要的威慑作用，每个法律制度都具有相应的行为处罚机制，协助执法也不例外。在协助执法作为打击恐怖主义、维护国家安全的武器手段日益凸显其作用的信息通信时代，各国一般选择加重企业违法的经济代价和个人违法的人身自由限制。俄罗斯《反恐法修正案》不仅提升了处罚额度，还根据不同主体可能造成的不同后果进行了区分，对公民、法人和公职人员的处罚虽不尽相同，但毋庸置疑都很严厉。2016 年 3 月，法国社会党议员雅恩·伽鲁特（Yann Galut）提出一项新的法规修正案，规定了在恐怖调查期间苹果等科技公司违反协助解密义务的，可被判处 5 年以下有期徒刑；公司每拒绝一次协助调查请求，要支付 100 万欧元的罚款。该法案在法国下议院投票中已经通过。英国 2016 年《调查权力法案》规定了非法拦截罪，故意拦截通信者将视情况被处以 2 年以下监禁或罚款；而在收到执法机构的令状后拒不协助采取措施的运营商，将处以最高 2 年的监禁、不超过法定最高限额的罚款或两者并罚。

4. 明确规定协助解密义务

在各国的协助解密制度中，通信服务提供商由于对通信内容进行管理（例如对通信内容进行加密），而被规定为主要协助主体。协助执法机构解密可能会涉及对隐私的侵犯，对企业信誉的威胁等，因此遭到一些科技巨头甚至政府人员的反对和抗拒。但是，技术的进步、黑客攻击手段的提升、反恐形势的恶化等，都使得执法机构获取情报的能力下降，解密成为执法机关追踪证据的有力方式。通过 2016 年苹果与 FBI 的解锁争议和诉讼，各国在综合考量技术发展和执法机构执法能力的基础上，加强了对协助解密义务的立法支持。例如，俄罗斯明确了在互联网上传播信息的组织者对电子信息的解码义务；英国提出了加密技术对于维护数据安全的重要性，强调英国政府会要求企业对相关信息进行解密，而企业也需要配合政府进行解密；英国也规定，国内通信服务提供商（CSPs）必须具备对其加密数据的解密能力，而对国外的 CSPs 则没有此要求（区分国内外与国内的 CSPs，立法目的应是为了兼顾企业创新考虑，吸引国外 CSPs 在英国本地发展，加强本土企业的竞争力，抑或是执法管辖权限制）。

5. 制度设计兼顾隐私保护

执法机构在要求通信服务提供商协助执法时，由于内部人员疏忽或者制度不健全等原因，可能会泄露获取的个人数据，这些数据一般包括位置信息、通话记录、电子邮件等与个人隐私密切相关的内容。若互联网服务提供者及执法人员疏忽或恶意泄露、售卖这些数据，会直接侵害公民的隐私生活，并扰乱通信自由。鉴于此，各国在设计协助执法制度时，都采取措施降低数据泄露的风险，澳大利亚立法将访问留存数据的机构限定为“刑法执法机构定义的机构”，以此保证只有执法机构或其授权机构才能访问数据，防止产生未经授权的干扰和破坏。被授权人员在披露数据之前必须充分考虑对相关个人隐私的干扰，考虑数据的可用性和披露的正当性。英国的 2016《调查权力法案》加强了对记者和律师等特殊群体的身份信息保护，取消了安全和情报机构在寻找记者来源方面的豁免权利。此外，对于留存数据的类型，澳大利亚和英国立法规定的都是通信的信息，而不是通信的内容，换言之，通信信息包括通话时间和持续时间、邮件发送地址和接收时间等，而不包括通信人之间的通话内容和邮件主题，体现了对隐私的保护和尊重。

6. 通过第三方透明度报告等事后披露机制缓解隐私保护焦虑

此外，尽管协助执法实施的前提是经过有权机构的审查、批准（具体规定在国家相关立法中存在差别），并在案件的司法程序中也将接受非法证据排除的考验，但由于执法协助具体行为的秘密性要求，只有在执法行为结束和结果形成后方能发布，因此协助执法与隐私保护的知情同意存在天然的对立。除严格规范协助执法的程序要求外，通过第三方通信服务商平台，乃至执法机构本身的定期汇总披露，已经成为各国频繁使用的用于缓和隐私冲突的重要机制。例如境外主要的即时通讯厂商、主要的系统软件提供商等都按照年度发布透明度报告，披露协助执法机构提供信息的整体信息，以及不予披露的例外和理由，这些机制已经证明各国政策在缓和公众有关隐私保护焦虑方面的有效性。

三、我国协助执法制度的立法现状和落实策略

（一）我国协助执法制度的立法现状

我国协助执法规定散见于 1995 年发布的《人民警察法》、1997 年颁布的《计算机信息网络国际联网安全保护管理办法》、2000 年通过的《中华人民共和国电信条例》（以下简称《电信条例》）、2000 年通过的《互联网信息服务管理办法》、2005 年颁布的《互联网安全保护技术措施规定》等法律法规中。随着新技术和网络的普及使用，2012 年《刑事诉讼法》、2015 年《国家安全法》、2015 年《反恐怖主义法》和 2016 年《网络安全法》对协助执法制度进行了完善。

1995 年《人民警察法》（2012 年修订）第十六条规定，协助执法的权利主体是公安机关，目的是侦查犯罪，条件是经过严格的批准手续，这里规定的协助执法形式是技术侦查措施。

1997 年《计算机信息网络国际联网安全保护管理办法》（2011 年修订）第一次规定了单位和个人提供数据文件的协助义务。根据该法案第八条内容，协助执法的权利主体是公安机关，义务主体是从事国际联网业务的单位和个人，义务内容包括：（1）接受协助执法权利主体的安全监督、检查和指导；（2）如实

提供有关安全保护的信息、资料及数据文件。协助执法的目的是帮助查处通过国际联网的计算机信息网络进行的违法犯罪行为。

2000 年《电信条例》第六十六条对电信内容检查的协助执法作规定。根据该条款，协助执法的原因是出于国家安全或追查刑事犯罪，协助执法的权力机关包括公安机关、国家安全机关或者人民检察院，条件是依照法律规定的程序对电信内容进行检查。本条明确禁止电信业务经营者及其工作人员擅自向他人提供电信用户使用电信网络所传输信息的内容。

2000 年通过的《互联网信息服务管理办法》第一次对信息留存的内容（日志）和期限（60 日）进行了明确规定。根据第十四条的规定，协助执法的义务主体是互联网接入服务提供者，义务内容是记录上网用户的信息，这些信息包括上网时间、用户账号、互联网地址或者域名、主叫电话号码等。此外，应该对这些信息记录进行备份保存，备份主体包括互联网信息服务提供者和互联网接入服务提供者，时间为 60 日，且应该在国家有关机关依法查询时提供。

相比《互联网信息服务管理办法》，2005 年颁布的《互联网安全保护技术措施规定》的信息留存制度更加细化，并明确了公安机关的处罚权。信息留存内容主要体现在该规定的第十二条及第十三条，第十二条首次明确了互联网服务提供者在采取安全保护措施时应该预留联网接口，该接口应符合公共安全行业技术标准的规定；第十三条规定的协助执法的义务主体是互联网服务提供者和联网使用单位，要求其采取的记录留存技术措施具有保存记录备份至少六十天的功能。此外，第十五条规定了违反第十二条和第十三条的处罚措施，由公安机关给予警告或者停机整顿不超过六个月的处罚。

2012 年《刑事诉讼法》在其第二编第八节“技术侦查措施”中专门规定了协助执法制度，内容比较全面，在我国现行立法状态下对完善协助执法程序具有重要意义。根据一百四十八条的内容，一般情况下，采取技术侦查措施的权力机关是公安机关，案件类型包括危害国家安全犯罪、恐怖活动犯罪、黑社会性质的组织犯罪、重大毒品犯罪或者其他严重危害社会的犯罪案件，目标是侦查犯罪，条件是需经过严格审批流程。此外，对于重大的贪污、贿赂犯罪案件以及利用职权实施的严重侵犯公民人身权利的重大犯罪案件，人民检察院在立案后可以采取技术侦查措施，按照规定交有关机关执行。第一百四十九条规定了批准手续的具体流程，首先应确定采取技术侦查措施的种类和适用对象，批准决定的有效期为签发后三个月内。复杂、疑难案件有必要延长期限的，经过批准可延长，但每次不得超过三个月。第一百五十条是对侦查人员在技术侦查过程中的信息保密义务要求，保密内容包括国家秘密、商业秘密和个人隐私，且应及时销毁与案件无关的材料。

2015 年《国家安全法》第四十二条、七十七条、八十一条对协助执法作了有关规定。第四十二条规定协助执法的权力主体是国家安全机关和公安机关，权力内容是搜集涉及国家安全的情报信息。第七十七条规定协助执法的权力主体是国家安全机关、公安机关和有关军事机关，义务主体是公民和组织，目的是维护国家安全，义务内容包括提供其所知道的证据、提供必要的支持和协助等。第八十一条是针对义务主体在协助执法过程中发生财产损失或人身伤害、死亡情况，作出的国家补偿和抚恤优待规定，强调的是造成损害后的经济补偿，而不是对互联网服务提供者的守法成本补偿，前者发生在协助执法之后，而后者则发生在之前。协助执法更偏重于加重企业成本，鲜少直接对其造成经济损害，因此根据该法很难得到补偿，且实践中尚未出现类似案例。

2015 年《反恐怖主义法》对协助执法的规定体现在第十八条，协助执法的义务主体是电信业务经营者、互联网服务提供者，权力主体是公安机关、国家安全机关，协助内容是为依法防范、调查恐怖活动提供技术接口和解密等技术支持。第九十一条规定的是违反十八条的处罚，包括单处或并处罚款和拘留，处罚主体还包括直接负责的主管人员和其他直接责任人员。

2016 年《网络安全法》明确提出实行网络安全等级保护制度，体现在第二十一条："网络运营者应当按照网络安全等级保护制度的要求，履行下列安全保护义务，保障网络免受干扰、破坏或者未经授权的访问，防止网络数据泄露或者被窃取、篡改:（三）采取监测、记录网络运行状态、网络安全事件的技术措施，并按照规定留存相关的网络日志不少于六个月。"第二十八条规定，"网络运营者应当为公安机关、国家安全机关依法维护国家安全和侦查犯罪的活动提供技术支持和协助。"第五十九条规定，网络运营者违反第二十一条规定的，由有关主管部门责令改正，给予警告；拒不改正或者导致危害网络安全等后果的，处一万元以上十万元以下罚款，对直接负责的主管人员处五千元以上五万元以下罚款。第六十九条规定，“网络运营者违反本法规定，有下列行为之一的，由有关主管部门责令改正；拒不改正或者情节严重的，处五万元以上五十万元以下罚款，对直接负责的主管人员和其他直接责任人员，处一万元以上十万元以下罚款：……（三）拒不向公安机关、国家安全机关提供技术支持和协助的。”

综上可以看出，截至目前，我国没有专门的协助执法法律，通过《反恐怖主义法》的规定解决了长期以来未能解决的电信业务运营者、互联网服务提供者提供技术接口和解密等技术支持和协助的高位阶段的法律依据问题，同时也为《网络安全法》的“技术支持和协助”提供了内涵的背书。通过《网络安全法》的规定，公安机关、国家安全机关获得支持协助权的范围由信息提供扩展到了各类技术支持和协助，在实质上蕴含了信息提供、系统调用、接口提供、解密支持、人力协助等种种可能，同时加大了网络运营者的法律责任。在具体适用上，如属于维护国家安全和侦查犯罪的情形，适用《网络安全法》；如属于防范、调查恐怖活动的情形，适用《反恐怖主义法》。

值得注意的是，虽然《反恐怖主义法》《网络安全法》顺应时代发展规定了协助解密义务、数据留存期限及相应的处罚制度，但缺乏详细的执行依据和标准，实践中会给企业遵从带来一定困难。关于协助执法的经济补偿规定不具有强制执行力，容易造成执行乏力和义务主体消极守法的局面。此外，相关规定也没有出现协助执法中对公民隐私保护的内容，我国没有专门的隐私或个人信息保护法，《网络安全法》中规定的个人信息保护内容是迄今为止最为全面的保护制度，但缺少关于合法拦截和数据留存过程中的数据访问限制规定。

（二）我国协助执法制度的落实

网络社会成为滋生重大刑事犯罪及恐怖主义活动的场所，早已超越简单的隐私侵犯范畴，上升至对社会稳定和国家安全的威胁。网络的即时传递性、迅速交融性等特征为技术发展带来颠覆性改革，安全漏洞的存在也使得攻击随时随地会发生，判断攻击源头和甄别攻击方式遭遇技术瓶颈和法律障碍，体现了现行发展环境下执法难度。应对网络攻击需要合法拦截和情报收集是各国都承认的事实，各国已采取了一系列立法措施予以支持，相对于信息化发达的美国、英国、澳大利亚等，在《反恐怖主义法》和《网络安全法》框架之下，协助执法法制化问题在我国已经得到初步解决，但法律规定尚需完善，如何在相关下位法和配套标准中予以进一步落实是接下来的重点，本文认为至少应包括以下几方面内容：

1. 明确界定数据留存的范围

国外普遍采用列举法具体列出数据留存的种类，纵观国际立法内容，留存的通信数据包括通信的时间及持续时间、设备位置、电子邮件的发送地址等，不涉及具体通信内容，俄罗斯新近立法则将通信内容纳入留存范围。目前我国《网络安全法》和相关法律中规定的数据留存范围限于日志。建议在配套标准或下位法中对网络日志的详细类型进一步明确，便于明确指导服务提供者遵从。

2. 建立协助主体的经济补偿制度

从扶持产业发展、鼓励创新的角度考虑，欧盟少数国家和澳大利亚都建立了协助主体（主要针对通信服务提供商）的权利救济制度，主要表现为守法成本和费用的补偿，以保障通信服务提供商履行协助执法的权利请求。我国虽然互联网使用规模较大，但是企业大多处于转型发展时期，因此建议我国借鉴澳大利亚立法经验，构建协助主体的权利维护途径，同时建立配套的审查和问责机制，避免出现“数据留存成本过高而不应予以执行”的问题。

3. 科学慎重规定数据留存期限

数据留存的协助执法方式通过将数据静态地保留在数据库中，以备执法机关调查使用，从而提高案件侦破效率，构建和谐社会。然而，数据留存期限牵涉隐私保护、企业经济负担等多方面因素，历来都是立法审慎的对象。从目前国外最新立法来看，期限一般为一年至三年不等，大部分国家的立法机构选择的是两年，这是出于网络犯罪隐蔽性强的考虑。我国《网络安全法》规定的六个月期限，对于手段愈发多样化和暴露性差的网络犯罪而言，可能会出现刚发现犯罪行为而数据早已销毁的状况。建议在调整修订立法时，重新考虑数据留存的期限。

4. 完善有关法律责任制度

为了实现协助执法的可操作性，发挥法律惩罚制度的威慑力，加大处罚也应纳入法律调整范围。法国议员雅恩·伽鲁特在提出法案时曾称，“数据加密让我们面对着一个法律真空，它阻碍了司法调查，只有金钱才能迫使这些极其强大的企业选择遵从。”因此法案草案规定了极为严厉的处罚措施。与之比较，我国现行立法的罚款数额过低。建议按照营业额的百分比处罚更为合理，这种处罚方式经常出现在欧盟立法中，按照主观形态、行为造成的严重性等确定处罚金额的方式值得我们借鉴。

5. 完善隐私保护的相关立法

在承认协助执法制度必要性和迫切性的基础上，采用技术措施和立法手段预防和降低隐私安全风险也是可行和有效的。建议在落实我国协助执法制度时，将隐私保护融会贯穿，寻求合法拦截和隐私干扰的最佳平衡点，构建必要的事后信息披露机制，切实做到在保护国家安全的同时重视公民隐私的保护，实现宪法规定的人权保障制度。

此外，落实过程中还应注意深入进行协助执法与宪法、刑诉法等基本法律制度、原则关系的理论研究：（1）丰富对协助执法主体及其范围的动态调整问题；（2）深入理解技术与“无罪推定”、不得“自证其罪”等原则的冲突与协调，例如账户密码、指纹等生物特征在证据形式上的差异和协助执法难度的差异；（3）探寻协助执法的补偿与处罚之间具体金额的平衡点等。

四、展望

网络时代对传统协助执法的思路和实现提出了全新和持续的挑战。以美国为代表的英美法制度路径在于不断穷尽协助执法的主体和类型，如《通信协助执法法》曾配合联邦通讯委员会（FCC）解释努力尝试增加协助执行的通信运营商概念范围，但 2016 年 4 月 FBI 诉苹果公司案中仍然暴露了列举式协助的不足，执法部门不得已援引《全令状法案》（ALL WRITS ACT）以实现“必要或适当”的协助。对于我国而言，尽管具有概括立法的天然优势，但仍面临如何快速借鉴、吸取各国在信息技术快速发展中的立法和执法经验教训的问题。

本文认为，网络时代的协助执法路径一方面体现了执法权（能力）扩张的内在需求，其扩张主要体现在以下两点，第一，协助执法从传统的补充、印证作用，已经上升为全面、客观获取证据的必要和适当机制；第二，协助执法的外部性，即通过协助主体“外包”行为实现执法效率的提升和执法成本的降低。另一方面，执法权的扩张应配备约束机制，特别是在我国关于隐私的法律概念和论证尚不充分、对协助主体监管缺失规范的场景下。

在技术发展超越现行立法时，应如何权衡各方利益关系和法律价值，完善和落实我国现行协助执法制度体系，解决矛盾冲突，保障执法机构的权力和国家安全机制的有效运作，值得有关部门深思并尽快解决。

4. 美国《澄清合法使用境外数据法》详解

2018 年 3 月，美国颁布《澄清合法使用境外数据法》(Clarifying Lawful Overseas Use of Data，)，简称“Cloud 法”(云法案)，旨在加快对总部位于美国的全球服务提供商所持有的电子数据的访问。本文是对云法案出台背景、制定过程、主要内容和其国内意见等的详解。

一、颁布背景

（一）跨境获取数据需求激化国际法律冲突

随着网络和技术的发展，犯罪数据全球化存储趋势加强，为调查、打击违法犯罪行为，执法部门跨境获取数据的需求日益增加。相应地，国家间的法律冲突也日益激化。美国作为超级网络大国，拥有全球最大的数据流量，在跨境数据获取方面，面临着更为严峻的国际法律冲突态势。

从企业层面来看，美国拥有苹果、谷歌等诸多互联网巨头，掌握着全球其他国家大量用户的数据。诸多国家执法部门需要获取的数据掌握在美国服务提供商手中。这意味着，一方面美国企业需要应对更多的外国政府的执法要求。另一方面，随着国际上数据本地化趋势的加强，美国企业将数据存储在美国境外的场景也越来越多。上述现象导致外国政府对于美国境内数据存在大量的获取需求，美国政府也存在大量的境外数据获取需求。这使得居于美国政府与外国政府之间的美国企业常困于美国与外国法律义务冲突的两难境地。

从政府层面来看，为打击犯罪和恐怖主义，美国执法部门同样存在获取境外数据的需求，但各国数据本地化趋势使得美国政府在获取境外数据方面面临着越来越大的障碍。在此背景下，美国政府及诸多互联网企业均亟需一个机制来解决境外数据获取问题。

（二）美国现行法律机制应对不足

美国联邦宪法第四修正案对政府执法机关无证搜查获取证据的能力进行了限制，除此以外，美国国会 1986 年制定的《电子通信隐私法》（ECPA）是规范犯罪侦查中电子证据获取的成文法。之后 ECPA 在 1994 年《通信协助执法法》、2001 年《爱国者法案》、2006 年《爱国者法案再授权法》、2008 年《外国情报监听法修正案》中得到修正。

ECPA 规定执法人员如何才能从网络服务商供应商处获得存储账户信息。执法人员获取电子邮件、账户记录或用户信息，必须遵守 ECPA 的规定。广义上的 ECPA 由三部分构成:《美国法典》第 18 篇 119 章《有线窃听法案》第 2510~2522 条、第 18 篇第 121 章《存储通信法》（SCA）第 2701~2712 条、第 18 篇第 206 章《禁用笔式拨号信息记录器和通讯信号捕获追踪设备法案》第 3127~3127 条。狭义的 ECPA 仅仅包括《存储通信法》（SCA）第 2701~2712 条。

表 8　　ECPA 对企业的强制披露义务的规定

公共服务供应商	是否允许自愿披露	强制披露的机制
用户基本信息分时服务情况账单信息（姓名、地址、通话记录、分时通信次数、时间、时长、信用卡号、银行账号等）	具有公共安全需要的时候可以自愿向执法机关进行披露（犯罪、儿童色情等）	传票、命令、搜查令、强制披露
其他交易性资料和账户记录（非通信内容以外的所有信息）		传票、命令、搜查令、强制披露
内容即文件：存留在供应商服务器上的已经打开过的信息（如电子和声音邮件）和其他存储在服务器上的文件		事前通知的传票 事前通知的命令 搜查令 （《美国联邦刑事诉讼规则》第 41 条，搜查令可以获得账户内的全部内容）
内容即文件：未检索过的信息，包括电子邮件和声音邮件（以电子存储超过 180 天）		事前通知的传票 事前通知的命令 搜查令

ECPA 对于企业的强制披露义务做出了规定，明确了执法部门可以通过传票、法庭命令、搜查令等途径要求本国企业提交数据。但该法并未明确上述传票、法庭命令、搜查令等的效力能否及于境外存储的数据。近年来，越来越多的学者、企业以及立法者表示制定于数十年前的《电子通信隐私法》并不能为美国执法部门获取境外数据提供依据。

在外国政府获取美国境内数据方面，外国政府可以通过司法协助（MLA）程序来获取美国境内数据。但 MLA 程序因流程复杂且缓慢，受到诸多诟病，被认为已不再能满足网络时代的执法效率需求。此外，由于美国掌握着全球大量的数据，也面临着巨大的外国司法协助请求的压力。

现行法对于美国政府获取境外数据的权限未能明确，现行机制又难以应对外国政府对于美国的数据获取需求，使得美国方面亟需创建一个新机制以解决上述问题。

（三）数据本地化趋势冲击美国数据话语权

云法案的出台与国际上数据本地化立法趋势的发展密切相关。数据本地化削弱了美国对于全球数据的控制力，进而对美国产生了诸多冲击：首先，数据本地化导致美国境外数据获取需求增加，美国需要与外国政府协商以满足其自身数据需求的场景增多；其次，数据本地化削弱了美国现行的司法协助体系的作用。数据所在国可以通过数据本地化，绕过美国的司法协助程序，直接要求企业向其提交数据。为缓解国际数据本地化对美国的冲击，美国也需要建立一个新的机制来维持其在全球范围内的数据话语权。

（四）微软诉美国司法部案催化新规

云法案的出台与微软诉美国司法部案密切相关。该案源于 2013 年，美国法官为调查一起毒品走私案件，向微软发布一份调查令，要求微软根据《存储通信法》的规定提供一位用户邮箱中的所有邮件和其他信息。微软以邮件数据存储在爱尔兰而非美国为由拒绝执行，请求法院撤销该调查令。该案的主要争议在于美国政府能否有权依据调查令获取美国境外的数据。该案几经庭审，各阶段法庭对此也做出了不同的裁决。随着云法案的出台，2018 年 3 月 30 日，美国司法部请求最高法院撤销此案。2018 年 4 月 3 日，FBI 正式要求最高法院撤销该案，微软也向最高法院提交文件，表示赞同司法部撤销该案的申请。

微软诉美国司法部案，凸显了执法部门在数据跨境获取方面面临的执法困境，以及科技公司在履行执行要求方面面临的不同国家法律合规难题，激发了美国国内对《电子通信隐私法》以及现行的 MLA 程序的反思。

二、通过过程

虽然云法案在国内引发大量争议，但该法从提交国会历时不到两个月即获最终通过。其通过过程如下：

2017 年 3 月 20 日引入众议院开始讨论。

2018 年 2 月 6 日，美国众议院和参议院分别提出《CLOUD 法》（“H.R.4943-CLOUD Act”和“S.2383-CLOUD Act”）。

2018 年 3 月 22 日，众议院将该法案纳入美国政府《2018 年综合拨款法案》（H.R.1625 - Consolidated Appropriations Act, 2018），并以 256：167 的票数通过。

2018 年 3 月 23 日，参议院未经辩论即以 65：32 的票数通过该法案；

2018 年 3 月 23 日，美国总统特朗普正式签署该法案，该法案获得最终通过。

表 9　　方法案通过进程

日期	阶段	立法进程
03/23/2018		Became Public Law No: 115-141.
03/23/2018		Signed by President.
03/23/2018	House	Presented to President.
03/23/2018	Senate	Message on Senate action sent to the House.
03/23/2018	Senate	Senate agreed to the House amendment to the Senate amendment to H.R. 1625 by Yea-Nay Vote. 65 - 32.Record Vote Number: 63.
03/23/2018	Senate	S.Amdt.2218 SA 2218 fell when SA 2217 withdrawn.（consideration: CR S1979）
03/23/2018	Senate	S.Amdt.2217 Proposed amendment SA 2217 withdrawn in Senate.（consideration: CR S1979）

续表

日期	阶段	立法进程
03/23/2018	Senate	Motion by Senator McConnell to concur in the House amendment to the Senate amendment to H.R. 1625 with an amendment（SA 2217）withdrawn in Senate.
03/23/2018	Senate	S.Amdt.2221 SA 2221 fell when SA 2220 fell.（consideration: CR S1979）
03/23/2018	Senate	S.Amdt.2220 SA 2220 fell when SA 2219 fell.
03/23/2018	Senate	S.Amdt.2219 SA 2219（the instructions of the motion to refer）fell when cloture invoked on the motion to concur in the House amendment to the Senate amendment to H.R. 1625.（consideration: CR S1979）
03/23/2018	Senate	Motion by Senator McConnell to refer to Senate Committee on Appropriations the House message to accompany H.R. 1625 with instructions to report back forthwith with the following amendment（SA 2219）fell when cloture invoked on the motion to concur in the House amendment to the Senate amendment to H.R. 1625 in Senate.
03/23/2018	Senate	Cloture on the motion to concur in the House amendment to the Senate amendment to H.R. 1625 invoked in Senate by Yea-Nay Vote. 67 - 30. Record Vote Number: 62.
03/22/2018	Senate	S.Amdt.2221 Amendment SA 2221 proposed by Senator McConnell to Amendment SA 2220. Of a perfecting nature.
03/22/2018	Senate	S.Amdt.2220 Amendment SA 2220 proposed by Senator McConnell to Amendment SA 2219（the instructions of the motion to refer）. Of a perfecting nature.
03/22/2018	Senate	S.Amdt.2219 Amendment SA 2219 proposed by Senator McConnell.（consideration: CR S1919-1920; text: CRS1919）To change the enactment date.
03/22/2018	Senate	Motion by Senator McConnell to refer to Senate Committee on Appropriations the House message to accompany H.R. 1625 with instructions to report back forthwith with the following amendment（SA 2219）made in Senate.
03/22/2018	Senate	S.Amdt.2218 Amendment SA 2218 proposed by Senator McConnell to Amendment SA 2217.（consideration: CR S1919; text: CR S1919）Of a perfecting nature.
03/22/2018	Senate	S.Amdt.2217 Amendment SA 2217 proposed by Senator McConnell.（consideration: CR S1919; text: CRS1919）To change the enactment date.
03/22/2018	Senate	Motion by Senator McConnell to concur in the House amendment to the Senate amendment to H.R. 1625 with an amendment（SA 2217）made in Senate.

续表

日期	阶段	立法进程
03/22/2018	Senate	Cloture motion on the motion to concur in the House amendment to the Senate amendment to H.R. 1625presented in Senate.（CR S1919）
03/22/2018	Senate	Motion by Senator McConnell to concur in the House amendment to the Senate amendment to H.R. 1625made in Senate.（CR S1919）
03/22/2018	Senate	Measure laid before Senate by unanimous consent.（consideration: CR S1919-1931）
03/22/2018	Senate	Message on House action received in Senate and at desk: House amendment to Senate amendment.
03/22/2018-1:00pm	House	Motion to reconsider laid on the table Agreed to without objection.
03/22/2018-1:00pm	House	On motion that the House agree with an amendment to the Senate amendment. Agreed to by the Yeas and Nays: 256 - 167（Roll no. 127）.（text of House amendment to Senate amendment: CR H1769-2016）
03/22/2018-12:37pm	House	The previous question was ordered pursuant to the rule.
03/22/2018-12:35pm	House	DEBATE - The House proceeded with further debate on the motion that the House agree to the Senate amendment to H.R. 1625 with an amendment.
03/22/2018-11:10am	House	DEBATE - Pursuant to the provisions of H. Res. 796, the House proceeded with 1 hour of debate on the motion that the House agree in the Senate amendment to H.R. 1625 with an amendment.
03/22/2018-11:09am	House	Mr. Frelinghuysen moved that the House agree with an amendment to the Senate amendment.
03/22/2018-11:09am	House	Pursuant to the provisions of H. Res. 796, Mr. Frelinghuysen brought up H.R. 1625 and offered a motion.（consideration: CR H1769-2027）
03/22/2018-10:54am	House	Rule H. Res. 796 passed House.
03/22/2018-1:30am	House	Rules Committee Resolution H. Res. 796 Reported to House. Previous question shall be considered as ordered without intervening motions. The resolution makes in order a motion offered by the chair of the Committee on Appropriations or his designee that the House concur in the Senate amendment with an amendment to H.R. 1625
		consisting of the text of Rules Committee Print 115-66. The resolution also provides for proceedings during the period from March 23, 2018 through April 9, 2018
03/01/2018	Senate	Message on Senate action sent to the House.
02/28/2018	Senate	Passed Senate with an amendment by Unanimous Consent.（consideration: CR H1291）

续表

日期	阶段	立法进程
02/12/2018	Senate	Placed on Senate Legislative Calendar under General Orders. Calendar No. 311.
02/12/2018	Senate	Committee on Foreign Relations. Reported by Senator Corker with an amendment in the nature of a substitute. Without written report. Action By: Committee on Foreign Relations
02/07/2018	Senate	Committee on Foreign Relations. Ordered to be reported with an amendment in the nature of a substitute favorably. Action By: Committee on Foreign Relations
05/23/2017	Senate	Received in the Senate and Read twice and referred to the Committee on Foreign Relations.
05/22/2017-6:31pm	House	Motion to reconsider laid on the table Agreed to without objection.
05/22/2017-6:31pm	House	On motion to suspend the rules and pass the bill Agreed to by voice vote.（text: CR H4411-4412）
05/22/2017-6:07pm	House	DEBATE - The House proceeded with forty minutes of debate on H.R. 1625.
05/22/2017-6:07pm	House	Considered under suspension of the rules.（consideration: CR H4411-4414）
05/22/2017-6:07pm	House	Mr. Royce（CA）moved to suspend the rules and pass the bill.
05/03/2017	House	Ordered to be Reported by Voice Vote. Action By: Committee on Foreign Affairs
05/03/2017	House	Committee Consideration and Mark-up Session Held. Action By: Committee on Foreign Affairs
03/20/2017	House	Referred to the House Committee on Foreign Affairs.
03/20/2017	House	Introduced in House

三、主要内容

云法案的核心内容包括两部分：美国政府如何获取境外数据，外国政府如何获取美国境内数据。

（一）美国政府如何获取境外数据

云法案规定，电子通信服务或远程计算服务的提供商应根据规定保存、备份或披露其拥有，监管或控制的与其用户相关的记录或信息，包括电子通信信息，无论该信息位于美国境内还是境外。ECPA 对执法部门强制服务提供商披露数据的程序和内容做出了细致的规定。云法案在此基础上进一步明确了对于存储在美国境外服务器上的数据，美国执法机构仍有权要求服务商提供。

（二）义务主体

根据云法案的规定，在符合条件的情形下，应当提交境外数据的义务主体包括电子通信服务提供商和远程计算机服务提供商两类。

其中，“电子通信服务”是指任何提供给使用者发送或接收有线或电子通信能力的服务。“远程计算服务”是指通过电子通信系统向公众提供计算机存储或处理服务。这里的“电子通信系统”是指，任何有线、无线、电磁、光电或传输这些有线或电子通信的光线设备，及任何为这些通信提供电子存储的计算机设备或相关电子装置。

需要注意的是，这里的“电子通信服务提供商”和“远程计算机服务提供商”并不仅限于美国企业，还包括在美国境内运营的外国企业，甚至包括不在美国境内运营，但向美国境内提供服务的外国企业。只要美国执法机构能找到充分的司法联系来发布该执法要求。

（三）抗辩事由

针对美国执法部门发出的执行要求，该法还赋予了服务提供商撤销或变更执法要求的抗辩权。抗辩事由如下：

提供商有合理理由认为该用户不是美国人，且不居住在美国；且服务商直接提供该数据将会陷入违反数据所在国法律的重大风险。

（四）礼让原则

为平衡美国与数据所在国的法律冲突，云法案规定了法官在做出是否撤销执法机构的数据获取程序决定前的礼让原则，明确了遵循礼让原则需要考量的八大因素：

1. 美国的利益，包括提出披露要求的政府机构的调查利益。

2. 适格外国政府在保护禁止披露信息方面的利益。

3. 由于对提供商施加法律要求的不一致性，导致的提供商或提供商的雇员所面临处罚的可能性、程度以及性质。

4. 被要求提供通信记录的用户或订户的位置和国籍（如果可知），以及用户或订户与美国之间联系的性质和程度。如果法律程序是由外国主管部门依据第3512条发起的，则考虑用户或订户与外国主管机关所属国家之间联系的性质和程度。

5. 提供商与美国之间的联系及其在美国活动的性质和程度。

6. 要求披露的信息对于调查的重要程度。

7. 采用其他负面影响较小的方式能够及时有效获取所需披露信息的可能性。

8. 如果法律程序是由外国主管部门依据第3512条发起的，则考虑发布披露信息协助要求的外国主管部门进行调查的利益。

（五）法律责任

对于违反云法案拒不提交数据的法律责任，云法案并未明确。但是从美国法典（United States Code）的规定来看，企业未遵守云法案的规定向执法机构提交数据的，属于违反法庭搜查令、调查令或其他证据开示要求的行为，构成民事或刑事意义上的藐视法庭罪，适用美国联邦及各州州立的诉讼法。

在美国法中，藐视法庭的行为包括直接藐视和间接藐视。其中，直接藐视是指在法庭上或者离法庭足够近的地方扰乱法庭的活动；间接藐视包括不发生在法庭当场，但足以影响、贬低法官威望的行为。关于藐视法庭罪的相关规定主要体现在美国法典第18编第21节第401条、402条，及美国联邦刑事诉讼规则第42条。企业不遵守云法案的规定向执法机构提交数据的行为，既可能表现为直接藐视，又可能表现为间接藐视。

针对直接藐视行为，美国法典第18编第21节第401条规定：美国法院有权根据其自由裁量权，针对下列藐视其权威的行为处以罚款或监禁，或二者并罚：

（1）任何人在法庭或法庭附近实施妨碍司法的不当行为；

（2）任何官员在官方交易中的不当行为；

（3）不服从或抵抗法庭合法的令状（writ）、程序（process）、命令（order）、规则（rule）、法令（decree）或命令（command）。

针对间接藐视行为，美国法典第 18 编第 21 节第 402 条规定：任何人、企业或协会实施根据美国成文法或美国任何州的法律的规定，具有刑事犯罪性质的行为，而故意违反美国地区法院或哥伦比亚特区法院的合法令状（writ）、程序（process）、命令（order）、规则（rule）、法令（decree）或命令（command）的，应当受到藐视法庭罪的起诉。根据本节的规定，应当处以罚款或监禁，或二者并罚。该罚款应支付给美国政府（United States ）或原告，或根据法庭的命令支付给因该藐视行为受到损害的其他当事人。如果被告是自然人，则在任何情况下，支付给美国政府（United States ）的罚款数额不应超过 1 000 美元，监禁期也不得超过 6 个月。

（六）外国政府如何获取美国境内数据

云法案针对外国政府如何获取美国境内数据的问题建立了一套新的机制，即执行协议（executive agreement）。云法案对于执行协议的签订规定了一系列的先决条件和程序性要求。

1. 先决条件

根据该法的规定，执行协议应当满足四项要求：

①受协议约束的外国政府的国内法已经为隐私权和公民自由提供强有力的实质性和程序性保护；

②受协议约束的外国政府已采取适当的程序，尽量减少获得、保留和传播与美国人有关的信息；

③协议不得要求提供商解密数据或限制提供商解密数据；

④协议应当对外国政府根据执行协议发布的政令提出要求，包括外国政府不得故意以美国人或位于美国的人为目标，且必须采取满足该要求的目标锁定程序；应当指明具体的个人、账户、地址、个人设备或其他具体的标识符作为政令的对象；应当受到法院、法官、裁判官或其他独立机关的审查或监督；涉及拦截通信信息的，该拦截命令须有确定的、有限的期限，不得超过完成该命令合法目的所需的合理必要的时间，且只能在无法用其他侵扰更小的手段合理获

取信息时才可发布；外国政府应同意定期审查其遵守由美国政府执行的协议条款的情况等。

2. 程序性要求

签订执行协议的程序性要求如下：司法部长提出签订建议—国务卿同意—司法部长作出认定决定—司法部长作出认定决定，7天内向国会提交书面证明，并按规定对具体事项作出说明—如国会未作出不予批准的联合决议，则在司法部长作出认定决定后的180天，协议生效。

四、美国国内外意见

（一）美国国内争议

云法案从草案到最终通过在美国国内引发的争议不断，争议双方主要是从执法部门和科技公司为代表的支持派及以隐私、公民自由人权保护人士为代表的反对派。

1. 支持派的主要观点

2018年2月6日，苹果、谷歌、facebook、微软、Oath等科技巨头向提议该法案的议员和白宫提交了一封信，表示方法案反映了保护网络用户的共识，并为跨境数据获取行为的管制问题提供了一个合理的解决方案。之后，微软首席法务执行官发文表示，云法案为政府讨论现代双边协议以确定执法机构如何通过跨境获取数据以调查犯罪行为建立了一个激励机制和框架，该框架为隐私和人权提供了适当的保护，并使承载用户数据的技术公司获得新的法定权利，以保护他们世界各地的用户的隐私权利。综合来看，支持者的主要观点如下：

①云法案为解决国家间的法律冲突提供了有效机制

支持者认为，随着云服务的发展以及犯罪证据的全球化，跨境数据获取的执法需求日益增加，使得国家间的法律冲突也随之增加。根据美国现行法的规定，外国政府要获取美国境内数据可行的途径是提出外交请求，即采用所谓的司法协助（Mutual Legal Assistance，简称“MLA”）程序。在MLA程序下，美国司法部需要对每一个外国政府提交的请求进行审查，并且需要先代表外国政府，依据合理的理由取得许可证，从而先获得该数据，进而再依据 MLT 条约提交给外国政府。这样的程序导致了 MLA 体系运作速度慢、流程烦琐，并不能适应目前在线云服务的急速增长及犯罪证据全球化的形势，也不能满足网络时代的执法效率需求。

此外，MLA 程序下，外国政府要求获取的数据即使是与本国国民有关的、发生在本国境内的犯罪数据，也需要美国法官签署许可证。这遭到诸多国家的反对。诸多外国政府正积极寻求绕过 MLA 程序的机制，使得 MLA 程序面临着实际被架空的风险。

面对上述问题，云法案提出的“执行协议”模式提供了一个新的解决机制。为政府讨论现代双边协议以确定执法机构如何通过跨境获取数据以调查犯罪行为建立了一个激励机制和框架，有利于降低法律冲突。例如根据该法规定，“适格外国政府”可以在规定的情形下直接要求美国服务提供商提供非美国人的数据，而无需再通过 MLA 程序。

②云法案有利于隐私、公民自由和人权保护

支持者表示，云法案有利于隐私、公民自由和人权保护。主要理由如下：

首先，云法案中规定了一系列的隐私和人权保障措施。例如根据该法的规定，只有国内法能够“为隐私和公民自由提供了强有力的实质性和程序性保护”的外国政府，才可能成为适格外国政府，从而与美国签订执行协议。此外，该法还规定外国政府不得故意以美国人或位于美国的人为目标，要求获取美国公民和居民的数据，外国政府仍然需要通过 MLA 程序。适格外国政府发布数据获取的命令，需要满足一系列的实质性和程序性的条件，包括命令针对的对象应当是具体明确的，信息拦截命令需要有确定、有限的期限等。更重要的是，该法首次为美国政府建立了审查机制，针对的是外国政府获取美国境内存储数据后的处理行为，这是隐私保护的胜利，有助于在全球范围内提高隐私保护水平。

其次，云法案的出台有利于缓和目前外国政府数据本地化立法进一步加强的趋势，使得美国现行的隐私、公民自由及人权保护机制仍能发挥作用。支持者指出，如果不颁布云法案，外国政府因 MLA 程序的复杂性和缓慢性导致的对境外数据获取的执法要求落空，将刺激外国政府数据本地化的趋势进一步加强，一旦外国政府的数据本地化政策全面实施，MLA 程序规范的、原先受到美国法律保护的数据将需要根据数据所在国的规定存储在该国，而不能存储在美国。美国的隐私、公民自由及人权保护机制将无法再为其提供保护。外国政府将根据当地程序对数据进行本地化处理，而这些程序往往不如云法案规定的那么严格，这将导致隐私保护水平的下降。

2. 反对派的主要观点

云法案从起草之初就受到诸多隐私、公民自由及人权保障组织的强烈反对。2018 年 2 月 8 日，隐私保护组织美国电子前沿基金会以《云法案：警方窥视在跨境数据获取中的危险扩展》为题，指出了云法案中存在的诸多问题。2018 年 3 月 12 日，隐私、公民自由和人权组织联合致函国会，反对云法案，认为它破坏了隐私和其他人权，损害了重要的民主保障。综合来看，反对派的核心观点在于云法案削弱了隐私、公民自由和人权的保护水平。

①云法案违反了宪法第四修正案的规定

根据《美国宪法第四修正案》的规定，“任何人的人身、住宅、文件和财产不受无理搜查和查封，没有合理事实依据，不得签发搜查令和逮捕令，搜查令必须具体描述清楚要搜查的地点、需要搜查和查封的具体文件和物品，逮捕令必须具体描述清楚要逮捕的人”。

而云法案并未规定美国司法部在要求获取境外数据时必须获得内容搜查许可证，这可能会使美国政府获取公民信息，而不符合宪法要求。

②云法案未赋予数据主体针对执法要求的抗辩权

根据云法案的规定，美国政府发起获取境外数据的法律程序后，相关的电子通信服务商有权依据该数据主体非美国人也不居住在美国，且执行该要求将违反数据所在国的法律为由予以抗辩，进而申请撤销该执行要求。但并未赋予数据主体该抗辩权。另外，该法没有规定执法部门要求获取信息时，通知信息相关用户的义务。这使得与数据直接相关的主体，即使在美国政府的执行要求不符合规定的情况下也无法提出反对或质疑，以保障自己的权利。

③执法协议模式缺乏相应的国会和司法监督程序

反对者认为，与现有的 MLA 程序不同（MLA 程序的启动前提是外国政府须与美国政府签署司法援助条约，且该条约需经过国会的批准才能生效），云法案剥夺了国会权力，并将权力交给行政部门，赋予了司法部长在没有国会的建议和同意的情况下即可决定与外国政府达成执行协议，并且禁止对该决定进行司法或行政复审的权力。虽然该法也规定了国会可以以联合决议的方式反对该决定。但这一程序需要总统的批准或有足够的支持票来对抗总统的否决权，实现起来非常困难。这导致执行协议签订过程中，国会的监督作用甚微。

此外，与 MLA 程序不同（依据 MLA 程序，外国政府的请求须经司法部与美国法官的审查，须存在合理的理由，考虑对人权的影响等），适格的外国政府可直接要求科技公司提交用户数据，而无需再经法官的审查，导致在执行协议实施过程中，缺乏相应的司法监督审查程序。此外，执法协议模式缺乏通知机制，适格外国政府可以直接向企业提出数据获取要求，而无需通知美国政府。这难以为隐私、公民自由和人权提供保障。

④云法案创建了双重隐私保护标准

根据云法案的规定，针对美国人或者位于美国的人进行信息拦截或窃听仍需要经过 MLA 程序。但是，美国拥有大量的全球性的科技公司，总部位于美国的公司承载着全球大部分的互联网流量和各国用户的数据，其中包括数据主体为非美国人、也不位于美国的用户的数据。他们同样存在隐私保护的需求，但云法案并未为此类数据提供美国法上的程序保障，外国政府无需许可证也无需通知美国政府，便可根据其自身的国内法，依据执行协议获取存储在美国的数据。并且，根据云法案的规定，外国政府对于“美国人”的数据处理需要遵循最小化原则，但对于数据存储在美国的非“美国人”用户则没有此类限制，这将导致全球其他国家的用户隐私陷入被侵犯的风险。

⑤云法案违反国际法上的基本原则

云法案将美国执法机构的权力延伸到境外数据，这种扩张打破了属地原则，并会产生数据获取请求的多米诺骨牌效应。

⑥云法案创建的执法协议机制缺乏必要性

美国国内有观点认为，尽管目前在跨境获取数据方面存在实际挑战，但这些挑战主要与现行 MLAT 制度缺乏效率和清晰度有关，通过对其的改进可以解决现存的问题。例如：推进司法协助培训，提高司法协助效率；明文编纂符合请求国和东道国标准的隐私制度，协调各自的隐私标准，并以最高隐私标准为依据等。

5. 云法案引发的跨境电子数据调取新态势

经济全球化及云计算等信息技术的发展，以及跨境网络犯罪的高发多发，使得国际刑事司法协助逐渐成为犯罪治理的常规方式。据统计，当前超过一半的案件调查涉及跨境获取电子证据请求，85% 左右的刑事调查需要电子证据支持，三分之二的此类调查需要从另一司法管辖区的在线服务提供者处获取证据。2013 至 2016 年间，对主要在线服务提供商的请求数量增加了 70%。与此同时，传统的刑事司法互助程序因效率低下、程序烦琐，逐渐难以满足信息技术背景下对电子证据时效性和及时性的要求。2001 年 11 月，欧洲委员会的 26 个欧盟成员国以及美国、加拿大、日本和南非等 30 个国家的政府官员签署《网络犯罪公约》(Cyber-crime Convention)，要求加入该公约的国家保持法律权力，强制其境内的公司根据有效的法律程序披露其控制的存储电子数据，包括公司在其他国家存储的数据，但该公约的全球效应仍然有限。

2018 年 3 月，美国颁布《澄清合法使用境外数据法》(Clarifying Lawful Overseas Use of Data,)，简称“云法案”，旨在加快对总部位于美国的全球服务提供商所持有的电子数据的访问。云法案是对犯罪治理过程中的电子证据时效性要求与司法互助程序效率低下之间矛盾冲突的立法反应。该法案一经颁布，引发美国国内外的普遍争议，出于维护网络空间主权、保障本国存储在全球服务提供商信息系统中的数据安全，或为本国提供类似手段，提高执法司法部门证据获取能力等多元利益，各国纷纷在立法层面予以回应。

一、云法案引发的全球立法态势

云法案颁布之前，各国间跨境电子数据调取主要通过国际刑事司法协助程序完成。国际刑事司法协助是一国司法机关应另一国司法机关的请求，根据国际条约或互惠原则，在办理刑事案件的过程中互相协助，接受对方委托代为行使某些诉讼行为。在国际刑事司法协助因程序繁琐、效率低下逐渐难以满足当前刑事调查的背景下，云法案采取长臂管辖原则，明确美国执法机构有权直接调取美国境外数据；并且在现行的司法协助程序之外，提出“执行协议”模式。即外国政府可通过与美国政府签订协议，直接向美国境内的企业发布数据调取令。云法案颁布后，欧盟、英国、澳大利亚等国家和地区均在立法中有所回应。

（一）欧盟

2018 年 4 月 17 日，欧盟委员会提出《关于刑事案件中电子证据的欧洲提交和保全令的提案》（Proposal for a REGULATION OF THE EUROPEAN PARLIAMENT AND OF THE COUNCIL on European Production and Preservation Orders for electronic evidence in criminal matters）。与云法案类似，欧盟将不以数据存储位置作为管辖权的决定因素。只要满足相关条件，欧盟成员国的执法或司法当局可直接向为欧盟境内提供服务的服务提供商要求提交电子证据。

该提案引入有约束力的欧洲提交令和保全令。两项指令都应由成员国司法机构发出或确认，用于寻求存储在另一司法管辖区的服务提供者的数据，且该数据构成刑事调查或刑事诉讼中的必要证据。并且只有在签发国面对同类刑事诉讼在国内有类似可用措施时，才能签发指令。指令对象包括电子通信服务提供者、社交网络服务提供者、在线市场提供者、托管服务提供者、包括 IP 地址和域名注册在内的互联网基础设施提供者及其法定代表人。用于获取用户和访问数据的指令可适用于所有刑事犯罪，用于获取交易或内容数据的指令只能适用于三年以上监禁的刑事犯罪，或提案中提到的具体犯罪，且与 2017/541 / EU 恐怖主义指令中的电子工具和犯罪有关。

具体而言：

欧洲提交令（European Production Order）：该指令允许成员国的司法机构直接从另一成员国的服务提供者或其法定代表人处获取电子证据（包括应用程序中的邮件、短信或信息，以及其他识别罪犯的信息等）。接到指令后，服务提供者或其法定代表人应在 10 天内作出回应，紧急状态下应在 6 小时内作出回应（相较之下，使用欧洲调查令需要 120 天，使用司法协助程序需要 10 个月）。

欧洲保全令（European Preservation Order）：该指令允许成员国的司法机构要求另一成员国的服务提供者或其法定代表人留存特定数据，以防后期根据司法协助程序、欧洲调查令或欧洲提交令提出的数据请求。与监控措施和数据留存义务不同，欧洲保全令是由司法当局在具体刑事诉讼程序中，对每一个案的比例和必要性进行个别评估后，发出或确认的命令。与欧洲提交令相同，欧洲保全令仅针对已经实际发生的犯罪行为中已知或未知的罪犯，只允许留存在收到指令时已存储的数据，不允许留存在收到指令后的未来时间点的数据。

建立强有力的保障：给予基本权利强有力的保障，包括对个人数据保护权的保障。将采取各种保护措施保护服务提供者和被搜集信息的主体权利，并有权获得法律救济；该提案仅针对已存储的数据，并不适用于实时通信拦截。

要求服务提供者在欧盟指定一个法定代表人：旨在确保所有在欧盟提供服务的服务提供者遵守相同的义务，即使其总部位于第三国，也必须在欧盟指定一个法定代表人，负责接收、遵守和执行决定和指令。

明确当总部位于第三国的服务提供商面临义务冲突时的处理程序：如果遵守欧洲提交令将侵犯禁止披露数据的第三国立法，旨在保护公民基本权利，或与国家安全或国防相关的基本利益，则接收指令的服务提供者应将存在义务冲突的合理理由提交给签发机构。收到合理理由后，签发机构应对自身签发的指令进行审查。如果决定撤回该指令，则程序结束；如果决定继续执行该指令，应将其提交给主管法院。法院应基于合理理由和其他相关案件事实，作出第三国立法是否适用于此案件，如果适用，是否在此案件存在义务冲突的决定。评估过程中，法院应考虑第三国法律是否是为了保护其他利益，或者为了在刑事调查中保护非法活动不受执法要求的影响，而不是旨在保护公民基本权利或国家安全和国防利益。如果法院评估后认为存在义务冲突，则必须通过第三国中央政府征求意见。如果第三国也认为存在法律冲突，且拒绝执行该指令，则法院必须撤回指令。如果存在的法律冲突不是为了保护公民基本权利或国家安全和国防利益，则法院应基于利益平衡作出支持或反对维持该指令的决定。

（二）澳大利亚

2018 年 12 月 8 日，澳大利亚通过《2018 年电信和其他法律修正（协助和访问）法案》（The Telecommunications and Other Legislation Amendment（Assistance and Access）Bill 2018），对刑事立法进行修改，增强了执法部门和情报机关在计算机和数据方面的搜查、调取权力。

该法案授权执法部门或情报部门向通信服务提供者发出自愿性的“技术协助请求”（TAR）、强制性的“技术协助通知”（TAN）、强制性的“技术能力通知”（TCN），从而要求通信提供者对特定通信进行解密处理，在网络中安装特定软件，修改所提供的服务的特征或替换服务，协助访问相关设施、仪器、装备和服务，提供相关技术信息，或对执法部门或情报部门开展的秘密行动保密。适用对象方面，澳大利亚内政部表示，进入澳大利亚市场，在澳大利亚境内运营，即意味着如果（包括恐怖主义在内的）犯罪分子使用了其提供的通信服务，则该通信服务提供者有法律上的协助义务。

（三）英国

2019 年 2 月 12 日，英国皇家通过《犯罪（境外提交令）法案 2019》[Crime（Overseas Production Orders）Act 2019]，授予英国执法机构依据英国法庭命令，在与英国签订相关国际协议的国家或地区直接获取境外数据的权力。

该法允许包括严重欺诈办公室（SFO）、皇家税务与海关总署（HMRC）、金融行为监管局（FCA）在内的执法机构有权申请具有域外效力的法院命令（即境外提交令 Overseas Production Order，OPO），直接从英国境外的通信服务提供者处获取电子数据，以协助进行国内调查或起诉严重犯罪。

法官发布 OPO 必须满足以下条件：（1）被要求提交数据的主体位于英国境外或在英国境外运营，且该国家或地区与英国签订或加入了指定的国际合作协议；（2）获取数据是为了进行恐怖主义调查，或法官有合理理由相信确有犯罪行为且已立案或已在调查阶段；（3）法官有合理理由相信被要求提交数据的主体持有或控制全部或部分数据；（4）法官有合理理由相信要求获取的电子数据对刑事诉讼或案件调查有实质价值；（5）法官有合理理由相信全部或部分数据可能构成犯罪的证据；（6）法官有合理理由相信要求获取的电子数据为保护社会公众利益所需。

如果 OPO 获批，通信服务提供商自 OPO 生效之日起有 7 天的时间生成数据，除非法官认为较长或较短的时间更为合适。受 OPO 影响的任何主体都有权申请更改或撤销 OPO。OPO 可能包含禁止公开要求，以防通信服务提供商披露 OPO 的事实或内容，除非获得申请该命令的法官、相关执法部门或检察官的许可。即使 OPO 在后续被撤销，该保密义务仍然存续。这意味着 OPO 的潜在主体，例如某用户的电子邮箱基于 OPO 被访问或生成数据，该用户可能永远无法知晓该 OPO 的存在以及数据已经被执法机构获取的事实。

法律特殊保护信息和机密个人信息不受 OPO 限制，通信服务提供商不必提供上述信息，即使是进行恐怖主义调查也不例外。

（四）美国司法部云法案白皮书

2019 年 4 月 10 日，美国司法部发布《推动全球公共安全、隐私和法治：云法案的目的和影响》（Promoting Public Safety, Privacy, and the Rule of Law Around the World：The Purpose and Impact of the CLOUD Act）白皮书，对云法案适用过程中的常见问题进行解答。

白皮书指出，云法案没有扩大美国的调查权力，没有赋予美国执法部门获取数据的任何新的法律权力，也没有将管辖权扩展到任何新的当事方，仅仅确认了《存储通信法》对受美国管辖的通信服务提供者的要求范围。当公司位于美国时，属人管辖权是最容易确立的。位于美国境外但在美国提供服务的外国公司是否与美国有足够的联系且受美国管辖，是基于对个案中该公司与美国的联系的性质、数量和质量的考查。公司越是有目的地将其行为引导到美国，法院就越有可能认定该公司受美国管辖。

白皮书明确，美国只能与尊重人权的法治国家签订云法案协定。协定签订之前，美国总检察长需向国会证明伙伴国在其立法和实践中通过实体法和程序法保护隐私和公民自由，证明要素包括以下内容:（1）关于网络犯罪和电子证据的充分的实体法和程序法，例如《网络犯罪公约》中列举的法律;（2）尊重法治和不歧视原则;（3）遵守适用的国际人权义务;（4）明确关于电子数据收集、留存、使用和共享的法律授权和程序;（5）关于电子数据收集和使用的问责和透明机制;（6）对信息自由流动和全球互联网的明确承诺。

（五）英美政府间协定

2019 年 10 月 3 日，英美签署《英美政府间就获取电子数据打击严重犯罪的协定》（Agreement between the Government of the United States of America and the Government of the United Kingdom of Great Britain and Northern Ireland on Access to Electronic Data for the Purpose of Countering Serious Crime）。协定允许美国和英国的执法机构在获得适当授权的情况下，在没有法律障碍的前提下，直接从高科技公司获取与严重犯罪相关的电子数据，包括恐怖主义、儿童性虐待和网络犯罪案件。具体内容方面，协定基本延续云法案的相关规定。

指令程序：签发国指定机构直接向服务提供商发出指令，服务提供商直接提供信息给签发国指定机构。

指令目标：仅限于获取与严重犯罪预防、侦查、调查和起诉相关的信息，必须针对特定账户，并将特定个人、账户、地址、个人设备或其他特定标识符确定为指令目标。指令有权要求拦截无线或有线通信及相关延伸活动，但要求限定在固定且有限的周期内，不应超出实现指令目的合理必要的时间，且只有当同一信息不能以更为温和的方式合理获取时才能发布该指令。

使用限制：未经接收方同意，签发国不能将数据转移给第三方政府或国际组织，除非根据接收方国内法，该数据已经依法公开。

执行异议：收到指令的提供者有合理理由认为协定不能妥善适用于该指令时，有权提出具体异议。异议应在收到指令后的合理时间内，向签发国指定机构提出。收到异议后，指定机构应作出回应。若异议未得到解决，双方同意，提供者可将该异议提交至接收方指定机构。双方指定机构可为解决此类异议进行协商，并定期或在必要时举行会晤，以讨论和解决本协定下提出的任何问题。

执行审查：在协定生效一年内，以及之后定期，双方应对每一方的协定遵守情况进行审查，审查内容包括指令的发出和传输是否满足本协定的目的和条款要求，根据指令获取的数据处理情况以确定协定下的程序是否需要调整。

二、跨境电子数据调取的立法趋势

（一）探索新型取证模式成共识，具体制度设计仍存争议

2019 年 3 月 27 日至 29 日，联合国毒品和犯罪问题办公室第五届网络犯罪政府间专家组会议召开，与会方达成高度共识，即在打击网络犯罪领域需要一个各国均接受的国际性法律框架，尤其对跨境电子取证等涉及国际合作的程序性问题进行合理规范，以保障国际合作的顺利开展。具体而言，各国就跨境数据取证在宏观层面形成了以下四点共识：首先，刑事司法协助机制仍然是目前世界各国主要的跨境取证方式；其次，该机制运行效率低下，难以有效应对网络环境下电子数据证据的全球高速流动；再次，网络服务提供者、网络运营者等因其掌握、控制或占有大量数据，已经成为重要的，甚至关键的执法参与者；最后，国际社会有必要积极探索统一或示范性规范，并探索新型取证模式，一方面协调各国的跨境数据取证活动，另一方面提升网络犯罪国际治理的总体能力。

尽管各国形成以上共识，但是，就微观层面的具体改革策略而言，各国则分歧较大，争议焦点集中在是否允许以刑事司法协助机制以外的方式获取位于境外的电子数据证据，特别是是否允许向网络服务提供者等掌握或控制数据的第三方直接调取证据，期间牵涉的数据主权、数据安全、个人信息保护、企业责任等多个事项也成为制度改革的重点和难点。

（二）云法案域外效力持续扩大，不同利益诉求为各国核心考量因素

从欧美近期立法可以看出，发达国家已经利用自身在网络空间的优势，试图突破传统跨境取证模式，以“数据控制者模式”取代“数据存储地模式”，弱化主权国家对其境内电子数据的现实掌控。

当前，英美已就云法案具体适用达成协定。2018 年 10 月 7 日，美国与澳大利亚发布联合声明，宣布两国正在根据云法案就双边协议进行正式谈判。2018 年 8 月，加拿大警察局长协会、法律修正案及电子犯罪委员会也曾通过一项决议，旨在支持加拿大政府参与《网络犯罪公约》第二附加议定书的谈判，并敦促加拿大政府根据云法案与美国签订数据共享协议，以应对云计算时代网络犯罪证据的跨境调取所面临的挑战。

（三）重视电子数据调取的权益保障，安全与发展利益并重

在跨境刑事取证（包括电子数据取证）中，忽视权利保障，单纯地进行程序简化并不能起到预期效果。在云法案、欧盟电子数据提案和英美政府间协定中，均将权益保障要求纳入其中。

云法案要求“适格外国政府”的国内法，包括该法的实施，对隐私权和公民自由提供强有力的实质性和程序性保护；欧盟电子证据提案对基本权利给予强有力的保障，包括对个人数据保护权的保障，将采取各种保护措施保护服务提供者和被搜集信息的主体权利，使之有权获得法律救济。英美政府间协定要求根据指令获得的数据的处理和传输应符合各自适用的关于隐私和数据保护的法律。

其他

1. 打击勒索软件的法律思考[①]

一、勒索软件的概念与特征

勒索软件（Ransomware），又称勒索病毒，维基百科将其定义为一种特殊的恶意软件，被归类为阻断访问式攻击，与其他病毒最大的不同在于手法。一种勒索软件单纯地将用户的电脑锁起来；另一种则系统性加密用户硬盘上的文件。所有的勒索软件都会使用户数据资产或计算资源无法正常使用，要求用户支付赎金以取回对电脑的控制权，或是取回用户无从自行获取的加密密钥。勒索软件编写者还在继续开发，导致勒索软件在持续变种，2014 年来针对 Android 系统移动设备的勒索软件陆续出现。

在法律层面，2016 年 9 月美国加州通过的参议院第 1137 号法案将勒索软件定义为“未经授权的一种病毒，其将计算机病毒或锁死程序放置或感染到计算机、计算机系统或计算机网络中，限制已获授权的用户访问计算机、系统、网络及其所存储的数据，从而要求用户为其支付金钱或其他代价，以移除或通过其他方式修复该计算机病毒或锁死程序”，基本着眼于授权角度，再次重申了技术上对勒索软件的定义。

① 作者：黄道丽，何治乐，原浩。发表于《中国信息安全》，2017 年 04 期。

作为病毒的一种，勒索软件的概念自 20 世纪 90 年代开始出现，但其加剧威胁源自 2005 年开始运用更加复杂的 RSA 加密手段和 2013 年开始利用比特币等虚拟货币作为新的支付形式。暗网中已有越来越多的人提供勒索软件作为服务，勒索软件即服务（Ransomware as a service，RaaS）呈爆炸式发展趋势。我国日渐成为勒索软件泛滥的重灾区，2015 年开始蔓延，2016 年开始强势袭击各大互联网企业和个人用户，成为企业和个人数据安全的重大威胁之一。

新近意义上的勒索软件具有的主要特征如下：一是采用了加密技术（例如 RSA）实现对用户系统、网络的加密和解密，以及支付形式的密码化（例如 Bitcoin）；二是直接损害信息或数据的可用性的同时，也不完全不排除侵入，或在无法实现获取赎金（财物）的“营利目的”时的窃取和破坏等危害保密性、完整性的行为，即会基于勒索行为实施的“成功”与否决策如何实施进一步危害行为。如获取赎金的，可能解密、解锁，也可能窃取数据；如未获取赎金的，则损毁、窃取数据或者披露用户敏感信息；部分勒索实施行为甚至无论是否获取赎金，均会窃取、损毁数据。

二、打击勒索软件的监管难点

《迈克菲实验室 2017 年威胁预测报告》预测，2017 年上半年，“勒索软件即服务”模式、在黑市上出售的定制勒索软件、来自开源勒索软件代码的创意衍生攻击方式仍将肆虐横行，“勒索拒绝服务”将成为针对云服务提供商和依赖云开展运营的组织的常见攻击。产生源头缺乏法律规制和虚拟市场货币监管失控是导致打击勒索软件困难的两大原因。

1. 产生源头缺乏法律规制，带动勒索软件的泛在发展和新型商业模式的形成

勒索软件等计算机病毒的“傻瓜化”制作过程和高额赎金暴露了犯罪低成本、高收益的反比特性，使得黑色市场的专业化、精细化、技术化发展趋势愈发明显。以美国执法机构为代表的政府利用漏洞进行情报获取或政治攻击的行为，

不断刺激黑客对漏洞的非法挖掘、披露和交易，加上不健全的规范机制，为勒索软件的产生提供了持续的源动力。基于国际社会漏洞治理规则碎片化的现状，从源头上阻断和根除勒索软件变得异常艰难。加密技术的应用已经实现了对制作、传播、实施、支付等所有环节的全面覆盖，现有的公钥加密体系和灰色网络为勒索软件的危害行为提供了“完美”掩护，使其更具隐蔽性。勒索软件的易传递性和获取性激发了“勒索软件即服务”（Ransomware as a service，RaaS）新兴商业模式的形成和兴起。

2. 虚拟货币市场的监管失控，导致勒索软件的赎金获取能够隐蔽实现、快速变现并难以执法取证

以比特币为主要类型的“虚拟货币”（virtual currency）近年来也在快速发展，作为技术和交易模式支撑的区块链成为2016年炙手可热的话题。各国对虚拟货币的监管缺乏统一规则，为勒索软件的全球网络变现提供了机会，这也是各国立法差异和未建立有效国际合作模式问题的集中体现。全球虚拟货币监管路径尚在不断探索和调整过程中。2013年底中国人民银行等五部委发布的《关于防范比特币风险的通知》明确比特币为虚拟商品，以严格区别于数字货币，并适用不同监管机制。在据称“全球超过90%的交易量都发生在中国”的2017年，央行加强了现场调查并明确提出“四不准”规定：不得违规从事融资融币等金融业务，不得参与洗钱活动，不得违反国家有关反洗钱、外汇管理和支付结算等金融法律法规，不得违反国家税收和工商广告管理等法律规定。为了打击恐怖主义袭击中的虚拟货币使用，欧盟于2016年扩大了反洗钱规定的实施范围，美国则在一些法院判例中为比特币的发行货币化提供了长期路径。

此外，以比特币等虚拟货币为支付方式引发了勒索软件的再度泛滥，执法机构无法追踪资金流向，网络犯罪执法取证难上加难。

三、打击勒索软件的法律规定

勒索软件造成的数据安全威胁成为各国共同面临的挑战。“No More

Ransom!（停止勒索）”协作计划、反勒索软件技术的发展和持续执法行动正在全球开展。在法律层面，2016 年 9 月美国加州通过参议院第 1137 号法案（Senate Bill No. 1137- Chapter 725），修订了《美国联邦刑法典》第 523 节，在法律层面明确了实施勒索软件行为的刑事责任，规定如果某人以获取钱财或其他利益为目的，直接放置或感染勒索软件，或者指示、引诱他人这样做，从而将勒索软件感染到计算机、计算机系统或计算机网络中，在获取利益后为受感染者提供移除或其他方式的恢复服务的，那么此人将为该勒索软件负责，视情节被处以 2 至 4 年不等的监禁。

我国现行法律没有针对勒索软件的专门性规定，但针对制作传播计算机病毒、敲诈勒索、信息网络技术支持和帮助犯罪等危害网络安全方面的法律规定相当完善。2000 年《计算机病毒防治管理办法》明确规定任何单位和个人不得制作、传播计算机病毒，并规定了相应的警告、罚款、没收非法所得等行政处罚。《刑法》第二百七十四条规定了敲诈勒索罪，并在《最高人民法院、最高人民检察院关于办理敲诈勒索刑事案件适用法律若干问题的解释》明确，明知他人实施敲诈勒索为其提供信息网络技术支持帮助的以共同犯论处；《刑法》第二百八十五条规定了非法侵入计算机信息系统罪、非法获取计算机信息系统数据罪、非法控制计算机信息系统罪和提供侵入、非法控制计算机信息系统程序、工具罪；《刑法》第二百八十六条将计算机病毒作为破坏性程序的一种，并在《最高人民法院、最高人民检察院关于办理危害计算机信息系统安全刑事案件应用法律若干问题的解释》中界定了破坏性程序的范围；《刑法》第二百八十七条之一规定了非法利用信息网络罪，二百八十七条之二规定了帮助信息网络犯罪活动罪；《治安管理处罚法》第二十九条规定故意制作、传播计算机病毒等破坏性程序，影响计算机信息系统正常运行的，可予以拘留。《网络安全法》第二十七条强调禁止从事危害网络安全的活动，旨在实现行刑衔接，规定了拘留、罚款、没收违法所得等行政处罚。勒索软件作为计算机病毒的一种，其实施的危害行为涉嫌违法犯罪的理应属于以上法律法规规制的范围。

四、勒索软件危害行为及相关罪名分析

勒索软件因其阶段不同而可能涉及不同的违法或犯罪行为，同时还可能具有计算机病毒或其他攻击、侵入、干扰、破坏行为的功能，在用户支付赎金后，亦可能留有“后门”而未必能够彻底恢复系统。为便于分析，以下以现行《刑法》为例，参考《最高人民法院、最高人民检察院关于办理敲诈勒索刑事案件适用法律若干问题的解释》和《最高人民法院、最高人民检察院关于办理利用信息网络实施诽谤等刑事案件适用法律若干问题的解释》，基于单一勒索目的和功能的理想状态描述归类勒索软件可能涉及的相关罪名。

表 10　　勒索软件不同阶段涉及的违法犯罪行为

周期阶段	涉及危害行为描述	可能涉及罪名
制作	脆弱性（漏洞）发掘，形成勒索软件（定性为具有入侵软件功能的计算机病毒）	非法侵入计算机信息系统罪； 非法获取计算机信息系统数据罪； 破坏计算机信息系统罪； 非法利用信息网络罪
提供	以勒索软件形式销售（收费）或发布（可免费）	提供侵入、非法控制计算机信息系统程序、工具罪； 破坏计算机信息系统罪； 非法利用信息网络罪
实施	通过邮件、网站等形式不特定传播，在特定化对象后进行锁定或加密（同时实际上已经侵入和获取数据）	非法侵入计算机信息系统罪； 非法获取计算机信息系统数据罪； 非法控制计算机信息系统罪； 破坏计算机信息系统罪
获取赎金	解锁系统和 / 或解密数据，恢复用户访问权	敲诈勒索罪
未获取赎金	披露数据信息，破坏系统、数据	敲诈勒索罪
支持 / 支付	存储、传输勒索软件，并通过虚拟货币等形式结算	帮助信息网络犯罪活动罪

从上表可以看出，勒索软件“生命周期”的各个阶段主要涉及对系统和网络漏洞的发掘、侵入、控制、干扰、破坏及获取（权限和数据）等行为，因此与其他危害系统、网络安全的行为具有相似性，但勒索软件突出强调对数据、系统、网络的非法控制和对可用性的危害，使其有别于其他以破坏或获取数据

为特征的计算机病毒，以及基于计算机病毒防治所特定指向的相关犯罪行为；同时也有别于传统意义上的“敲诈勒索”罪。例如，同样在目标系统、网络非法控制和以危害可用性为典型特征的情形，DDoS 等攻击行为通过安装计算机病毒并控制目标系统、网络作为目的，而勒索软件则倾向于以“不可用”为威胁，向目标系统、网络的运营者提示支付赎金。

与具有营利 / 牟利目的的其他非法获取计算机信息系统数据违法行为比较，勒索软件的获取利益的行为尽管也属于窃取行为，但行为人就其获取“赎金”向用户提出了明示（尽管可能由于勒索软件的功能缺失或事实上并未实施获取而具有诈骗性质；或者由于已经“当场”或“事先”获取和占有了数据，而具有“非法获取计算机信息系统数据”性质）。同时，勒索软件的实施行为不需发掘安全漏洞和进行特定披露，亦不以获取数据信息为交易和变现的前提。

与传统意义上的敲诈勒索罪相比，尽管锁定和加密属于“威胁、要挟、恫吓等手段”的具体形式，并可能构成《最高人民法院、最高人民检察院关于办理敲诈勒索刑事案件适用法律若干问题的解释》（以下简称《解释》）规定的情形，且《解释》第七条规定，“明知他人实施敲诈勒索犯罪，为其提供信用卡、手机卡、通讯工具、通讯传输通道、网络技术支持等帮助的，以共同犯罪论处”。但在行为实施以自动化和工具化的勒索软件形式出现后，其侵入、获取、控制等危害行为和后果将不完全取决于行为人的意志，从而可能涉及危害信息系统、网络安全的多种罪名。换言之，为行为人对软件目的、功能、后果等的认识上提出了主观判定的严格要求。

值得注意的是，对在破坏计算机信息系统的同时索要他人财物的行为如何定性，我国司法实践层面有待统一。2007 年我国已出现了勒索软件的司法审判案例。被告人欧阳某 2006 年制作并利用其个人网站传播勒索软件，并以修复丢失资料、获得正版软件序列号为名，向被感染的计算机用户索取财物 2758 元。检察机关主张欧阳某涉嫌破坏计算机信息系统罪和敲诈勒索罪，提请两罪并罚。法院最后认定，欧阳某所为应以破坏计算机信息系统罪论处，因其有自首行为，可以从轻或减轻处罚，因此判处有期徒刑四年。法院在肯定欧阳某行为同时构成破坏计算机信息系统罪和敲诈勒索罪两罪的基础上依据“择一重罪”之原则做出最终认定。二审判决指出，“破坏计算机信息系统罪的动机是多种多样的……对其牟取非法利益的主观犯罪动机和非法取得他人钱财的客观后果，属于破坏计算机信息系统罪的构成要素，对以上情节已在认定此罪过程中给予了评价，不应单独定罪，否则是重复评价。行为人为了牟取非法利益，制作、传播计算机病毒的行为同时触犯破坏计算机信息系统罪、敲诈勒索罪两个罪名，这种是基于一个犯罪行为而同时侵犯两个犯罪客体的犯罪，是刑法理论的想象竞合犯。”这一案例中被告人制作并传播了勒索软件，主观犯罪动机旨在获取财物，其行为分析相对简单，从刑法理论层面认定为想象竞合后即可做出罪名认定。勒索软件功能在持续发展，新的变种在不断产生，不同的勒索软件案件还需根据其犯罪行为、主观认识等予以一一分析。

五、打击勒索软件需要多方共同努力

鉴于勒索软件的爆发式增长、全球性蔓延和有效治理手段的缺乏，各国在打击勒索软件方面具有相似的认同和诉求，开展国际合作成为凝聚多方力量共同应对的重要举措，且已初见成效。2014 年 6 月，美国司法部发布了跨州联合打击“Gameover Zeus”僵尸网络和“Cryptolocker”勒索软件为代表的破坏性软件的行动，参与成员牵涉了全球数国执法、研究机构。该行动针对勒索软件受害者和实施者具有的全球分散性和普遍性特征展开，体现了各国在打击活动中“分段打击”“分布协同”“并行起诉”的新特点。

与具有直接攻击危害的漏洞与数据非法交易等行为相比，借助于加密技术和暗网等隐秘模式的勒索软件具有更大的成本效益优势和可变现性。网络社会已经与现实社会融为一体，勒索软件不仅体现出牟利性，更可能通过对个人设备、基础设施等的控制危及个人合法自由和社会公众安全。在对勒索软件缺乏有效反制技术的当下，除了理性适用《治安管理处罚法》《刑法》《网络安全法》的基本规定和加强国际合作之外，个人和企业也应积极采取行动。对个人而言，应不断提高对不明链接打开、不明文档下载的抵制意识，善于利用现有法律规定维护自身合法权益；从企业视角出发，应加强网络技术人员的从业培训，提高文件的加密技术，增加数据的备份渠道；就政府治理考虑，应制定特殊的人才培养政策，招揽“白帽子”黑客等尖端技术人才，形成违法犯罪分子的制衡力量。

2. 大数据战略下政府信息公开与保密法律体系的完善①

大数据时代，数据已成为国家基础性战略资源，各国纷纷将大数据上升到国家战略层面。2015 年《中共中央关于制定国民经济和社会发展第十三个五年规划的建议》首次把“推进数据资源开放共享”上升为“国家大数据战略”的组成部分。2016 年《国家信息化发展战略纲要》明确提出“构建统一规范、互联互通、安全可控的国家数据开放体系”，将安全可控作为国家数据开放顶层制度设计的三大基本要求之一。2017 年强调实施国家大数据战略，要推进政企、多方数据资源整合和开放共享。同时要切实保障“国家数据安全”。大数据是信息化发展的新阶段，发展与安全作为大数据战略之两翼，两者的辩证关系毋庸多言。2010 年修订的《保守国家秘密法》(以下简称“保密法”) 第四条明确规定:“保守国家秘密的工作，实行积极防范、突出重点、依法管理的方针，既确保国家秘密安全，又便利信息资源合理利用。法律、行政法规规定公开的事项，应当依法公开。”保密法重申了“安全、发展”的二元价值特性，确立了政府数据开放与保密安全并重的基本原则。

国家大数据战略下，构建安全可控的国家数据开放体系，实现政府数据开放与保密安全的有效平衡，需审视我国大数据下政府数据开放与保密安全的立法现状及实施难点，并对实践冲突与法律协调等问题进行思考。

---

① 作者：黄道丽。发表于《保密工作》，2018 年 04 期。

一、我国政府数据开放与保密安全的相关立法现状

政府数据开放的制度设计应以法律法规或政策的方式确认“国家大数据战略”，并为政府数据开放的生命周期提供安全能力和行为规范。目前我国以2008年施行的《政府信息公开条例》及配套制度为原则，以《保守国家秘密法》、《中华人民共和国保守国家秘密法实施条例》（以下简称《保守国家秘密法实施条例》）等规定为例外，共同构筑了政府数据开放的法律体系。一直以来，我国对保守国家秘密建立了系统、严格的制度，除《保守国家秘密法》及《保守国家秘密法实施条例》外，还有《国家安全法》、《中华人民共和国军事设施保护法》（以下简称《军事设施保护法》）、《刑法》等众多的行政法规、部门规章和司法解释对保守国家秘密予以规范。

为了保障政府信息公开的同时避免国家秘密、商业秘密和个人隐私的不当泄露，平衡政府数据开放与保密安全的需求，《政府信息公开条例》（2008年版）第十四条确立了政府信息发布保密审查机制，要求“行政机关应当建立健全政府信息发布保密审查机制，明确审查的程序和责任。行政机关在公开政府信息前，应当依照《中华人民共和国保守国家秘密法》以及其他法律、法规和国家有关规定对拟公开的政府信息进行审查。行政机关对政府信息不能确定是否可以公开时，应当依照法律、法规和国家有关规定报有关主管部门或者同级保密工作部门确定“。第三十四条规定了行政机关不履行第十四条义务的法律责任。《政府信息公开条例》施行以来，行政机关逐步形成了“加强政府信息公开保密审查工作，是确保国家秘密安全，维护国家安全和利益的必然要求，也是政府信息公开工作顺利推进的重要保障”的普遍意识。2010年11月20日，《国务院办公厅关于进一步做好政府信息公开保密审查工作的通知》（国办发〔2010〕57号）即明确指出“加强政府信息公开保密审查工作，是确保国家秘密安全，维护国家安全和利益的必然要求，也是政府信息公开工作顺利推进的重要保障。各地区、各部门要切实提高认识，严格按照《中华人民共和国保守国家秘密法》和政府信息公开条例有关规定，建立健全政府信息公开保密审查机制”。

政府信息发布保密审查机制，是指各机构在以不同方式或渠道向社会公众

公开发布信息之前，对拟公开的信息是否涉密以及能否公开发布所进行的一项内容甄别、确认和许可工作，是我国政府信息公开制度中的核心机制和关键环节，决定了政府信息公开的限度和范围，属于行政机关自行“保密审查”。由于保密审查机制的功能在于将涉及国家秘密、商业秘密和个人隐私的信息从拟公开的政府信息中筛选出来，保护相关方的合法权益。作为与《政府信息公开条例》（2008 年版）第十四条的衔接，《保守国家秘密法实施条例》第三十二条规定保密行政管理部门依法对机关、单位执行保密法律法规规定的信息公开保密审查情况进行检查，第三十八条提出了保密审查工作的“科学、公正、严格、高效”要求。《保守国家秘密法实施条例》的这两条规定形成了对行政机关自行“保密审查”的外部强制性补强。基于上述法律法规的规定，2012 年以来，我国已有近 20 个地方政府陆续推出政府数据开放平台，基本完成了各级政府信息的基础公开要求。

二、法律适用和落地实践的若干问题

政府信息发布内外部保密审查的规定构成了我国“安全可控”数据开放法律体系的一大特点，作为平衡我国数据开放和保密安全价值取向的制度设计之一，其法律适用和落地实践仍存在不少问题。

首先，行政机关内部自行的政府信息公开保密审查，尚处于“各自为政”的状态，无法实现有效的法律适用。除了《政府信息公开条例》（2008 年版）第十四条，目前政府信息公开保密审查具体操作可用的规定为 2010 年《国务院办公厅关于进一步做好政府信息公开保密审查工作的通知》、2016 年中共中央办公厅、国务院办公厅《关于全面推进政务公开工作的意见》、2016 年国务院办公厅《〈关于全面推进政务公开工作的意见〉实施细则》等，属于政策类文件，法律强制力相对不足。另外，作为内部审查主体的行政机关的网络安全意识有待提升。2017 年我国网络空间安全基本法《网络安全法》正式施行，进一步凸显了“各机关、单位网站管理部门”的“准网络运营者”身份和义务，事实上将政务网络运营者作为一类特殊的网络运营者予以监管。其第七十二条规定，“国家机关政务网络的运营者不履行本法规定的网络安全保护义务的，由其上级机关或者有关机关责令改正；对直接负责的主管人员和其他直接责任人员依法给予处分。”而目前政府信息公开涉及的行政机关还尚未意识到《网络安全法》适用的严重性与紧迫性。

其次，内外部保密行政管理部门的保密审查有待进一步整合。目前实践中开展的保密审查，大多是基于《保守国家秘密法》第三十四条，“从事国家秘密载体制作、复制、维修、销毁，涉密信息系统集成，或者武器装备科研生产等涉及国家秘密业务的企业事业单位，应当经过保密审查，具体办法由国务院规定。”还有《保守国家秘密法实施条例》规定的对“外包”的提供涉密业务服务的企业事业单位的资质审查，第 32 条规定，“保密行政管理部门依法对机关、单位执行保密法律法规的下列情况进行检查……（十二）信息公开保密审查情况”。保密审查的内容、范围还有待进一步澄清，由于存在界限模糊，这一特点的优势并未有效体现，某些情况下仍然出现监管空缺的问题。从实践来看，政府信息公开保密审查不规范引发了各类泄密事件，2010 年 11 月 20 日《国务院办公厅关于进一步做好政府信息公开保密审查工作的通知》（国办发〔2010〕57 号）即指出，“《政府信息公开条例》施行以来，一些地区和部门政府信息公开保密审查制度不落实、机制不健全，保密审查不严格、不规范，泄漏国家秘密案件时有发生，严重危害国家秘密安全”。

再次，大数据分析与应用发展给实际的数据开放保密审查工作带来了更多的挑战。第一，大数据应用交织、广泛，数据的汇集与叠加，可以推导甚至产生出新的国家秘密。第二，非结构化数据与结构化数据的矛盾突出，尚无法实现完全智能化、自动化的保密审查，容易形成宽松抑或紧张的不稳定态势和无可预料的风险结果，难以准确把握和实现作为《保守国家秘密法》第四条“保守国家秘密的工作，实行积极防范、突出重点、依法管理的方针，既确保国家秘密安全，又便利信息资源合理利用。法律、行政法规规定公开的事项，应当依法公开”和《保守国家秘密法实施条例》第四条规定的立法意旨“机关、单位不得将依法应当公开的事项确定为国家秘密，不得将涉及国家秘密的信息公开。”第三，大数据的核心技术和关键设备大部分受制于人，我国基础软硬件等缺乏技术积淀和知识产权，无法确保自主可控，以此为基础的“安全可控”国家数据开放体系建设任重而道远。第四，我国涉及大数据的若干指引和标准的文件仍在起草、征求意见等成形阶段，加剧了原本就不确定的保密审查标准的不确定性。

三、对问题的回应与法律体系进一步完善的若干建议

随着我国信息化建设的快速推进，网络与信息安全成为国家安全的重要组成部分。近年来，我国网络与信息安全的相关立法进展明显加快。原有的《保守国家秘密法》自 1989 年 5 月 1 日施行。信息化飞速发展导致保密工作面临的形势更加复杂严峻，保密管理的难度日益加大，原有的一些保密管理方法失去有效性。2010 年全国人大对原有的《保守国家秘密法》进行了修订，发布了新的《保守国家秘密法》；2014 年以新《保守国家秘密法》为上位依据的《保守国家秘密法实施条例》正式颁布。保密领域的“一法一条例”初步回应了信息、数据安全的一些诉求。2017 年 6 月 6 日发布《< 中华人民共和国政府信息公开条例（修订草案征求意见稿）> 公开征求意见的通知》，针对实施过程遇到的信息化发展等新问题，对《政府信息公开条例》也进行了修订。为适应我国国家安全面临的新形势和密码广泛应用带来的新挑战，2017 年 4 月 13 日国家密码管理局发布《中华人民共和国密码法（草案征求意见稿）》，提出了保护国家秘密信息的密码分类保护要求。

2015 年新《国家安全法》的施行，特别是 2017 年《网络安全法》的施行，进一步体现出大数据发展与安全的平衡的迫切需要，以实现与《保守国家秘密法》、《保守国家秘密法实施条例》的衔接与映射，并再次将相关法律涉及的协调问题提上日程。基于法律的稳定性要求，这些协调问题必须在征求意见、配套完善和落地实施过程中予以积极关注和解决。包括但不限于以下问题：在《网络安全法》原则性规定仍在配套完善的形势中，如何依据现有法律要求强化政

府信息公开涉及的行政机关的网络安全保护职责；如何应对大数据挑战而有效利用大数据手段，构建“安全可控”的国家数据开放法律体系，实现更精准的保密范围和更高效的保密功能，维护国家安全和利益。我国政府信息发布保密审查机制尚存在审查主体宽泛、保密审查标准不确定、保密审查程序不具体、保密审查责任相对缺失等诸多问题，大数据分析与应用发展给实际的保密审查工作带来了更多的挑战，有待《保守国家秘密法》修改或在新的《政府信息公开条例》中对审查主体、标准、责任、程序等多个问题予以完善。以审查主体为例，《政府信息公开条例》（2008 年版）第十四条规定的公开与审查主体均多属于内设机构，缺乏外部介入和监管。《国务院办公厅关于进一步做好政府信息公开保密审查工作的通知》的要求，“各机关、单位对拟公开政府信息进行保密审查，应由承办单位提出具体意见，经机关、单位指定的保密审查机构审查后，报机关、单位有关负责同志审批”，此处承办与审查、负责主体均存在内部性，职责分离有待新规定予以进一步加强。此外，如何引入和强化保密法和《保守国家秘密法实施条例》第三十二条规定的“保密行政管理部门依法对机关、单位执行保密法律法规的下列情况进行检查……（十二）信息公开保密审查情况”的保密审查，与现行的“先审查、后公开”和“一事一审”原则存在一定的冲突，外部机构介入的时机、深度和效果存有极大上升空间，也有待保密法的修订或完善。

特别值得注意的是，保密法与密码法都是保障国家秘密的重要法律制度，两者密切关联而不相互代替。大数据战略的政府数据开放也将不可避免地推动密码技术和产品市场发展，以及围绕密码技术和产品立法的相应升级。未来密码法和其下《商用密码管理条例》等制度体系建设和监管策略的调整，也应寻求政府数据开放与数据安全、商用密码市场的繁荣发展与核心密码、普通密码强有力保护国家秘密等利益的动态平衡。

3. 网格安全法治相关采访问答

问 1：泄露用户数据的事件频繁发生，从账户密码身份证，到金融支付安全，有何危害？此次深网视界泄露的数据除了基本的人脸和身份数据之外，还包括大量的位置信息以及移动路径等，这和普通的身份信息相比会有更大的危害吗？

答：随着数据搜集和计算能力的增强，单纯的区分或者罗列个人信息的类型，并比较危害程度已经没有法律后果评价的绝对意义。关注个人信息的关联影响比单纯地确定“敏感”程度更为紧迫。显然，本次泄露如果关联了以往泄露的信息，完全可以达到所谓“用户画像”的程度，将全方位地暴露公民个人的日常，未来将会产生从“精准营销”到“网络诈骗”的各种风险。

问 2：大数据时代下，即使用户只是在一个网站提供了少量信息，也有可能综合多个信息源进而得出一个人的完整信息。大数据时代下，信息安全越来越难以保证，如果仅仅针对类似人脸识别、指纹识别等生物信息，大规模普及人脸识别和指纹识别用于权限解锁方面在现阶段是否是明智并且可控的？

答：人脸识别和指纹识别是生物特征而非密码技术，单独使用无法实现保护个人信息的作用。当然厂商的用意在于便捷性与安全性的平衡，但在更高阶上需要对生物特征采取必要的加密等技术措施，这恰是体现厂商市场地位和领先性的方面。

问 3：越来越多的软件或是网站要求用户提供实名数据，而频发的信息泄露事件却加深了公众对于提供信息的隔阂，关于隐私数据的保护在法律方面我们还需要在哪些方面更进一步完善来处理这种矛盾呢？

答：客观地说，数据泄露和实名与否并无直接关联，但泄露实名信息对用户的影响显然更大。法律方面主要还是要强化执法机构，包括监管和主管部门的执法力度，以及司法个案所体现的导向性和指引作用。

问 4：《网络安全法》两年来的落实情况如何？对信息安全起到了什么具体切实的效果？

答：一直在落实，重大执法检查不断推陈出新，执法常态化，体现了抓大放小的特点，但覆盖面还有待扩展。特别是公民的网络安全意识在加强，这一基础作用不可小视。随着个人信息保护的民事、行政和刑事法律体系的进一步完善，网络安全的保障效果未来可期。

问 5：对于已经泄露出去的数据，有什么方法可以进行补救吗？

答：只能止损，无法追回。特定的可以清除、销毁。最重要的是更新和加强技术措施。S 网视界在此次事件中预计会承担什么样的责任？如果认定构成违反《网络安全法》的运营者责任，或者根据后果达到刑法定罪量刑基准的，将可能承担行政处罚直至刑事责任。而被泄露数据的用户能否了解到自己的信息被泄露的事实，并获得相应的赔偿？《网络安全法》有规定，运营者应提供渠道，用户可主张知情。是否赔偿，一般以特定化、实际损失为依据进行主张。

问 6：除了 S 网视界之外，类似的“裸奔”的数据库在中国其实还有存在，但是 2016 年《网络安全法》就已经明确了这些问题，为什么企业还会有安全责任频频缺位的问题？是企业不够警醒不想做，还是成本太高没法做，还是其他原因？

答：几个方面，监管和执法力度的规范和强化逐步体现，但尚无法实现对所有运营者的全覆盖——所谓监管的牙齿问题；现有指引对企业的实操作用有限，需要清晰和可操作性；另外就是社会化安全服务机构的市场化程度不发达，需要有成长的过程和内外部的评价和激励。网络安全乏力现状，多方合力才能改变。

问 7：企业当今面临的最大的网络安全挑战是什么？

答：一方面，日新月异的信息技术带来的外部新威胁日趋隐蔽和复杂，对企业造成的危害也不断扩大；另一方面，企业内部软硬件或服务潜在的脆弱性也不断暴露。不断变化中的外部新威胁和不断暴露的内部潜在脆弱性结合，使得企业所面临的威胁和漏洞的量级都极大提升。在这样的形势下，威胁信息的不对称性与企业安全支出的有限性这一固有矛盾持续深化，企业网络安全风险形势严峻，疲于应对。

问 8：GDPR 的深远影响是什么？

答：数据是数字经济时代的基本要素，在大数据时代数据“公众化”和“匿名化”利用的背景下，GDPR 重申并部分重塑了隐私和数据保护的个人价值（而非商业价值），是截至目前，全球范围内对个人数据保护水平最高的规范。GDPR 的出台使得全球诸多组织，即使没有在欧盟设立机构，但只要涉及处理欧盟境内数据主体的个人数据，均面临着 GDPR 带来的合规风险；GDPR 为数据主体增设了一系列的新权利，为作为数据控制者或处理者的组织增设了一系列的新义务，并设置了严厉的惩罚机制。这意味着有处理欧盟境内数据主体的个人数据相关业务的组织需要了解和落实 GDPR 的规定，提升自身的个人数据保护水平。总的来说，GDPR 的监管合规需求将成为推动欧盟企业乃至全球企业安全支出的主要因素。

问 9：亚洲（中国）对于个人隐私权观点有何不同？有多少是介于文化上的差异？

答：中、美、欧等国家整体信息技术发展阶段、行业和企业商业模式、区域国情和历史（负担）等都不相同，隐私所包含的内容不完全等同，对各自所关注隐私的用力点亦有不同。相较于欧美，中国对于个人隐私的保护起步较晚，个人隐私保护意识和保护程度不高。近几年，通过立法和出台相关规范（例如《民法总则》[①]《网络安全法》等），中国的隐私保护水平不断提高。另外，随着网络的快速发展和隐私保护意识的觉醒，民众隐私保护需求也逐步提升，可以说，网络化和全球化正在消弭部分差异。

问 10：当今最为毁坏性的攻击手段是什么？

答：不考虑国防、军事，也不考虑心理建设的话，最为毁坏性的攻击手段一是对关键信息基础设施产生破坏（从较早期的震网病毒开始），二是综合多种损害后果的行为（如勒索软件）。

问 11：如何应对“爆炸性”的时刻？

答：秉持如履薄冰的危机感，并进行反复、迭代更新的推演、模拟、演练感知和应对。人员和网络、系统通过演练可以处于动态和适当紧张的状态，有利于对抗重大事件和应急响应。

问 12：对待攻击的最佳防御方法是什么？

答：基于外部的攻击不可避免，因此威胁的主动识别、动态感知、信息共享、应急演练等自不待言。至于如何实现识别与感知，具有安全意识经过培训的员工是企业最大的安全资产和防御保障，在业务运行和安全管理的节点上能实时警觉。

问 13：你对 CEO 的建议？

答：对于企业而言，建立起有效的、以业务为导向、以风险管理为中心的网络安全管理机制，需要解决一系列的组织结构和管理方面的问题。业务流程自动化所带的数字安全风险影响往往是跨部门的，并日益扩展至企业的用户乃至供应链。建议 CEO 借助《网络安全法》确立的契机，主动参与企业网络安全的战略决策，充分考虑跨部门的网络安全影响，将安全作为一项持续的投资和未

① 注：我国于 2021 年 1 月 1 日起施行《民法典》，与此同时《民法总则》废止。

来的收益，通过培训、演练和制度建设，建立符合企业自身要求的有效的网络安全管理机制。

问 14：你对 2018 年的预测是怎样的？

答：2018 年，网络安全事件的潜在和爆发仍将是社会和信息化面对的主要风险，短期之内不会有大的改观，传统保护领域和新兴技术行业均面临日趋复杂的网络安全挑战；全球范围内，网络空间面临的安全与发展、数据安全与数据分享、监管与被监管、言论自由与政治安全等基本矛盾将进一步加剧，国际社会的竞争与博弈成为新常态。

问 15：据悉，快递实名制实施一年并未落实，很多人因担心个人信息泄露不愿意填写真实信息。当下很多手机应用、网络平台均要求使用者填写身份证、手机号等信息。这些要求是否合理？是否应该规范获取公民个人信息的主体？

答：如以《快递安全生产操作规范》行业标准作为快递实名制的基本依据，本身存在效力层级不足等问题。但这与《网络安全法》等规定的实名制并不完全一致，实际上是从线上到线下衔接的问题。应用与平台要求实名，这是第二个问题。按照《网络安全法》第二十四条对“为用户提供信息发布、即时通讯等服务”需要实名，但具体的体现形式上可能存在执行层面的不规范问题。《网络安全法》要求以双方协议、单方确认的形式要求实名，实际上对提供与接受服务的双方都提出了权利义务的要求。具体提供哪些实名信息，应结合应用和平台的服务类型、内容、期限等判定（比如联系方式上，手机就并非唯一的联系途径，应提供邮件等方式备选；再如，通过手机验证是否为必须途径，也要结合具体的服务确定——如需手机验证的，获取的手机号码是否即时删除不作留存，都需要论证），《网络安全法》作为基本法不会事无巨细，就需要行业、领域做相应的细化和实施，通过指引、范式等方式引导规范。整体而言，由于实名制可能会导致个人信息泄露的判断确实存在——事实上也是《网络安全法》的重点关切。在提供与接受服务的双方无法建立信任时，实名制可能存在部分落空的问题，这也是不争的事实。一方面需要分行业、领域的细化，另一方面需要丰富个人维权的途径和手段，解除和降低公众顾虑，提升各行业的整体服务水平。

问 16：接到垃圾短信和骚扰电话，购物信息被泄露时，电信公司和网络平台是否负有责任？哪些情形下的信息泄露，运营方需要负责？

答：应判断信息泄露的具体环节。一是可能泄露的环节较多，另外现有法律主要基于过错原则，判断电信和平台的过错存在较大困难，现有案例的责任主体还是以相关责任个人为主，且如何赔偿、赔偿金额等讨论也不充分，需要有个逐步发展的过程。目前电子商务法等对电商、平台责任已在论证，也有一些相应的讨论。

问 17：据了解，取证难是个人信息泄露现象难以遏制的原因，您是否赞同这一观点？保护个人信息安全，监管部门如何加强对运营平台的监管？法律法规是否还有需要完善的地方？

答：应考虑取证的主体来确定是否难的问题，对个人用户主体而言，现有民事程序的启动存在困难，法院取证也有障碍；从行政执法角度，通过举报等方式，可以适当救济，但需要执法机构的充分介入，并运用各种行政执法的措施，这可能取决于不同的执法机构的执行力；刑事角度而言，目前已有“两高一部”的司法解释等文件的导入，这一方面取决于启动刑事程序的高额成本与所维护的社会主体权益的比较评判。现在不缺监管部门，也不缺法律依据和执法措施，主要还是贯彻监管依据的力度和执行力问题。如果需要完善立法，可能民事方面个人信息保护的立法是一个主要方向，通过个人主体和公益诉讼等方式作为刑事追责的有效补充，一方面丰富个人信息保护的事后手段，一方面通过民事程序，实际上对于个人信息和数据的正常市场价值的形成和确定非常重要，对各方主体的行为与后果预判的谨慎方面都有裨益。

问 18：2017 年 7 月 11 日，《关键信息基础设施安全保护条例（征求意见稿）》公布，征求意见稿第十八条提出，“下列单位运行、管理的网络设施和信息系统，一旦遭到破坏、丧失功能或者数据泄露，可能严重危害国家安全、国计民生、公共利益的，应当纳入关键信息基础设施保护范围：（一）政府机关和能源、金融、交通、水利、卫生医疗、教育、社保、环境保护、公用事业等行业领域的单位；（二）电信网、广播电视网、互联网等信息网络，以及提供云计算、大数据和其他大型公共信息网络服务的单位；（三）国防科工、大型装备、化工、食品药品等行业领域科研生产单位；（四）广播电台、电视台、通讯社等新闻单位；（五）其他重点单位。”征求意见稿提出的关键信息基础设施的范围，基本沿用了《网络安全法》。在除了传统的重要行业领域外，将以云计算、大数据为代表的国家新兴战略行业领域纳入关键信息基础设施范围。如果这一条得以通过，是否意味着大型互联网企业也将纳入关键信息基础设施安全保护的范畴？这样做将产生何种意义？

答：《关键信息基础设施安全保护条例（征求意见稿）》沿用《网络安全法》“列举＋兜底”的立法模式，规定关键信息基础设施保护范围除了涵盖传统的重要行业领域以外，还首次明确将“提供云计算、大数据和其他大型公共信息网络服务的单位”纳入 CII 保护的行业范围，符合当前信息化发展的现实需求。目前来看，保护条例划定的 CII 所属单位涵盖互联网公司以及重要的存储及处理数据且关系国家安全、国计民生、公共利益的云服务、大数据企业等，这在一定程度上表明大型互联网企业很可能被纳入关键信息基础设施安全保护的范畴。2016 年 12 月 27 日，国家互联网信息办公室发布的《国家网络空间安全战略》将国家关键信息基础设施定义为“关系国家安全、国计民生，一旦数据泄露、遭到破坏或者丧失功能可能严重危害国家安全、公共利益的信息设施，包括但不限于提供公共通信、广播电视传输等服务的基础信息网络，能源、金融、交通、教育、科研、水利、工业制造、医疗卫生、社会保障、公用事业等领域和国家机关的重要信息系统，重要互联网应用系统等”，也将重要互联网应用系统纳入关键信息基础设施安全保护的范畴。这样的规定符合信息化发展的现实需求，在促进以云计算、大数据等新兴战略行业为代表的信息化发展同时，进一步将其纳入网络安全保障的制度体系框架之内。

目前征求意见稿虽然从行业领域或所属单位上做出了列举规定，但 CII 的范围仍具有不确定性，针对提供云计算、大数据和其他大型公共信息网络服务的互联网企业运行、管理的网络设施和信息系统是否应被纳入关键信息基础设施保护范围应当进一步从其是否关系国家安全、国计民生、公共利益的角度进行判断。《征求意见稿》第十九条规定了"国家网信部门会同国务院电信主管部门、公安部门等部门制定关键信息基础设施识别指南。国家行业主管或监管部门按照关键信息基础设施识别指南，组织识别本行业、本领域的关键信息基础设施，并按程序报送识别结果。"参考实践操作和相关经验，关键信息基础设施识别指南未来可能从识别方法、流程和重点等多方面，通过确定 CII 运营者所属行业领域、界定相关行业领域对网络设施或信息系统依赖程度，以及网络设施或信息系统风险影响力的"定性 + 定量"评价标准，对 CII 的范围划定进行初步评估。针对大型互联网企业而言，应当密切关注相关部门制定的关键信息基础设施识别指南，及主管或监管部门发布的本行业、本领域的 CII 清单。

问 19：《关键信息基础设施安全保护条例》出台前，我国在这一领域的安全规制有哪些？也就是出台过哪些法律、部门规章等法律法规，对关键信息基础设施进行安全保护？

答：除了 2017 年 6 月 1 日开始施行的《网络安全法》，自 20 世纪 90 年代以来，我国先后出台了一系列法规、规章和标准，为关键信息基础设施的保护提供了一定依据。《人民警察法》规定了公安机关的人民警察监督管理计算机信息系统的安全保护工作。《计算机信息系统安全保护条例》规定公安部主管全国计算机信息系统安全保护工作。国家安全部、国家保密局和国务院其他有关部门，在国务院规定的职责范围内做好计算机信息系统安全保护的有关工作。

《计算机信息系统安全保护条例》明确计算机信息系统的安全保护工作，重点维护国家事务、经济建设、国防建设、尖端科学技术等重要领域的计算机信息系统的安全，并规定了信息安全等级保护制度。2003 年《国家信息化领导小组关于加强信息安全保障工作的意见》（中办发 [2003]27 号）明确信息安全等级保护是国家信息安全保障的基本制度，要求重点保护基础信息网络和关系国家安全、经济命脉、社会稳定的重要信息系统，抓紧建立信息安全等级保护制度，制定信息安全等级保护的管理办法和技术指南。信息安全等级保护是指根据信息、信息系统在国家安全、经济建设、社会生活中的重要程度，遭到破坏后对国家安全、社会秩序、公共利益以及公民、法人和其他组织的合法权益的危害程度，将信息系统划分为不同的安全保护等级并对其实施不同的保护和监管。《信息安全等级保护管理办法》和《信息系统安全等级保护定级指南》明确了信息安全等级保护各级的定级标准。《信息安全等级保护管理办法》《信息系统安全等级保护基本要求》《信息系统安全等级保护实施指南》《信息系统安全等级保护测评要求》《信息系统安全等级保护测评过程指南》等规定了各等级信息系统的保护措施，明确了对信息系统的定级、备案、测评、整改流程以及安全管理要求和安全技术要求，明确第三级信息系统每年至少测评、自查一次，第四级信息系统每半年至少测评、自查一次，第五级信息系统根据特殊要求进行测评和自查。秘密级、机密级信息系统每两年至少进行一次系统测评，对绝密级信息系统每年至少进行一次系统测评。总体来看，信息安全等级保护制度是有中国特色的关键信息基础设施保护制度，实行 20 多年来成效显著，整体提高了全国人民的信息安全意识，有效推动了信息安全工作在各个行业蓬勃开展，按重要性确定了信息系统、业务应用的保护等级，按行业、分部门逐级明确落实信息安全责任，为构建国家信息安全保障体系打下坚实基础，有力保障了公共秩序安全，促进了信息化发展；因此，国家在《网络安全法》第二十一条中正式确立国家网络安全等级保护制度，并在第三十一条中强调关键信息基础设施应在网络安全等级保护制度基础上实行重点保护。

首先落实网络安全等级保护制度，2003 年《国家信息化领导小组关于加强信息安全保障工作的意见》（中办发 [2003]27 号）和《信息安全等级保护管理办法》标志着我们国家等级保护制度进入一个全面实施的时代。等级保护制度实行 20 多年来成效显著，整体提高了全国人民的信息安全意识，有效推动了信息安全工作在各个行业蓬勃开展，按重要性确定了信息系统、业务应用的保护等级，按行业、分部门逐级明确落实信息安全责任，为构建国家信息安全保障体系打下坚实基础，有力保障了公共秩序安全、促进了信息化发展。

其次，《网络安全法》第二十一条正式确立国家网络安全等级保护制度，等级保护制度进入 2.0 时代，成为一个全新的国家网络安全基本制度体系，以保护国家关键信息基础设施为重点，保护策略也发生变化。

再次，正确看待等级保护和关键信息基础设施的关系，一个是基本制度，一个是保护的重点。等级保护制度是普适性的，关键信息基础设施是一个点。

问 20：《关键信息基础设施安全保护条例》正在征求意见阶段，未来经过修改、审定，将发布实施。目前我国在这一问题上还存在哪些认识、实践方面的不足？这部条例如果通过，对这些不足有哪些提升和弥补？

答：目前，我国国家和行业主管部门对关键信息基础设施保护的必要性和重要性认识能力不断增强。但是，实践中还存在一些不足之处，第一，国家有关行业主管或监管部门对关键信息基础设施保护的能力不够，主要表现为针对恶意攻击和网络入侵的主动发现、查找、防御和应急响应能力仍需不断提高，并且政府部门之间、政府部门与相关企业之间的协调配合机制仍需进一步建立和完善。第二，我国国家关键信息基础设施安全保护机构的职责不清、分工不明确，导致实践操作中的关键信息基础设施安全保护要求无法得到有效满足。第三，我国国家关键信息基础设施安全保护的基础保障能力薄弱，在资金保障、技术支持、人员和机构设置以及制度建立等方面无法保障关键信息基础设施保护工作的有效实施。

《征求意见稿》的相关规定能够有效提升和弥补我国针对这一问题存在的不足之处。例如，《征求意见稿》第五条规定，国家鼓励关键信息基础设施以外的网络运营者自愿参与关键信息基础设施保护体系。第十二条规定，国家鼓励政府部门、运营者、科研机构、网络安全服务机构、行业组织、网络产品和服务提供者开展关键信息基础设施安全合作。第三十八条规定，国家网信部门统筹协调有关部门、运营者以及有关研究机构、网络安全服务机构建立关键信息基础设施网络安全信息共享机制，促进网络安全信息共享。通过上述规定，能够有效提高行业主管或监管部门对关键信息基础设施安全的保护能力，促进政府部门之间、政府部门与相关企业之间建立和完善关键信息基础设施安全保护的协调配合机制。

此外，《征求意见稿》第二章“支持与保障”第九条、第十条、第十一条、

第十三条分别从政策支持、资金保障、人才培养、技术支持、人员和机构设置等方面做出具体规定，保障关键信息基础设施保护工作的有效实施。同时要求地市级以上人民政府将关键信息基础设施安全保护工作纳入地区经济社会发展总体规划，促使关键信息基础设施安全保护工作与经济建设和社会发展相协调。

问 21：关于关键信息基础设施安全保护工作的领导体制，网络安全监管这个宏观领域的政出多头、权责不一的“九龙治水”局面一直存在，在构建关键信息基础设施安全保护工作领导体制时，该采取什么方式解决这些问题？

答：一方面，《网络安全法》构建了统一的网络安全监督管理体制，第八条规定国家网信部门负责统筹协调网络安全工作和相关监督管理工作；在关键信息基础设施安全保护方面，第三十二条原则上规定了关键信息基础设施分行业、分领域主管部门负责制，《征求意见稿》第四条规定“国家行业主管或监管部门按照国务院规定的职责分工，负责指导和监督本行业、本领域的关键信息基础设施安全保护工作”。其中，“国家行业主管或监管部门”的表述较为原则，《征求意见稿》作为国务院的行政法规，建议将“按照国务院规定的职责分工”予以具体化明确化，进一步规定不同行业关键信息基础设施保护的主管部门，明确国家网信部门、工信部门、公安部门、国家保密行政管理部门、国家密码管理部门等各自在关键信息基础设施安全保护方面的具体职责范围和执法权限。

另一方面，《征求意见稿》第四条明确了国家网信部门在关键信息基础设施安全保护工作和相关监督管理工作方面的统筹协调职责，建立了国家关键信息基础设施安全保护工作的统筹协调机制，由此可见，在网络安全监管存在权责不一的情况时，国家网信部门将承担起统筹协调的工作任务，指导、监督行业主管或监管部门按照法律法规的要求履行关键信息基础设施安全保护的具体职责。

问 22：在对“白帽子”的定义上，现在有哪些看法？从使用的工具和检测漏洞的方式而言，“白帽子”和传统黑客有区别吗？

答：目前“白帽子”的定义鲜少出现在各国的法律和标准中，一则因为“白帽子”是最近十几年盛行起来的，二则因为“白帽子”还属于尚未拥有法律地位的民间技术团体。实践中普遍将“白帽子”与“灰帽子”“黑帽子”联系在一起，认为“白帽子”是黑客的一种，俗称正面黑客或红客，与之相近的概念称为“道德黑客”。维基百科认为，“白帽子”是互联网中的俚语，是指有道德的电脑黑客或计算机安全专家。他们擅长用渗透测试和其他测试方法来确保一个组织的信息系统的安全性。道德黑客一词是由 IBM 创造出来，道德黑客意味着更广泛的范畴而不仅仅是渗透测试。和黑帽子（恶意黑客）相比，“白帽子”一词来自西方电影，在电影中英雄派和反对派牛仔传统上会分别戴有“白帽子”和“黑帽子”。白帽黑客也可能会在团队中工作，这些团队被称为红队，或老虎队。“领英”认为，“白帽子”黑客是计算机安全专家，他们进入受保护的计算机系统和网络，测试和评估他们的安全。“白帽子”的黑客利用他们的技能来提高网络的安全性，在被恶意黑客（被称为黑帽黑客）检测和利用之前披露漏洞。搜狗百科将其称为“白帽子”黑客，指对网络技术进行防御的人。360 百科规定，“白帽子”描述的是正面的黑客，他可以识别计算机系统或网络系统中的安全漏洞，但并不会恶意去利用，而是公布其漏洞。这样，系统将可以在被其他人（例如黑帽子）利用之前来修补漏洞。

从以上百科的定义可以看出，目前业界称谓的“白帽子”是漏洞发现者的一种，他们拥有特殊的技能，被认为是道德黑客或网络安全专家。“白帽子”可能采用与黑客相同的工具和技术，但其以评估目标系统的安全性为驱动，经过挖掘、报告漏洞促使企业及时补救，提高网络的安全性。

问 23：从刑法的角度讲，现有的法律规范对于白帽子是否过于严苛？比如，两高办理危害计算机信息系统安全刑案解释中，提到获取支付结算、证券交易、期货交易等网络金融服务的身份认证信息十组以上的；或者其他身份认证信息五百组，这些数量对于白帽子而言是否过少，使用自动化工具进行检测活动是否很容易越界？

答：我国现有《刑法》第二百八十五条、二百八十六条的规制对象是所有未经授权访问计算机信息系统的行为，并非直接针对漏洞挖掘行为的规定。任何主体若利用系统安全漏洞实施了入侵行为，均可能触犯这两条。未经授权侵入计算机信息系统也是各国刑事立法共同打击的行为。但从各国法律来看，漏洞发现者会因发现漏洞的方式以及披露方式而处于法律的灰色地带。挖掘安全漏洞的行为因主体与行为动机的不同而具有不一样的性质与地位。

《最高人民法院、最高人民检察院关于办理危害计算机信息系统安全刑事案件应用法律若干问题的解释》界定的量化标准，制定过程中肯定经过了大量的实证检验和研讨论证，之后是否调整，有待随着社会经济发展水平的变化和发展情况来看。但在目前看来，现有的法律和司法解释规定，应成为“白帽子”实施挖掘行为必须接受和前置考虑的一个客观要求，如果“白帽子”使用的自动化工具确实存在容易越界的情况，则应考虑调整功能，或使用其他规范化工具。

问 24：尽管刑法条文规定的较为严苛，但实践中（或者说媒体报道中）为什么并没有太多因检测、测试漏洞被捕乃至定刑的案例报道？包括袁某案的发生，以较为简单的案情，引发了巨大的影响？

答：实际上国内外都有大量的数据泄露的安全事件发生，对于用户一方而言，能否知晓漏洞曝光或数据泄露，以及是否采取法律行动，需要相应的能力，也取决于用户（企业或个人）的内部决策。因此没有或者报道少，并不表示违法行为没有或较少发生。

问 25：从网络安全的角度讲，“白帽子”的存在是不是一种必需（针对政府和企业的补充）？

答：信息技术的迅速发展促使了计算规模的膨胀，增加了个人、企业乃至社会和国家对网络安全的需求。“黑帽子”“灰帽子”等利用漏洞进行攻击的事件层出不穷，且手段愈发多样化和高明，网络风险的泛在性使得安全成为普遍性的问题。“白帽子”因其道德和伦理偏向成为企业甚至政府机构获取漏洞、升级系统的重要途径，在维护信息系统方面的作用不可替代。目前“白帽子”的存在对信息安全的推动具有独特作用，主要原因在于“白帽子”能够弥补政府和企业资源不足的困境，在消耗最小资源的基础上实现信息系统升级的目的，降低被攻击的可能性。

现存问题一方面在于我国法律遵从较少且略微滞后于技术发展；另一方面在于“白帽子”作为技术人员，对法律要求知之甚少，缺少基本的法律意识。当前迫切的是立法规范引导“白帽子”，为其创造合适的法律环境，使其能够继续保持初心，在严守法律的同时能够积极发挥本来的作用。

问 26：您如何看待现在漏洞发布平台的运行模式？比如，乌云模式，按期限公开漏洞和漏洞细节；补天模式，隐藏细节，仅公布名称甚至不公布涉及企业。

答：具有一定的尝试和探索意义，但需要引导和规范。从目前国内外漏洞平台的发展阶段看，似不存在一种单一的模式，我们在一些研究中也把这种模式与 B2C 等电商模式进行比较，以定位和规制相关主体的职责、义务。实际上，平台模式和例如软件厂商的“赏金计划”模式，政府安全审查和采购制度，等等，都需要统合起来看。

至于具体模式中的细节，如披露时限、内容、程度，从国内外不同平台和已知案例看，还需要继续探索，也取决于各方博弈的结果。总之，需要法律规范的完善并合理化，需要市场解决的应交给市场去优化。

问 27：如何看待 W 网“倒逼”厂商进行漏洞修复，增强安全防护的理念？

答：相关案件正在司法程序中，自有分晓。整体上，网络空间的安全需要包括平台在内的各方主体共建，但应当基于合法、规范的前提。

问 28：漏洞发布平台、企业漏洞应急响应平台和我国的国家互联网应急中心，这三者各自的优缺点是什么？法律是否应当区别对待？

答：三者是不同主体的行为，概括看，前两者属于市场行为，具有市场的效率性、灵活性等特点，后者属于非营利的行为，更具有权威性。如何调动各方优劣，目前国内外立法正在推动的安全信息共享正在做这方面的尝试，相信能够扬长避短、互通有无。法律规范上，平台及其漏洞挖掘 / 发布个体的行为涉及更复杂的权利义务关系，各自适用的法律应有所差别。

问 29：国外对“白帽子”的漏洞发掘行为主要有哪几种规范方式？有专门法规规定“白帽子”的权利、义务吗？对“白帽子”的豁免一般如何规定？这是不是意味着部分法律规定的发掘漏洞行为不需要厂商或政府部门授权？

答：从已知部分法律规定看，对漏洞挖掘、披露和侵入行为，各国法律的规定有着类似之处，但法律后果的程度有些区别。

目前看，授权与否确实是认定“白帽子”权利和追究其责任（义务）的一个主要因素，因为是否授权体现了行为人的主观方面，是判断是否具有主观恶意的一个判断要件，另外就是行为后果——损失和损害的程度。对于关键设施，目前主流的观点认为无需造成可见的损害，对于其他系统，需结合数据损害的数量考虑，而数据的价值和权属也是越来越引发思考的一个问题，各国应该都在积极探索中。

比如美国立法中规定对道德黑客、渗透测试等进行深入分析，并以此作为技能竞赛和人员招募的一个重要因素；数字千年版权法的修订提出了对安全研究的授权豁免，但目前仍有较大争议——而且即使豁免，如果造成厂商或政府损失的，恐怕也无法避免承担责任。目前已知的豁免都是在已设定协议和限定范围检测范围内的进行的，毕竟谁都无法承担数据损害的严重后果。

问 30：您认为在将来，“白帽子”这一群体会被网络安全服务商吸收，以企业化的形式运行吗？还是说这一群体由于自身的特质（崇尚自由宽松、对技术的热爱），仍然会长期存在？

答：“白帽子”与众测平台之间仅通过注册和协议的方式建立并维系着松散的合作关系。这种服务的随意性一方面正体现了网络信息安全行业的特点：信息的不对称和基于信息不对称的漏洞挖掘有效性；另一方面，不具强制力的约束使得“白帽子”进行测试的时间、地点、方式和处置都具有了不确定性，并因此为平台和自身引入法律风险。目前观察，企业和政府通过各种形式招聘“白帽子”进行漏洞测试，并对其进行奖励，但“白帽子”并未完全被吸收以企业化方式运行。这和“白帽子”产生和存在的渊源有莫大关系，“白帽子”是一群崇尚自由的群体，凭借自身对技术的追求，或对网络安全的维护之心等挖掘漏洞，期望从中实现不同的价值。他们不想束缚于企业的管理制度，更加喜欢在自由的环境中展开工作。某些“白帽子”可能会被企业高薪聘请，成为企业的安全研究人员，那么他或许也就此成为稳定的工作人员，从而逐渐削弱“白帽子”原本具备的特质。

同时，鉴于目前技术、管理和法律的不成熟发展阶段，信息的不对称性会长期存在，企业、政府机构的资源整合面临巨大挑战，而安全漏洞本身具有长存性的特点，“白帽子”作为推动技术发展的重要环节，或会以现有形式随之存在。